U0917741

广东改革开放40周年回顾与展望丛书

陆　军◎主编

广东对外开放四十年

鲁晓东 等◎著

中国社会科学出版社

图书在版编目(CIP)数据

广东对外开放四十年／鲁晓东等著．—北京：中国社会科学出版社，2018.10

（广东改革开放40周年回顾与展望丛书）

ISBN 978－7－5203－3455－6

Ⅰ.①广…　Ⅱ.①鲁…　Ⅲ.①对外开放—成就—广东　Ⅳ.①D619.65

中国版本图书馆CIP数据核字(2018)第248614号

出 版 人　赵剑英
责任编辑　喻　苗
责任校对　胡新芳
责任印制　王　超

出　　版　中国社会科学出版社
社　　址　北京鼓楼西大街甲158号
邮　　编　100720
网　　址　http://www.csspw.cn
发 行 部　010－84083685
门 市 部　010－84029450
经　　销　新华书店及其他书店

印　　刷　北京明恒达印务有限公司
装　　订　廊坊市广阳区广增装订厂
版　　次　2018年10月第1版
印　　次　2018年10月第1次印刷

开　　本　710×1000　1/16
印　　张　23
插　　页　2
字　　数　310千字
定　　价　96.00元

总　　序

党的十一届三中全会，吹响了中国改革开放的号角，从此中国大地发生了翻天覆地的变化。时至今日，已经整整四十年，中国从一个贫穷落后的国家发展成为世界第二大经济体，外界称之为中国奇迹。四十年的改革开放，给中国人民带来了实惠，也给世界人民带来了福利，中国已经成为了世界第一贸易大国。四十年的风雨历程，四十年的探索前行，走出了一条中国特色的社会主义道路，向世人证明了中国特色社会主义制度的优越性。

广东地处华南，濒临港澳，是中国改革开放的试验田和排头兵。从蛇口工业区、经济特区到沿海开放城市，再到沿江沿边城市，形成全面对外开放的新格局，广东的先行先试以及“敢为天下先”的开创精神，为全国提供了很好的经验借鉴。2018 年 3 月 7 日，习近平总书记在参加十三届全国人大一次会议广东代表团审议时发表重要讲话，充分肯定了党的十八大以来广东的工作，深刻指出广东在我国改革开放和社会主义现代化建设大局中的重要地位和作用，对广东提出了“四个走在全国前列”的明确要求。“进一步解放思想、改革创新，真抓实干、奋发进取，以新的更大作为开创广东工作新局面，在构建推动经济高质量发展体制机制、建设现代化经济体系、形成全面开放新格局、营造共建共治共享社会治理格局上走在全国前列。”从某种意义上讲，广东的改革开放就是全国的一个缩影，广东的经验就是全国的经验。党中央在充分肯定广东成绩的同时，对广东也提出了更高和更大的要求。

1985 年我还在中山大学攻读研究生，到深圳参加广东外贸体制改革课题的调研，当年深圳建设时期晴天黄尘漫天、雨天泥泞的道路至今印象深刻。珠江三角洲河网密布，水系发达，改革开放前广东、特别是珠三角交通很不发达，广州到东莞要过五六个渡口，要用 6 个多小时的时间。如今粤港澳大湾区城市群通过高速铁路、高速公路、港珠澳大桥等连成一体，成为世界上最发达的区域。改革开放初期，以习仲勋、任仲夷等为代表的老一代改革开拓者，以大无畏的改革精神和实事求是的探索精神，给广东的发展打出来一片新天地。广东从改革开放前的一个偏远落后的省份，如今已经连续 29 年经济总量位列全国第一。广东"以桥养桥""以路养路"，率先到国际金融市场融资，率先成功采用 BOT 的建设方式，率先采用掉期等风险管理的方式，率先发行信用卡等，广东在中国不知有多少个全国第一！从经济特区的建立，对外开放以及"三来一补"的发展模式，助力广东取得发展的原始积累；到珠三角的迅速崛起，广东制造蜚声海内外；再到广东创造，成为创新创业的引领者，这中间不知凝聚了多少广东人民的勤劳和智慧。特有的广东经济发展模式，给各种所有制经济提供了发展的舞台，特别是民营经济以及家族企业开拓了一条特色发展之路。企业发展需要社会和政策的土壤，企业也在不断地回馈社会和国家，广东的企业家们也格外注重履行企业社会责任。经济的发展，更离不开政府的政策扶持和市场制度建设，金融、外贸、工业、财政、税收等各个领域的改革，在广东大地上全面推开。广东的发展离不开港澳两地的支持，同时广东的发展也给港澳的发展注入了新的活力。在"一国两制"方针的指导下，粤港澳经济合作的格局也在不断发展和壮大。最近粤港澳大湾区建设的战略设想，也给粤港澳合作提出了更高的要求，粤港澳三地人民将发挥更大的智慧来互补互助，解决发展的瓶颈问题，将会给世界大湾区经济建设和制度创新留下浓墨重彩的一笔。然而，发展也存在一定的问题，广东的区域发展极不平衡，粤东西北等地区的经济发展甚至滞后于全国平均水平，最富在广东，最穷也在广东。2020 年我们要全面步入小康社会，广东的扶贫攻坚工作也尤为艰巨。

中国、特别是广东的改革开放走的是一条创新开拓之路，没有现成的经验可以借鉴，是中国共产党人，带领全国人民披荆斩棘，共建美好家园的探索之路，所以有人把改革称之为摸着石头过河。既然是走没有人走的路，就会出现这样或那样的问题，也会遇到这样或那样的困难。我们把这些解决问题的思路和克服困难的方法总结起来，这就是经验，是希望给继续前行的人点上一盏明灯。

中山大学地处广东改革开放这块热土，中山大学的众多师生全程参与了广东的改革开放，见证了广东改革开放的奇迹。在我的记忆中，广东改革开放四十年的不同阶段碰到的重要的理论与实践问题，都有我们经济学人参与研究。从最早的加工贸易、“三来一补”，鲜活农产品输港问题，到香港珠三角“前店后厂”、国际经济大循环、珠三角发展规划、产业升级转型、大湾区建设、价格改革、外贸改革、金融改革、国企改革、农民工问题等，中山大学的经济学人都积极地贡献着智慧。1989 年成立的中山大学岭南（大学）学院，本身就是作为中国教育部和中山大学在中国高等教育改革开放方面的一个尝试。得益于广东改革开放的伟大成就，经过近 30 年的建设，岭南学院已经通过了 AACSB、AMBER 和 EQUIS 等国际商学院的三大认证，跻身于国际优秀的商学院之列。自 2017 年初，岭南学院就计划组织校内外专家学者编写“广东改革开放 40 周年回顾与展望”丛书，从经济发展、经济改革、对外开放、区域经济发展、民营企业、广东制造、财政改革、金融发展、企业社会责任以及粤港澳合作等视角全方位回顾广东的发展历程，总结广东的发展经验，并展望未来的发展方向。丛书的编写工作，得到了中山大学领导的大力支持，学校不仅在经费上全力支持，而且在总体布局上给予了诸多指导。当然，由于团队水平有限，写作的时间较短，难免有所疏漏，错误在所难免，还请广大读者批评指正。

中山大学岭南（大学）学院　陆军教授

2018 年 10 月 21 日

目　录

历程篇

成就篇

撷英篇

展望篇

历程篇

第一章

对外开放 beta 版：广东的开放基因*

“江边鼓吹何喧阗，商行贾舶相往旋；珊瑚玳瑁倾都市，象齿文犀错绮筵；合浦明珠连乘照，日南火布经宵燃……”此诗出自明末天启年间韩上桂的《广州行呈方伯胡公》，此“方伯胡公”即为时任两广总督的胡应台。从这首诗里，一方面我们可以感受400年前古代广州商业所筑起的无边繁华，而更为重要的一个方面，是其中所隐含的官方对海外贸易的态度。

如果回溯的历史足够长的话，我们会发现中国从来就不是一个封闭保守的国度。唐太宗以天国强宗的旷世雄心，推行“招来遐域”的对外开放贸易政策，中华帝国由此进入一个空前的贸易开放时代。此时的广州，作为“中国海外贸易的第一大港和世界贸易的东方第一大港”，成为镶嵌在中国绵长海岸线上最耀眼的一颗明珠。开元二年（714年）左右，唐政府在广州设置中国历史上第一个专门的外贸管理机构——广州市舶使院，也就是后来的“广州市舶史”和“广州结好使”，如此重要的一项制度创新把广州推向中国对外贸易的最前沿。

当我们从一个更长的历史跨度上来审视广东作为海洋贸易重镇的地位时，我们不难发现：广东的崛起有着强烈的官方背景。当然广东真正的机遇的到来，则是在几百年之后的明清时代。

---

* 本章部分内容曾发表于《大经贸》2010年第10期。

一　朝贡贸易中的崛起

明代是中国历史上的一个特殊节点，自明太祖始，中华帝王再无当年气吞万里、怀柔远人的气魄，帝国开始了它最为难堪的一次转身。在思想文化领域，理学开始逐渐占据主导地位，成为官方哲学。反映在外交上，则是“华夷之辨，守备为上”的思想开始成为政策的主流，由此也带来了对外贸易的态度的巨大转变。洪武四年（1371 年）前后，明朝政府开始了前所未见的海禁政策。海禁虽然源于军事上和政治上的滥觞，但是对于海外贸易的影响则是深远的。明朝海禁的内容除了在沿海地区建立卫所，加强海防之外，另一个途径就是通过法例条文严禁下海通商贸易。“仍禁海民不得私出海”“人民无得擅出海，与外国互市”“‘私自下海者’，充军”等法令时常见诸政府的公文，贸易作为一种官方认可的商业活动基本上被废止了。

在海禁期间，贸易以一种极富中国特色的形式存在，那就是朝贡贸易，而商舶贸易则被视为走私而严格禁止。在这种政府垄断性的贸易形式中，广州作为一个有千年历史的古港，其地理和政治上的优势逐渐得以发挥。朝贡贸易中外国商人向明朝政府“进贡”，以充分体现大国的尊严。明朝政府根据国家的不同，规定其“进贡”一年一次，或是三年一次，有的甚至八年一次。载有番货的船只会在澳门停泊，经市舶司查验后，得以驶入广州，番商被指定在怀远驿居住。贡使在市舶官员的陪同下押解贡品进京，进献皇帝，皇帝回赠贵重物品则取道广州回国。在这个过程中，随贡船而来的商人可以在怀远驿交易，并交纳关税。广州就是在这种特殊的贸易形式中，逐渐确立了其在中国对外口岸中独一无二的地位，并开始汲取垄断贸易的巨额红利。

二　垄断之利

广州为什么能够在众多的中国古港中脱颖而出，抓住历史的机遇而成为帝王的首选呢？这其中历史、政治和地理等诸多因素驳杂在一起，成全了广州在中国封建社会晚期绝无仅有的贸易地位。

首先，广州作为南中国的一个政治中心，有着相对连续的历史和对周边地区的强大辐射力。自秦始皇于公元前 214 年平定南越之后，“发诸尝逋亡人、赘婿、贾人，略取陆梁地，为桂林、象郡、南海。”南海郡即覆盖今天广东的大部分地区，自设郡治（首府）番禺县（广州）开始，除了元代隶属江浙行省之外，广州一直是岭南地区的一级行政单位。更为重要的是，在岭南地区建立的“三南”政权，历时 148 年之久，均建都广州：南越国在原秦设置的桂林、象郡、南海三郡基础上建立，其南界一部分深入今越南清化、河静及义安省东部地区，赵佗攻破象郡安阳王，“令二使典主交趾九真二郡人”。在述及古代广州的贸易地位时，有一个君王的作用是不能被忽视的，那就是现在静静躺在南越王博物馆里的南越国第二代帝王赵眜，正是他顺应了汉武帝的招安政策，南越国并入大汉版图，才使得以岭南贸易得以维持；南汉国“东抵闽粤，西逮荆楚，北阻彭盆之波，南负沧溟之险”，大抵以今天两广区域为主，东到闽广交界，西控广西大部，南逾海南岛，北抵湖南郴州；南明政权也主要在广州活动。因此，即使是在战争混乱的年代，该政权为了竞争生存，对广州一带的经济（尤其是海外贸易）仍极为重视，强化了广州作为岭南经济中心的地位。

其次，政治经济的中心地位使得广州的基础设施和内外交通网络建设被积极重视，这大大拓宽了广州的辐射范围，为对外贸易的开展提供了良好的硬件支持。灵渠的修建，虽然最初只是为了解决对越作战问题，但是由于它沟通了长江水系和珠江水系，使得广州可以通过水路直达北方的政治和商业中心，在经济上发挥了重要作用。从秦汉起至隋唐，灵渠一直是沟通五岭南北地区经济文化交流的重要渠道，对广州作为南方的贸易中心的维系发挥了重要作用。自此以后，以广州为起点的陆上和水上交通建设一直在持续，到清光绪年间已经达到了“五岭之南，郡以十数，县以百数，幅员数千里，咸执秩拱稽受治于广州之长”的空前水平。

最后，广州独特的地理位置决定它在对外贸易方面有先天优势。

自明代之后，随着西方列强的崛起，中国的外交就已经转为守势，海防安全成为政府考虑的重点。1757 年，乾隆皇帝下达了关于洋船只许在广东收泊不得再赴浙省的上谕，也就是从这一年开始，中国的对外贸易格局由多口通商变成了一口通商，偌大的清帝国只剩下广州一处口岸延续对西方的贸易，并垄断中国对外贸易达 85 年之久。广州何以成为政府的首选？这其中地理上的先天优势无疑起到了决定性的作用。与中国其他的港口不同，广州在远古时代是珠江的出海口，是一个典型的咸水港，经过长时间的河道淤积，港口一路外迁，才由海港演变成内河港口。而这个过程也塑造了广州港独特的地理风貌。乾隆在将四口通商改为一口通商的上谕中写道：虎门黄埔设有官兵，这比宁波外洋船只可以扬帆直至要安全得多。虎门海口是洋船进入广州的要塞，这里有金锁铜关的天险可守。并且虎门各处都筑有坚固的海防工事。另外，虎门内部的内河港口黄埔又是抵达广州的必经之路，从虎门至黄埔，河道复杂，没有中国领航员的带领，外洋商船难以自由出入，这比起宁波泉州这些古港辽阔的海面要安全得多。因此，广州作为大清帝国唯一的通商口岸只不过是税收利益向海防安全妥协的产物。

正是依靠这种垄断的力量，广州书写了一段辉煌的商业历史。这是末代王朝开向世界的唯一一扇窗，它一方面把中国积累千年的物质和精神文明源源不断地输出到世界的每一个角落，同时也在有限的区域内吸纳着西欧来风，把一种来自西方的完全不一样的文明嫁接在老迈的帝国躯体上。这个时候，管理中国外贸的机构已经不是唐宋以来设立的市舶司，而是带有官方和民间双重性质的商业团体“三十六行”和“十三行”。垄断所获得收益是巨大的，明末清初文人屈大均的诗词充分描绘了极盛时期广州贸易的繁华：“洋船争出是官商，十字门开向二洋，五丝八丝广缎好，银钱堆满十三行。”

三　广交会溯源

追古抚今，现在的广州的对外贸易已经和行政性垄断再无关联，市场化改革已经将广州的海外通商的故事彻底改写。但是广州的对外贸易传奇仍在延续，而它最为耀眼的标志则是和一场叫作广交会的商贸盛会有关。这个正式名称叫作中国出口商品交易会的会展能够落户广州，也体现了诸种机缘巧合，而它最初的 20 年历史（1957—1978 年），仍然带有强烈的官办性质，并垄断了中国的绝大部分对外出口。

冠以中国的出口商品交易会之所以选在远离政治中心的广州，偶然中似乎透着必然。新中国成立之初，百废待兴，为了筹集购买主要战略物资的外汇，1954 年和 1955 年，华南物资交流大会在广州开办，由于毗邻香港、澳门，内地物资很快被港澳居民一抢而空。时任外贸部广州特派员的严亦峻注意到了这个细节，并萌生了将这个交易会固定下来，长期办下去的念头。最后经过周恩来总理的审批，1956 年 9 月，以中国国际贸易促进会名义主办的“中国出口商品展览会”推出，这便是广交会的前身。1957 年 4 月 25 日，中国出口商品交易会即广交会正式举办，此后开启了广州长达近三十年的独一无二的外贸地位。直到 2010 年，在 54 年里，中国的体制几经变迁，但是广交会却从未被废止，迄今已经举办到第 108 届，不能不说是中国外贸史上的一个奇迹。

以上便是广交会的前世今生。但是如果我们把广州的交易会放到一个更宏大久远的背景去考察，广州举办“交易会”的时间还可以再往前推 300 年。尤其是广交会和 300 年前的广州交易会在某些细节上的惊人吻合，让我们不得不承认历史是有连续性的。葡萄牙学者施白帝的研究表明，早在嘉靖二十九年（1550 年），盘踞澳门的葡萄牙人就和中国达成协议，在广州举办半年一度的“交易会”，葡萄牙也借此获得在中国人和日本人之间贸易的垄断权。万历八年（1580 年）“交易会”确定为春秋两季，这一点与如今的广交会一致。将交易会安排到春秋两季主要是出于以下原因。首先，当时的商船动力性能较差，往往需要借助季风来驱动航行。当时活跃在东南亚一带的葡萄牙商船每年秋冬间乘着东北季风，载着丝绸、瓷器等中国货物，抵达望加锡；次年春夏间，乘着西南季风，将檀香木等香料以及钻石等货物运回澳门，等待赴广州贸易。另一个原因是商品的季节性。如今的广交会虽然也是在春秋两季举办，但与当时原因已不大相同，因为现在的货轮再无需季风的驱动，但是商品的季节性仍然是这种制度安排的重要缘由。

西方文献对于广州的“交易会”多有记述。葡萄牙史学家徐萨斯提到：“一个连续数月的集市首次在广州出现后，以后每年两次；一月份澳门商人开始购买发往马尼拉、印度和欧洲的商品；六月份则购买发往日本的商品，以便及时备好货物，是商船能够在西南和东北季风开始是按时起航。”季风在古代海运贸易中的作用举足轻重。东南亚地区也往往被西方商人称为“季风下的土地”（Lands below the winds）。

如今，很少有人再回去追溯广交会如此遥远的历史，但是，不能否认，广州作为一个外贸城市，它与这段过去脉血相连。改革开放后，市场经济的推行使得广交会再无任何垄断色彩，它当年所承载的国家使命也逐渐消弭。有人担忧失去官办背景的广交会，会逐渐被侵蚀，甚至是被取代，殊不知最古老的广州交易会即是源于民间，绝对是市场的产物，遍览文献，我们也难以找到官方关于广交会的记录，所以说，这是一个来自市场的自发存在，如今又重归于市场，经得起历史长河的淘洗。

因为，所有的历史都是连续的，当改革的春风在 1978 年降临这片土地时，广东的开放基因将注定会被再次唤醒，书写出对外开放篇章中华美绝伦的另一页。

第二章

对外开放 1.0：先行的一步
（1978—1991）

1978 年是新中国对外开放元年。这一年，党的十一届三中全会把实行对外开放确定为基本国策。1979 年 7 月，党中央、国务院批准广东、福建在对外经济活动中实行“特殊政策、灵活措施”。正是这一国策成就了广东“先行的一步”。

广东成为对外开放的试验地，机遇与挑战并存。创办汕头、珠海和深圳经济特区，发挥广东人敢闯敢拼的精神，“摸着石头过河”，大胆探索；积极发展对外贸易，率先打破“大锅饭”的外贸体制，实行“外贸包干”体制，发展了一批专业外贸公司，极大地推动了出口额的攀升，为发展外向型经济奠定了坚实的基础；率先借助“三来一补”的形式发展装配加工业，鼓励“三资企业”进驻，积极利用外资，在开放初期快速地初步建立了工业体系；为了改变落后的技术风貌，广东积极引进先进的技术，根据经济发展重点调整技术引进规划，并在消化的基础上大胆进行创新；作为拥有最多华人、华侨的省份，发展初期，港澳同胞慷慨解囊，参与家乡建设，在广东崛起的过程中发挥了巨大的作用。

在 1978—1991 年短短 13 年里，南粤大地创造了广东速度，综合实力跃居全国前列，为全国对外开放积累了丰富的经验，做出了示范。

第一节　对外开放第一步，从经济特区到经济开发区

一　先试先行，经济特区的诞生

1978年结束了“文革”，国家经济亟待发展。十一届三中全会拨乱反正，开启了改革开放的历史进程。1979年7月15日，中央正式批准广东、福建两省在对外经济活动中实行特殊政策、灵活措施，迈开了改革开放的历史性脚步，对外开放成为中国的一项基本国策。

1979年1月，广东省派吴南生等前往汕头地区宣传十一届三中全会精神。汕头落后的面貌、脏乱不堪的市容卫生环境让他十分震惊，他大胆提出广东可以利用地理优势，划出一块地方来，如划出汕头，办出口加工区，办类似自由港，吸引外商投资办企业，这个想法得到了当时广东省委和习仲勋的一致同意。省委在开会讨论时认为广东不单是应在汕头办出口加工区，还应该在深圳、珠海办。习仲勋当即表态，“要搞，全省都搞！”

之后，时任广东省委第一书记习仲勋在参加中央工作会议时，向中央正式提出：“希望中央下放若干权力，让广东在对外经济活动中有较多的自主权和机动余地，允许在毗邻港澳的深圳和珠海以及侨乡汕头举办出口加工区。”创办出口加工区的想法得到了中央的认可和支持，邓小平在会议中表示：广东、福建有这个条件，搞特殊省，利用华侨资金、技术，包括设厂。只要不出大杠杠，不几年就可以上去。如果广东这样搞，每人收入搞到1000—2000元，起码不用向中央要钱嘛。广东、福建两省8000万人，等于一个国家，先富起来没有什么坏处。

广东在对外开放中“先行一步”的要求得到了满足，之后“出口特区”改名“经济特区”，在深圳、珠海率先实施。1980年9月28日，中央进一步明确了中央对广东实行特殊政策、灵活措施的决心，

同时给予广东更多独立自主权，支持广东在对外开放中进行更全面、更深层次的探索。

接着，中央派国务院副总理谷牧带领工作组来广东调研，并帮助制定两条具有决定意义的政策。一是特区政策可以再放宽，如给予引进项目一定的自主权、财政包干等；二是特区可以搞商品经济。深圳与珠海批准时间是 1980 年 8 月，汕头 1981 年 10 月获批。经济特区实际也是世界经济特区的一种，但也是为发展经济并结合中国国情因地制宜的重大探索成果。世界经济特区是指世界各国为发展本国经济，推动国外贸易、金融，吸收世界先进科技用于本国生产，以推动本国经济现代化为目标而建立的特殊经济发展区域。世界上许多国家都办了不同形式的经济性特区，名称不尽相同，如“出口加工区”“自由贸易区”“自由港”“自由过境区”等。通过开办经济特区，扩大对外贸易，引进更多国外资金、技术和管理经验，增加就业机会，加快特定地区经济发展与经济开发的速度，形成新的产业结构和社会经济结构，对全国各地经济发展形成示范效应。

同时，特区相当于“试点”，如果失败了，可以立即停止运营，减少损失；如果成功了，可以将积累的宝贵经验向全国推广。

为了营造良好的投资环境，促进特区经济建设，持续建立和完善相关法律法规以支持广东经济特区更好更快发展。1980 年 8 月 26 日第五届全国人民代表大会常务委员会第十五次会议批准施行《广东省经济特区条例》，这是国家有关经济特区的首部法规。深圳、珠海成为第一批设立的经济特区。《条例》总则第一条：为发展对外经济合作和技术交流，促进社会主义现代化建设，特区鼓励外国公民、华侨、港澳同胞及其公司、企业，投资设厂或者与我方合资设厂，兴办企业和其他事业，并依法保护其资产、应得利润和其他合法权益。《条例》还从客商的注册和经营、优惠办法、劳动管理、组织管理等多方面给予特区政策优惠同时规范特区经济活动开展。1981 年 11 月 17 日的第五届第十三次会议通过了《广东省经济特区入境出境人员管理暂行规定》《广东省经济特区企业登记管理暂行规定》《广东省经济特区企业劳动工资管理暂行规定》《深圳经济特区土地管理暂行规定》和《深圳经济特区行政管理暂行规定》五个单行法规。同年11月26日，五届全国人大常委会第二十一次会议通过决议，授权广东省、福建省人大及其常委会，根据有关的法律、法令、政策规定的原则，按照各省经济特区的具体情况和实际需要，制定经济特区的各项单行经济法规，并报全国人大常委会和国务院备案。

二　示范的窗口，深圳、珠海、汕头特区建设

1979年7月8日，一声巨响下，由国务院批准，香港招商局在当时还是一片荒地的蛇口建立的中国大陆第一个出口加工区——蛇口工业区炸山填海，破土动工。这一炮被称为中国对外开放的第一声“开山炮”，作为我国经济特区的“试管”，在对外开放、发展经济等进行了突破体制的尝试：最早按照国际惯例与初创的社会主义市场经济运作的机制，最早更新价值观念、时间观念、人才观念；最早成功地建立全新的劳动用工制、干部聘用制、薪酬分配制、住房制度、社会保险制、工程招标制及企业股份制，在短时间内吸引外资兴办企业，建成了粗具规模的现代化工业小城。

“1979年，那是一个春天，有一位老人在中国的南海边画了一个圈。神话般地崛起座座城，奇迹般聚起座座金山。”深圳、珠海和汕头作为经济特区，都是沿海城市，有对外开放的基础和条件，同时与经济发达的香港、澳门和台湾毗邻，有地缘优势。

深圳经济特区，位于深圳市南部，东起大鹏湾，西至珠江口，北靠梧桐山、羊台山脉，南邻香港，以深圳河为界。起初范围包括罗湖区、福田区、南山区和盐田区，2010年获批范围扩至全市。作为第一个经济特区，深圳创造了“深圳速度”，1980—1984年，其地区生产总值每年以50%以上的速度增长，积累了创新发展的经验，探索了改革开放的方法，证明了创建经济特区的正确性。

根据《广东省经济特区条例》，深圳市制定了一系列吸引外资的优惠政策，包括企业经营自主权、税收、土地使用、外汇管理、产品

销售、出入境管理等。通过来料加工、补偿贸易、合资经营、合作经营、独资经营和租赁的形式，成为引进外资、先进技术和管理经验的重要基地，加速了经济特区的迅猛发展，为全国范围的逐步开放发挥了巨大的示范作用。1984 年 1 月 24 日至 26 日，邓小平第一次视察深圳，为深圳题词："深圳的发展和经验证明，我们建立经济特区的政策是正确的。"充分肯定了广东经济特区建设的结果和经验。珠海是我国重要的口岸城市。

珠海区位优越，东邻香港，南与澳门陆路相接，对外开放、引进外资优势明显。1979 年 11 月，珠海市石景山旅游中心项目以"我方提供土地，外商负责资金"的合作经营方式，首先引进资金兴建涉外宾馆，这是广东省第一家中外合作的旅游项目。1980—1985 年，珠海生产总值年均增长率达 30% 以上，奠定了珠海未来的发展基础。邓小平在 1984 年 1 月考察珠海特区后，欣然题词："珠海经济特区好。"

汕头于 1860 年正式开埠，是中国沿海最早对外开放的港口城市之一，人称"百载商埠"，在建立经济特区后，汕头依托丰富的侨乡侨力，发挥潮汕吃苦耐劳、积极进取、敢闯敢干的精神，取得巨大成绩，规模日益壮大，不断辐射带动整个城市的发展，汕头经济社会发展取得了显著成就。邓小平同志在相关谈话中对特区的性质、作用和战略作了精辟概括："特区是个窗口，是技术的窗口，管理的窗口，知识的窗口，也是对外政策的窗口。"同时指出，可以考虑再开放几个点，增加几个港口城市。

中央领导多次指出，发展经济特区，是建设中国特色社会主义事业的重要组成部分，将贯穿我国改革开放和现代化建设的全过程。依托"特殊政策，灵活补贴"，广东在发展经济方面拥有了更多独立自主权，对内极大地搞活了经济发展，对外充分发挥毗邻港澳，华侨同胞众多的优势，大胆开放，大胆利用外资，引进先进技术和管理经验，推进基础设施建设，发展商品生产，扩大出口创汇，成为全国经济增长最快的地区。从深圳、珠海第一批经济特区建设开始，中国经济特区探索、发展已经积累将近40年的经验，对全国的对外开放的推进发挥了巨大的示范作用。

三　进一步扩大开放，广州经济技术开发区的建立

在经济特区的成功实践下，中央决定扩大开放范围，“如大连、青岛。这些地方不叫特区，但可以实行特区的某些政策。”开放一些沿海开放城市，是根据邓小平的创议而采取的对外开放的又一战略决策。1984年，大连、秦皇岛、天津、烟台、青岛、连云港、南通、上海、宁波、温州、福州、广州、湛江和北海共十四个沿海港口城市成为第一批沿海开放城市。这些开放城市在发展外贸上的权限得到了放宽，如放宽利用外资建设项目的审批权限，增加外汇使用额度和外汇贷款，对“三资”企业在税收、外汇管理上给予优惠待遇，可逐步兴办经济技术开发区等。

广东的广州、湛江两市是第一批沿海开放城市。1985年又确定将长江三角洲，珠江三角洲，闽南厦门、漳州、泉州三角地区，以及胶东半岛、辽东半岛开辟为经济开放区。加上原有的深圳、珠海、汕头三个经济特区，广东东至福建、西到广西的整个沿海地带都成了经济开放区。1988年6月，国务院批准广东东西两翼沿海地区列入经济开放区范围，广东的沿海经济开放区扩大到全省57个市县，促进了广东多层次、多形式、多功能的开放格局。

1984年，经国务院批准，广州成立广州经济技术开发区，是国务院批准成立的首批14个国家级开发区之一。经济技术开发区于1984年12月28日奠基，位于黄埔新港、位于珠江和东江主干流和横河交汇的三角地带，当时规划面积为9.6平方公里。广东省、广州市政府高度重视开发区的建设，坚持“以引进外资为主，兴办工业项目为主，加工出口产品为主，致力于发展高新技术产业”的办区方针，大力发展加工出口外贸产业，鼓励高新技术产业发展，对外开放进一步扩大，综合经济实力和整体素质有了较大的提高，获得了良好的经济效益。1998年12月经国家有关部门批准，广州开发区与广州高新区

合署办公，广州开发区与广州高新区享受国家规定的相关优惠政策。2002年6月，广州经济技术开发区、广州高新技术产业开发区、广州出口加工区和广州保税区“四区合并”，机构高度精简，区内就享有权限办理外商投资项目的审批手续，提供方便快捷的“一站式”投资服务。

除了广州，广东省致力于在其他地理条件优越，工业基础较好的地方加强经济技术开发区建设，目前广东省共有湛江经济技术开发区、惠州大亚湾经济技术开发区、广州经济技术开发区、珠海经济技术开发区等6个国家级经济技术开发区。

第二节　大力发展外贸，首推“外贸包干”体制

一　打破“大锅饭”，“外贸大包干”

扩大商品和服务贸易是对外开放的基本形式。改革开放前，中国对外贸易实行高度集中的指令性计划管理和国家统负盈亏。1958年国务院规定：对外贸易必须严格统一对外，一切对外贸易全部由外贸部统一管理。所有对外贸易由国营外贸专业公司独家经营。改革开放以来，中国外贸体制经历了由指令性计划管理到发挥市场机制的基础性作用、由经营权高度垄断到全面放开、由企业吃国家“大锅饭”到自主经营和自负盈亏的转变。

广东作为历史上重要的外贸口岸，在地理和经验上都具有发展外贸的优势，并且随着国际市场的激励竞争和国际分工的深化，毗邻香港的广东称为承接香港劳动密集型产业的理想之地。但高度集中的中央外贸体制严重阻碍了广东外贸的发展，优势没办法得以发挥。1958年广州与香港的出口总额大致持平，而到了1978年，香港的出口额是广州的十多倍。

僵化的外贸体制限制了广东对外贸易的发展。1979年5月，时任国务院副总理的谷牧在广东调研，两次主持召开省委会议，多次提到

外贸体制改革问题，明确提出广东外贸体制“先行一步”的目标：一是完成、争取超额完成50亿美元外汇收入；二是要把近几年被日本、中国台湾地区夺去的香港市场争夺回来，三年不成五年也行；三是赶超港澳。

为了改革单一计划管理的外贸体制，使得地方获得更多的管理权和经营权，搞活经济，广东、福建两省率先在全国探索外贸体制改革的方法，实行外贸包干体制。进出口贸易由经贸部为主管理的体制转为以省为主管理，刺激地方和企业的积极性，促进对外贸易发展。1979年6月，广东省委向中央递交《关于发挥广东优越条件，扩大对外贸易，加快经济发展的报告》，同年7月，得到中央批复和下发。《报告》明确指出广东外贸和外汇以1978年广东货源出口实绩为基数，超基数出口的增长部门与中央倒三七分成，中央占三成，地方为七成，进出口贸易由省内自负盈亏；同时在中央统一的对外贸易政策、规划下，广东有权安排和经营地方的对外贸易。根据中央对广东、福建两地实行“特殊政策、灵活措施”，两省的外贸经营权得到了扩大，除成品油、钨砂等特殊品类的产品外，全部由省外贸公司自营出口。广东“外贸包干”体制的具体实施时间为1981—1983年，1984年终止，但包干体制在“大锅饭”外贸体制上打开了一个缺口，打破独家经营的垄断局面，激发地方自主经营外贸的活力，扩大对外出口。

为了进一步克服过去高度集中的外贸体制产销脱节、垄断经营的弊端，广东组建了一批具有进出口经营权的工贸、农贸、技贸结合的地方性公司，同时下放部分商品进出口经营权给条件成熟的市、地、县支公司，直接对外出口，扩大贸易主体。

在改革之前，广东仅有12家省直属专业外贸公司是国家外贸总公司的分支派出机构，严格按照国家外贸总公司成交的合同收购、调拨、交货，工厂按合同进行生产，形式僵化，地方自主权少。实施“外贸包干”体制后，广东贸易公司遍地开花，打开了广东外贸发展新局面。1980年，第一家工贸公司——广东省冶金进出口公司成立。到1985年，广东拥有地方性外贸公司720家，在港澳地区和国外建立72

家贸易公司。在积极探索外贸体制改革的同时，广东出口飞速发展，1986年广东进出口总值69.1亿美元，是新中国成立以后广东出口总额第一次全国排名第一。通过“放权”和“搞活”并重，广东扩大了外贸的参与主体，提高了积极性，全省逐步形成了多渠道、多层次、多形式的外贸经营格局。

1981年1月，广东省设在香港和澳门的粤海企业有限公司和南粤贸易有限公司分别在两地正式开业。除了发挥促进贸易往来的作用，这些公司还促进了粤、港澳在旅游、文化、科技等多方面的交流和发展。粤海所属广东（香港）旅游有限公司在1983年至1984年先后首创推出“香港游”“澳门游”等。立足港澳市场后，广东开始向外拓展市场，形成了“粤—港—远洋”三点一线的出口销售体系，1987年广东新批准设立的海外企业达43家，向英国、美国、加拿大、原联邦德国、澳大利亚等国家拓展。到1988年底，经省政府和国家外经贸部正式批准成立的海外企业达到295家，遍布36个国家。这些贸易公司开展代理、联营出口，以及易货贸易、三角贸易等形式，成为广东出口创汇的新主力军。之后，它们在巩固发展港澳市场的同时，开始尝试开拓国际市场，发展远洋贸易。

二　灵活调整，率先开启外贸出口代理制

受当时核对换汇成本的固定汇率、港币大幅贬值等影响，广东减少汇差收入达数亿元人民币。实行大包干三年，广东外贸增长账面亏损约3.90亿元，“外贸包干”体制于1984年被中央叫停，回到国家统负盈亏的旧体制。这一年，国家外经贸部为了解决全国出口严重亏损的问题，减少出口规模，广东被分配到的出口计划为13亿美元（当时出口规模已经达到20多亿美元）。出口计划大幅减少，大批工业产品不能出口，大量工厂将面临不能生产。为了解决这一困境，广东省外经贸部门提出“搞好计划内和计划外收购，自营出口和代理出口协调发展，千方百计把代理出口搞上去”的工作思路。广东在“特殊政策、灵活补贴”这一总方针的背景下，率先实行外贸出口代理制度。

即外贸企业受生产企业委托办理进出口业务，收取一定代理费用并承担相应的责任。外贸出口代理制度的实施，有利于协调自营出口和代理出口发展，进一步扩大出口的参与主体，实现工业企业和外贸优势互补，进一步扩大出口实绩。

为了扩大出口额，鼓励更多企业参与出口，一方面批准部分条件允许的生产型企业以工贸结合的形式自行出口；另一方面，鼓励由外贸公司与没有出口资格的生产型企业签订代理合同，实行代理出口。通过改变“收购制”的局面、推行外贸出口代理制度，出口的货源得到了扩大，大量的生产型企业也能参与出口生产，有利于实现工贸结合，推动生产型企业和外贸企业在外贸出口中的互补功能，互相促进，合作共赢。1984 年，即使“外贸包干”体制被叫停，广东仍交出了出口 24.2 亿美元的佳绩。

三　率先开启外贸承包经营责任制，留成外汇有偿使用

统负盈亏的体制经营上“政企不分”、财政上“大锅饭”难以平衡中央和地方的利益，地方缺乏发展外贸的积极性。为进一步发展外贸，必须从体制上进行改革。1987 年，中共十三大确定了市场经济改革的基本方向，同时在此基础对外贸体制进一步改革提出了新目标。1988 年 2 月，时任国务院副总理的田纪云就外贸体制改革发言，我国外贸体制改革步入以推行第一轮承包经营责任制为核心的整体推进阶段，第一轮推行阶段，大概持续了 3 年，各省向国家承包出口收汇、上缴外汇额度、出口计划内人民币补贴三项基数。

1988 年 4 月，广东推出“外贸体制改革承包方案”，确定了承包基数，同时率先确定了“条条承包，包到企业，条块保证”的原则，其中“条”是指专业外贸公司和中央工贸公司，“块”是指地方政府。广东率先梳理了外贸公司和地方政府的关系，将承包任务包给省外贸公司，再由省外贸公司往下承包到市、县专业外贸支公司；同时省、市工（农）贸公司等拥有出口权的企业也下包部分承包任务。

1989—1990 年，每年在政策的基础上进行微调，加强“条”“块”管理，强化地方政府出口任务的责任。通过承包制，广东的出口增长迅猛。1900 年，全省外贸出口额首次突破 100 亿美元大关。

1991 年，广东率先推行第二轮外贸承包经营责任制，制定《关于进一步深化我省外贸体制改革的通知》和一系列措施鼓励出口，在国家取消国家财政出口补贴的情况下（在此之前，广东每年可获得国家给予的 10 亿多元财政出口补贴），当年全省出口再创新高，达到 136.8 亿美元，同比增长 29.4% 并实现盈利。

1988 年，在国家推行外贸承包经营责任制的背景、人民币汇率高估而国家又未作出调整的情况下，广东率先实现对省内留成外汇实行有偿使用，由用汇方对出口方进行有偿补贴，即遵行“谁用汇谁付费”原则，用于对出口企业的盈亏平衡，达到奖出限入、扩大出口、发展外向型经济的目的。当年广东省确定的外汇有偿使用标准：非试点行业每一美元外汇额度为 1.50 元，试点行业（轻工、纺织、工艺）每一美元外汇额度 1.80 元，这一使用标准基本符合当年的人民币汇率和企业出口成本，外贸出口实现盈亏平衡。另外，通过灵活使用外汇额度，可以将留成外汇转化用以基础建设资金，弥补基建资金不足的困境。在“多创汇、多留汇、多用汇”的指导下，凡是有创汇的市、地、县和企业都能获得一定比例的外汇留成，极大地调动了地方和企业的创汇积极性，极大地扩大了广东的外贸出口。

1989 年下半年开始，由于西方国家对中国进行经济制裁，进口下降，国内物价上涨，广东出口换汇成本大幅上升，加之国家汇率从 3.71 元调整至 4.70 元，全省外贸企业留成外汇有偿使用难以实现，出口亏损无法及时得到补偿，影响企业盈利。虽然外汇留成有偿使用仅仅维持了 3 年，但该制度本质上是遵循市场经济规定承受当时外汇的实际价值的，对扩大出口、平衡盈亏发挥了积极的作用，同时也为后来国家外汇制度改革提供了经验借鉴。

第三节　积极利用外资，发展外向型经济

一　“三来一补”，小步快跑

广东是我国近代工业和民族工业的摇篮之一。鸦片战争后，随着外国商品、资本的冲击，小农经济开始瓦解，近代工业和民族工业开始兴起。1872 年，华侨商人陈启沅在南海创办的继昌隆缫丝厂是我国第一家民族资本工业企业。改革开放以前，在闭关锁国、计划经济的束缚下，广东整体工业水平落后。改革开放初期，百废待兴，经济发展面临的一个突出的问题便是资金不足。

相对于发达国家，中国具有廉价的劳动力和土地，外资进入投资，可以帮助其降低生产成本。对于国内而言，可以增加就业，推动经济增长。同时由于资本引入具备一定“技术外溢”效应，通过利用外商直接投资的技术外溢效应提高本国企业的技术水平。1978 年 7 月 7 日，国务院颁布《开展对外加工装配业务试行方法》，打破了全国以商品买卖为主的单一对外贸易形式，“三来一补”开始快速增长，并迅速成为全国利用外资的主要手段。

1978 年 8 月 31 日，中国纺织品进出口总公司广东省分公司与澳门纺织品有限公司率先签订毛纺厂来料加工协议，在珠海创办香洲毛纺厂，拉开了广东省对外加工装配业务的序幕，也是我国对外加工装配业务迈出的第一步。借助“三来一补”形式，广东开启了探索利用外资模式，逐步扩大引进外资，推动工业发展。1978 年9 月15 日，全国第一家对外加工装配工厂——太平手袋厂，在东莞太平镇建立。工厂从香港进料和设备，太平镇提供场地、人力并收取工缴费，产品主要销往香港。

“三来一补”是指“来料加工”“来料装配”“来样加工”和“补偿贸易”。“三来一补”企业主要的结构是：由外商提供设备（包括由外商投资建厂房）、原材料、来样，并负责全部产品的外销，由中国企业提供土地、厂房、劳力。中外双方对各自不作价以提供

条件组成一个新的“三来一补”企业；中外双方不以“三来一补”企业名义核算，各自记账，以工缴费结算，对“三来一补”企业各负连带责任。

典型的“三来一补”企业——香洲毛纺厂曾有一段辉煌的过往。1978年11月毛纺厂破土动工，总投资700多万元，第二年8月6000多平方米厂房建成并安装设备，9月试产，11月7日正式投产，从建厂到正式投产，仅仅用了1年时间。当时投产开幕仪式，驻香港、澳门的57个国家的领事馆人员受邀前来参加，500多家厂商代表和新闻记者也闻讯赶来，几十个国家的报纸陆续发布了消息。当时厂里的设备几乎都是进口的，而且都来自不同的国家，尽管很多是二手设备，但仍比国内的厂商先进。1984年1月，邓小平首次来珠海期间，首先视察香洲毛纺厂，并仔细询问了工厂的相关情况。

利用毗邻港澳的区位优势，广东在开放初期就大力发展“三来一补”模式和加工装配业务。初期，以承接港澳地区的来料加工为主，靠近港澳的深圳、东莞、珠海率先发展起来。1985年后，加工装配业务蓬勃发展，多地开花，遍及珠江三角洲地区，并向内地和山区蔓延。

根据《广东统计年鉴》的统计，到1985年底，广东已拥有9000余家对外加工装配企业，利用外资5亿多美元，进口设备达80多万台，累计赚取14亿美元的工缴费。到1987年，全省已有1.4万多家对外加工装配企业，从业人员100多万，全年实现5.43亿元的工缴费收入，1991年工缴费收入突破10亿美元。“三来一补”企业不仅带动了加工装配产业的发展，同时也带动了相关第三产业的发展，如银行、交通运输、旅游宾馆等产业发展。

“三来一补”的形式具有投资少、见效快、风险小、效益高、简单易普及的优势。而广东凭借毗邻港澳、多码头、港口的优势，开办“三来一补”企业具有天然的优势。借助外资的资金、设备、原料和市场，安排就业，赚取工缴费，创造税利。借助这种“借鸡生蛋”无本买卖，广东充分发挥了廉价劳动力、土地优势，从珠三角快速复制到广东全省，吸引了大量外资进驻，引进先进的设备、技术，推动了制造业发展，对广东经济起飞发挥了极大的作用。

二 下放利用外资审批权限，探索中外合作，互惠互利

利用外资的另一种重要形式是“三资企业”。三资企业即在中国境内设立的中外合资经营企业、中外合作经营企业、外商独资经营企业三类外商投资企业。它是经中国有关部门批准，遵守中国有关法规规定，从事某种经营活动，由一个或一个以上的国外投资方与中国投资方共同经营或独立经营，实行独立核算、自负盈亏的经济实体。改革开放初期，由于对中国经济发展前景、投资环境仍处于观望的状态，大多数外资进入主要是以中外合作、中外合资的形式进入，近年随着营商环境的改善和对中国经济发展的信心，外商独资比重相应有所提升。

康佳集团的前身“广东光明华侨电子工业公司”，由内地和香港合资，首期投资4300万港元，内地控股51%，港方控股49%，1979年国家批准兴建，是中国改革开放后诞生的第一家内地、香港合资电子企业。

在探索中外合作经营的道路上，广东始终走在全国前列，大胆下放利用外资审批权限。早在1980年1月，广东便着手研究、起草了《中文合作经营企业暂行条例》，率先开始探索中外合作经营这一利用外资的方式。同时广东为方便地方引进外资，大胆下放外资审批权限，于1981年11月下发《广东省利用外资审批权限和分工的规定》，将300万美元以下且不涉及全省综合平衡和生产性合作经营的中小项目审批权下放到地市和省属厅局，将50万美元以下的对外加工装配项目下放到县和县级市。广州市不受上述利用外资金额限制。1984年，省政府颁布《关于放宽利用外资、技改和地方自筹基建项目审批权限的若干规定》，进一步放宽审批权限。深圳、珠海、汕头三个经济特区的审批权限，按照中央有关规定办理：生产性的重工业项目为5000万美元以下，轻工业项目为3000万美元以下，非生产性项目，不涉及全国平衡的，不受限制。广州、湛江两市的经济技术开发区的审批权限，比照经济特区的有关规定办理；其他市、地、县的审批权限，生产性

项目，凡配套资金、原材料、能源及其他生产建设条件能自行平衡，产品不需要国家和省包销，出口不涉及配额、许可证，外汇能自行偿还的项目，广州为 1000 万美元以下；湛江和汕头、珠海两市区，佛山、江门市为 500 万美元以下；韶关、茂名市及梅县、惠阳、肇庆地区和省直各厅、局为 300 万美元以下；县级市为 150 万美元以下，县为 100 万美元以下。

为了进一步改善投资环境，吸引海内外投资者来粤投资，推动“三资”驻粤，广东在总结前几年利用外资经验的基础上，结合实际情况，于 1987 年制定下发了《广东省鼓励外商投资的实施办法》，其中制定了一系列利用外资的优惠政策和灵活措施。如利用外资引进技术的项目和能源、交通、电讯设施等项目，优先用汇；对产品出口企业和先进技术企业，在国家规定减免企业所得税期间，免征地方所得税，减免期满后，先进技术企业按国家规定延长 3 年减半缴纳企业所得税外，地方所得税也减半缴纳；对产品出口企业按以上减免企业所得税和地方所得税期满后，凡当年出口产品产值达到企业产品产值 70% 以上的，除按现行税率减半缴纳企业所得税外，仍可以减免地方所得税；在山区办的中外合作、合资企业，地方所得税免征。随着一系列鼓励外商投资的优惠政策出台，广东吸引外资的能力增强，那个时期广东三资企业得到了较快的发展。

“三来一补”的形式虽然具有易于操作、回报快的特点，推动了出口贸易的快速增长，但在这种形式下，中方难以真正参与到企业的核心经营管理，仅仅是其他国家或地区产业链中加工的一个环节。而且，随着工业发展，工业结构中重复建设、规模小、技术水平低、基础工业落后等问题开始凸显。

“三资”则被认为是更高层次利用外资的形式，通过与外商共同经营，风险共担的合作模式，中方可以更加深入地参与企业经营管理，引进国外先进的技术和管理经验。在开放初期，多以“中外合作经营”的模式为主，这种模式在利用外资上更为灵活，表现在投资方法、收益分配、经营管理、财产处理等方面。在这种合作形式中，中方投资者提供土地使用权、现有的场地、厂房、设备等配套设施，而外国合作者则提供资金、现金设备和技术。为了吸引外资投资，对合作企业的固定资产一般采用加速折旧的方法进行处理，提取折旧费并约定外方先行回收投资，不同时期收益方式灵活可变，合作期满后企业全部固定资产归中方所有，充分体现平等互惠的原则。

1979 年 5 月 1 日，广东第一家中外合作经营企业——广州集装箱货物运输公司批准成立，中外投资者分别为广州市粮油食品进出口公司和香港有成行货箱运输公司。外方投资者认缴全部合作公司的投资资金和注册资本，均为 51.28 万美元，中方以办理合作企业设立、进出口报关等有关手续作为合作条件，经营广州、湛江、汕头、珠海（包括所属县及沿途）至香港集装箱货物运输，经营期为 9 年。因中方在开放初期，资金匮乏，所以相较于中外合作经营模式，中外合资的模式发展比较缓慢。在此期间，广东中外合作企业数占全省批准设立的合资、合作企业数达 2/3 之多。

依靠“三来一补”的形式，广东在改革开放初期比较快速地初步建立了以现代加工工业为主的工业化体系，之后加快利用外资，利用中合作经营和中外合资的方式扩宽利用外资领域，产业涉及三大产业，包括农业、能源、农业、交通、林业、畜牧业、文教卫生、旅游等多个部门，建立了以通信、机械、家电、纺织、服装、食品、玩具为主的轻工业体系。广东的旅游宾馆、港口码头、电厂、高速公路等投资金额较大、回报周期长的基建项目大多以中外合作经营的方式进行建设。

1982 年 1 月 9 日，南洋商业银行深圳分行设立。这是新中国成立后外资银行在内地设立的第一家分行。1985 年 3 月 15 日，中法合资经营的广州标致汽车公司在广州举行签字仪式。广州标致汽车公司由广州汽车制造厂、中国国际信托投资公司、法国标致汽车公司、法国国家巴黎银行合资组建。这是当时广东省中外合资经营项目中最大的一家企业。1986 年 12 月 8 日，中国第一家中外合资的跨国财务公司——中国国际财务有限公司在深圳市开业。1987 年 4 月 26 日，广东省人民政府颁布《广东省鼓励外商投资实施办法》，对外商投资企业进行鼓励和管理。1988 年 5 月 12 日，广东国际信托投资公司在英国伦敦与 28 家国际银行签署发行 200 亿日元的欧洲日元债券协议。这是该公司首次进入欧洲债券市场。8 月 18 日，广东外商投资企业协会成立。同年 9 月 21 日，中国第一个由外商组成的民间社团——广东外商公会在广州成立。到 1989 年，以 1980 年价格为基准，工业总产值为 498.78 亿元，从 1979 到 1989 年的平均增长速度达 19%。截至 1989 年，广东省对外加工签订合同数为 82472 宗，补偿贸易 1100 宗，“三资”企业签订合同数超过 11100 宗。

从开放初期的无资金、技术、人才的“三无”阶段，广东在“一穷二白”的基础上，借助“三来一补”形式，迅速实现了工业化的起步，将广东廉价的土地、劳动力资源和外商的资金和技术优势相结合，抓住了香港和亚太地区新兴工业国家产业转移的机遇，发展外向型经济。随着工业基础和经济实力的增强，不断拓宽利用外资领域，多元化利用外资形式，“三来一补”企业、中外合作、中外合资、外商独资等多种形式并存，灵活应用。同时提高利用外资质量，经济效益显著提高。广东从 1979 年开始，在利用外资方面积累了丰富的经验，有效突破了经济起飞资金不足的窘境，增加了经济建设的资金来源，极大地促进了广东经济发展。

三　配套加工装配服务，支持外贸发展

为了支持对外加工装配业务的发展，各地开始设立对外加工装配服务公司，借此规范对外加工装配业务程序，协调与外商的谈判、工缴费价格协议签订，进出口报关等手续服务，保障业务顺利开展。

早在 1978 年 12 月，全国对外加工装配业务起步较早、发展较快的东莞就成立了对外加工装配领导小组，下设对外加工装配办公室，负责对外加工装配业务的宣传发动、谈判协商、申报批复等相关服务。1984 年，对外加工装配办公室开始下设对外加工装配服务公司。作为

“三来一补”项目中的商务代理公司，提供中外双方签约后的工商登记、进出口许可证、海关、银行、外汇管理等一条龙服务。20世纪80年代开始，为了进一步推动外贸加工的发展，省外经贸委决定首先在江门、惠州、梅县等市县设立对外加工装配服务公司，承担本市县对外加工装配的相关服务。到1987年，广东设有对外加工装配服务公司的县达50%以上。

同时，为了促进地方外贸发展，扩大利用外资，提供相关咨询服务，1985年1月，广州市东方宾馆设立“外经贸一条街”，是全国最早专门办理外经贸事务的机构。集中了工商、税务、开发区3个政府部门及信托、劳务、法律、保险、外贸等9家咨询服务公司共12个单位，为外商来穗投资和从事外经贸活动提供“一条龙”服务支持。外经贸一条街成立后，外商投资的方式产生了三个重要的改变。一是合作方式从以加工装配为主向多种形式合作发展。1985年签订的合资合同53项，合作合同236项，超过此前6年的总和；二是合作范围从旅游酒店项目向工农业项目转变，尤其是工业生产方向转变，签订工业合作项目157项，比前6年的总和多了64项；三是合作对象从原来的港澳客商为主向港澳客商和其他海外投资者转变。

四　加强口岸建设，支持外贸发展

随着对外开放进行，对外贸易日益发展，原有的口岸及其通过能力已经跟不上发展的需求，难以适应快速发展的对外贸易，因此广东积极推进口岸建设。1978年开始，广东着手于对现有口岸进行扩大改造，同时有计划地根据需求增设新口岸。1979—1991年，广东大力加强一、二类口岸建设，是广东史上口岸建设发展最快、增设新口岸最多的时期。到1989年底，广东成为全国口岸最多的省份。到1991年底全省52个市、县（区）均设立了口岸，其中一类口岸37个（其中港口口岸27个，陆地口岸6个，航空口岸4个）、占全国的1/4，二类口岸139个（其中装卸点80个，起运点59个），占全国二类口岸66%。经过口岸建设，广东初步建立了一个海陆空口岸俱全、客货运的输齐备的口岸网络，适应了改革开放的需求。

口岸按开放程度分为一类口岸和二类口岸。1978 年，全省的一类口岸仅为 9 个，因此除了对老口岸进行不同程度挖潜扩大改造，同时还鼓励地方发挥积极性，通过自筹自建的方式建设新口岸，体现“谁开口，谁投资，谁受益”的原则。对于二类口岸的建设，为了方便货物就地进出方便，适应地方对外经济贸易的发展和“三资企业”的需要，鼓励支持地方建设大量二类口岸，增设大批外贸进口货物的装卸点和起运点，在一定程度上减轻了一类口岸的货运压力，方便就地出口，直来直往，降低了运输成本和时间。

罗湖口岸历史已逾百年，可以追溯到 20 世纪初。1950 年 7 月 1 日，经中央人民政府政务院批准，罗湖口岸正式成为国家对外开放口岸。在建立经济特区以前，是深圳仅有的两个陆路口岸之一。与香港新界一河之隔，是内地进出香港的主要通道，也是对外交往的窗口——改革开放前外国人也多由此入境。改革开放后，由于内地与香港的经贸往来日益频繁，出入境旅客大幅增长，而原有口岸基建落后，场地窄小，通关能力难以满足通关需求，因而对口岸进行大规模改造。1984 年 1 月，罗湖联检大楼破土动工，并于次年 6 月 14 日竣工启用。联检大楼高 12 层（含地库），南、北附楼各 3 层，建筑面积共 70623 平方米。一层设为港澳旅客入境检查场地；二层为国内居民、华侨、台胞、外国人（即 4 种人）出入境检查场地；三层设为港澳旅客出境检查场地，为港澳旅客入境备用检查场地；四层至十二层为各查验、管理、服务单位办公业务场地。

而珠海九洲港，则是在开放后新建设的一类口岸。1982 年 4 月，珠海经济特区设立还不到一年，九洲港还是一个背山面海的荒凉小滩时，已初步建成港口。当年 4 月，港中飞翼船公司客轮在九洲港试航成功，珠海借外籍客轮打通了至香港的海上通道。位于广东省南部、珠江口西岸、毗邻港澳，与澳门陆地相连，具有得天独厚的地理优势。当年 9 月，九洲港获国务院口岸办批准为一类口岸，当年客运量达到 4 万人次，绝大部分为港澳及外籍游客，成为珠海经济特区连接海内外的桥梁与枢纽，极大地提高了珠海的开放程度。

五　主动“走出去”，积极对外承包工程和劳务合作

除了大力加强口岸建设以支持商品出口贸易，为进一步创汇，广东积极开展对外承包工程和劳务合作。到 1985 年底，共签订承包工程、劳务合作项目 149 项，累计合同金额 1.4 亿美元，已完成营业额 1.14 亿美元。项目遍布亚、非、欧等 23 个国家和地区，范围覆盖建筑、农业、林业、水利、化工等领域以及社会服务行业。通过组建对外经济技术合作公司承担国家对外经济援助项目和在港澳设立公司等途径招揽工程业务，立足港澳市场，业务逐步向国际承包工程市场延伸。

从 1981 年起，广东省先后在澳门注册成立了南方建筑置业有限公司，在香港注册成立了广东省水利水电工程发展公司以及广东省劳动服务公司。1982 年，经国务院批准，组建中国广东国际经济技术合作公司，成为广东省具有对外法人地位的综合性国有企业，南方建筑置业有限公司、广东省水利水电工程发展公司以及广东省劳动服务公司成为其下设专业公司。另外，广东国际经济技术合作公司还在广东其他市、县设立分公司，拓展对外承包工程业务。

1987 年广东独创性地提出建立“粤—港—远洋”三点一线的国际营销体系，三点之间各自分工，协同发展，即远洋来样、香港打样、省内生产。“粤—港—远洋”三点一线体系为广东拓展国际市场、形成合理布局、高效利用国际销售和服务体系发挥了重要作用。1987 年，广东外经贸系统海外企业的进出口营业额和出口额均创历史新高，到 1988 年，全省出口市场已经发展到 156 个国家和地区。

广东除了“引进来”，积极探索“走出去”，通过在境外设置中外合资企业积极开展对外承包工程和劳务合作，独创三点一线国际营销体系，让广东对外贸易始终走在全国前列，引领发展。

第四节 积极引进国外先进技术、设备，在消化的基础上创新

一 “他山之石”，改善技术落后面貌

技术的发展对于改善基础产业发展，扩大外贸出口，增强经济实力有巨大的作用。邓小平在1978年10月对日本进行访问期间，兴致勃勃地参观了日本的钢铁厂、汽车厂、电器厂等大企业集团；他还坐上气垫船、乘坐新干线列车，说我们正需要这个速度。这次成功的访问，为中国引进国外先进的技术设备和管理方法，加快现代化建设步伐，打开了局面。

1979年新年刚过，邓小平又飞越太平洋造访美国，美国三大主流电视网每天的黄金时间都变成了“邓小平时间”，邓小平以他的潇洒自如、风趣幽默在全世界刮起了一阵“邓小平旋风”，尤其给国人留下一句意味深长的话是：“我懂得什么是现代化了！”

借鉴日本发展的经验，日本的发展是建立在“巨人的肩膀上”，斥巨资引进国外先进的技术、设备和人才，鼓励创新，建立了坚实的工业基础，短短几十年就跃居世界经济强国之列。而中国香港、中国台湾、新加坡和韩国“亚洲四小龙”的经济崛起经验也验证技术发展的重要性。而广东在开放初期，落后的技术水平与经济快速发展的需求并不匹配，强化技术引进越来越受重视。而要实现赶超港澳、“亚洲四小龙”的目标，必须解决技术进步的问题，否则差距只会越拉越大。

广东积极制定技术引进规划。在1983年底，广东提出到20世纪90年代初期，一些重点行业、重点地区，如广州、佛山、深圳、珠海等城市的生产技术水平大体上要达到80年代初期的国际水平的改造目标。同时，做好引进先进技术的总体规划，按行业、按产品进行规划，有计划、有重点、有步骤地进行技术改造，防止和避免盲目引进、重复引进，地域上合理布局，从而发挥最大的经济效益。

借助“三来一补”的形式，广东在开放初期就建立了一批加工装配企业，引进了一大批相对先进的机器和技术，初步改变了设备技术落后的局面。1983 年 1 月，广东省提出要逐步提高引进水平，从过去一般引进单机逐步提高到引进整条生产线，和对国民经济有重大作用的成套项目；从引进劳动密集型产品，逐步提高到加强对技术软件和专利的引进。还要做好对引进设备的消化、改造和创新工作，为全行业的技术改造服务。这一时期开始了对工业企业的全面技术改造，设备引进重点在汽车、家电、电子、纺织、塑料、仿真、陶瓷等以及日用品食品行业，极大地促进了工业发展。如广州啤酒厂通过引进国外先进的啤酒酿造技术和设备，使啤酒酿造周期比传统工艺和设备缩短 2/3 的时间，产量提高 2 倍。“五羊”摩托车引进日本“本田”技术，成为广州市工业的拳头产品。广州可口可乐生产厂引进的日本三菱公司生产线是当时省内第一条现代化、自动化生产线。

由于资金外汇不足，广东充分发挥毗邻港澳、华侨众多的优势，灵活多样地引进技术，积极利用外资引进先进技术和管理经验，通过外商建立合作关系，利用外商销售渠道，扩大出口，积极参与国际贸易和国际竞争，推动技术进步。

1981—1990 年，广东通过多渠道、多方式积极引进国外先进技术，共引进成套设备和生产线 188 套（条），关键设备 6122 台，产生了显著的经济效益。1987 年 4 月 5—19 日，在北京军事博物馆举办“广东省利用外资引进技术成果展览会”。展览会总面积 9500 多平方米，展馆占 5600 平方米，由广东 13 个市、地和 9 个行业组成 18 个展馆，参展企业 1500 多家，产品 3000 多种，其中新产品 1000 多种，填补国内、省内空白的先进产品 260 多种。

二　引进先进技术、推动农业出口创汇

珠江三角洲地理位置优越，气候条件较好，发展农业的条件十分优越。改革开放初期，广东出口中农产品占主导地位。但农产品出口附加值较低，鲜活产品又存在品质不佳、保鲜困难等问题，农业出口

创汇能力十分有限。

为了解决果菜品质保鲜、贮藏未过关，提高产品附加值等问题，发展外向型农业经济，广东率先在 1985 年提出农产品生产出口“以质取胜”的战略。强调品种改造，积极从国内外引进各类优良品种和新品种，配套引进先进的种养技术。广东引进了美国黄鸽和汉普夏、杜洛克瘦肉型猪、鸡等种苗，引进对虾养殖技术，嫁接国外优良果树品种，培育了廉江红江橙、肇庆皇帝柑等优良品种，备受海内外市场青睐。

另外，广东在珠江三角洲和沿海经济比较发达的地方，大力推进农副产品出口生产基地建设。为了提高农业生产技术，引进了一批先进的农业生产线、设备和技术，如瘦肉型猪生产线、牛奶生产线、水产品加工生产线等，攻克农产品保鲜、加工、包装、冷藏等多环节，就地加工，促进了农业的产业化发展。到 1986 年底，全省农产品外贸出口基地累计投资 19.97 亿美元，外汇 1.08 亿美元，改造扩建和新建农副产品出口交加工基地、企业共 2081 个项目。

湛江养虾基地如今已经发展成国内规模最大的养虾基地。1979 年，湛江被国家水产总局确定为养虾基地之一。1986 年，在省政府的担保下，省外经贸部门先后通过香港粤海公司向国际银团融资 7300 多万美元，用以湛江养虾基地的开垦、建设，面积达到 26 万亩。1988 年配套建成了 24 间冷冻加工厂、99 间饲料加工厂、151 个对虾养育苗室等，打通产业链上下游，提升了对虾产量、质量，出口创汇规模居国内前列。

三　在引进的基础上消化，在消化的基础上创新

除了单纯引进设备和技术，广东还积极探索在消化引进技术的基础上进行创新，注重自主研发，走一条引进—创新—再引进—再创新的技术道路，从而最大限度地体现技术引进的价值，缩小与发达国家的技术差距，从而最大限度地促进经济发展。

广东轻工业机械厂 1984 年引进西德具有 80 年代国际先进水平的 2

万瓶/时啤酒瓶装设备的制造技术，于1986年完成两套生产线的试制，分别在山东威海啤酒厂和广州啤酒厂试运行，实现2亿多元的产值，创利税近6000万元，同时推动了我国啤酒瓶装技术的进步和啤酒产业的发展。

粤宝电子联合公司在消化、吸收过程中，对日本提供的两个工序和6种模具进行了大胆改造，极大地提高了生产效率，产品合格率由原先的90%提高至97%以上。同时还成功研制磁头罐封树脂，打破了国外技术控制，实现产品国产化。引进、消化和创新是技术发展的重要推动力量，是技术落后的国家快速实现技术进步的捷径，同时可以打破对外来技术的依赖，最大限度地实现短、长期经济利益。

与此同时，通过技术的改进、创新，广东大力鼓励技术出口。技术出口是对外经济贸易的重要组成部分，也是创汇的渠道之一。美国1993年仅信息设备出口就达到了620亿美元。发展技术出口，能改善和优化广东出口商品结构，扩大对外贸易，创造大量外汇收入，同时通过技术产业化、商品化，有利于提高自身技术开发水平，刺激创新和技术进步。1987年，国务院作出了“加强技术出口工作，努力开拓国际技术市场”的指示，强调技术出口的重要意义、必要性和可能性。广东省积极响应国务院指示，同年颁布《广东省技术出口管理暂行办法》《广东省鼓励技术出口的暂行办法》，当年通过贸易途径出口技术成交4项，金额为167万美元。1988年出口总额是之前技术出口总额2倍多，35项，达到了903.6万美元。

针对原有企业生产工艺、技术装备落后的状况，广东有计划、有重点地引进国内外先进技术和设备，加快了技术改造的步伐，实现了从引进单机器逐步转向引进成套设备与生产线再到引进关键设备和软技术转变，从单纯引进技术、设备到消化创新、鼓励技术出口的转变。

第五节　利用地理优势，港澳同胞共谋发展

一　慷慨解囊，公益性捐助支持家乡发展

相对于其他省市，广东一个独特的地理优势在于毗邻港澳，港澳同胞和海外华侨众多，海外的华人、华侨人数居全国首位，分布在世界 100 多个国家和地区。“文革”结束后，中央开始大规模落实华侨政策。1978 年 12 月，全国侨务工作会议在北京召开，会议确定了“团结、友好、爱国”的侨务指导方针。1979 年，中央提出：国家保护华侨房屋的所有权，任何单位和个人，不得以任何借口占住他们的房屋，已占的均应在 1979 年内退还。1980 年 10 月下旬至 11 月初，以习仲勋为团长的中国省长代表团到达美国访问，受到华人华侨的热情欢迎。在华裔聚居的纽约和檀香山，华人总会和中华总商会都举行了盛大的宴会招待代表团。其间，一些祖籍广东的华人华侨纷纷向代表团打听国内的相关政策，表达出要为祖国改革开放贡献力量的强烈愿望，侨领们都主动来与代表团成员交流，探讨回国投资的渠道，有人更是当场提出要向故乡捐赠机器。

广东作为华侨最多的省份，积极落实华侨政策，充分调动港澳同胞和华侨共同建设经济。1984 年，广东省政府颁布《广东省华侨、港澳同胞捐办公益事业支援家乡建设优待办法》，保护和发扬华侨、港澳同胞捐资兴办公益事业、支援家乡建设的热情，并努力把捐资兴办的公益事业办好，使之收到良好的效益。

以广州为例，广州充分运用开放城市的优惠政策，支持和吸引华侨港澳同胞回乡参与投资。1984 年 10 月，制定《广州市华侨港澳同胞投资优惠暂行办法》，1988 年制定《广州市用侨汇购买住宅入户试行办法》等。1984 年起对引进资金、技术、人才的有功人员给予优惠或奖励，1986 年起对广州贡献较大的华侨、华人和港澳台同胞，授予广州市荣誉市民称号。同时，中央“特殊政策、灵活补贴”的政策为广东营造了良好的投资环境。

“为什么我的眼中常含泪水？因为我对这土地爱得深沉。”广大华侨秉承“爱国爱乡”传统，慷慨解囊，不断捐赠资金和实物给内地，兴办医院、学校、幼儿园、敬老院等公共事业，捐赠项目多，受益面广。1978年下半年到1983年底，广东省接受港澳同胞和华侨公益性捐物捐款总值达5.13亿元，其中捐资办学达1.5亿元，共新建和扩建中小学校近2000家，捐资新建扩建医院100多间。以港商为例，许多著名爱国港商、实业家在内地广做慈善。前全国政协副主席、香港知名实业家霍英东好善乐施，一生捐款逾150亿港元，捐资助学、山区扶贫等；信奉“知识改变命运”的“超人”李嘉诚，创办李嘉诚基金会，公益项目遍及全国30多个省区市，坚持“为自己、国家与全人类社会建造共同的尊严和福祉”。20世纪80年代开始，李嘉诚先后创办汕头大学，投建长浦、长潮、长海三大电厂，资助修建汕头海湾大桥、韩江大桥、深汕高速公路东段等基础设施，投资潮安医院、潮州医院等公益项目。汕头大学是全球唯一一所由私人基金会——李嘉诚基金会持续资助的公立大学；蒙民伟、邵逸夫、李兆基，这些耳熟能详的名字几乎镌刻在全国每个大中城市的校园建筑上。

二　看好经济前景，投资助力经济腾飞

除了公益捐助的形式，部分港澳华侨富商看好国内经济发展前景以资金入股的方式参与国内路桥、酒店等基础设施建设，合作共赢。由单纯捐款捐物转为捐办实业、互惠互利的方式。

改革开放初期，广东开始大刀阔斧地进行改革，生机勃勃，而香港工业腾飞势头正猛，用工紧缺，人力成本高，工业用地供不应求，劳动密集型产业需要对外转移。广州白天鹅宾馆作为中国第一家中外合资的五星级宾馆，以霍英东为代表的香港商人参与建设，一方面是建设祖国的赤子情谊，另一方面也是敏锐地嗅到了改革开放的商机。1979年4月，广州白鹅潭畔兴建白天鹅酒店的协议正式签署，由霍英东投资5000万港元、彭国珍投资1250万港元及提供管理、技术，广东省政府提供“砖瓦沙石”、土地和人力。合作期为15年（而后又延

长 5 年）。早在投资建设白天鹅之前，这位“极擅经商”的商界巨擘在十一届三中全会闭幕后的第二天，就大胆做出投资中山温泉宾馆的决策，开创港商投资内地第一家宾馆。

以“白天鹅”为开端，香港资本开始源源不断进入内地，沙角电厂、广深及广珠高速公路、虎门大桥等项目的投资建设都有港商的身影，极大地推动了广东省的经济发展，是广东利用外资的极其重要组成部分。

沙角发电厂坐落在广东省东莞市虎门镇境内，濒临珠江口虎门湾，正处于广东用电负荷最集中的三座特大城市广州市、深圳市和东莞市之间，是中国华南地区最大的火力发电基地。20 世纪 80 年代，为解决深圳市和广东省的用电需求，省政府决定积极吸纳外资建设兴建电厂。1984 年，由广东省政府全资拥有的沙角 A 电厂率先开工，次年 B 厂也开始了正式建设。沙角 B 电厂是中国首个采用“建设—经营—转让”（BOT）方式建设的工程项目，由深圳市政府控股，香港合和实业有限公司参股，但深圳方面只负责提供土地和运营的燃料，电厂的建设资金则由港方负责筹集。电厂实行英国式管理制度，采用了日本企业提供的技术和装备，并由日本的企业负责监造。电厂建成后按照协议先由港方全权运营十年，十年后，港方将持有的电厂 35.23% 股权全部无偿地移交给了广东省政府。沙角 C 电厂采用与 B 厂类似的融资方式，由广东省政府与香港合和实业有限公司合作兴建，合作期限为 20 年。

从 1979 年到 1991 年，广东利用外资合同额为 298.1 亿美元，实际利用外资总额为 149.35 亿美元，其中华人、华侨、港澳同胞的资金占 80% 以上，至 1991 年，广东共有侨资、港资企业 16376 家。在改革开放初期，广东的经济腾飞和工业起步离不开华侨、港澳同胞的支持。

第三章

对外开放 2.0：使命的召唤
(1992—2000)

1992 年初，改革开放的总设计师邓小平来到了南粤这片热土，发表了重要的南方谈话，针对姓“资”姓“社”问题，邓小平创造性提出“三个有利于”的判断标准；同年召开的中共十四大，进一步明确建立社会主义市场经济体制的改革目标。这为迷失在姓“资”还是姓“社”争论中的中国巨轮重新安上了罗盘，新一轮改革开放热潮在全国范围内兴起。

针对加大改革力度，扩大对外开放，集中精力搞经济建设，邓小平说，要抓住时机，搞得快一点，把经济搞上去，步子可以快一点。提出广东今后要加快经济发展的步伐，继续发挥龙头作用，力争用 20 年的时间赶上“亚洲四小龙”。

东方风来满眼春，在广东对外开放建设的关键时期，作为一篇宣告中国将继续沿着改革开放的道路大步前进的政治宣言，“南方谈话”如同历史使命发出的召唤，成为激发广东在改革开放中再次“先行一步”的催化剂。靠着更加坚定的开放、更为锐意的改革、日益完善的体制，广东对外经济贸易步入了稳定、快速的发展轨道。

第一节　外向带动，奋起追“龙”

邓小平对广东发表“追龙”寄望后，省委、省政府迅速行动起来，围绕如何贯彻落实好这一重要指示精神开展多项工作。1992年2月10日至12日，省委常委举行会议，主要讨论两项内容：一是传达学习邓小平、杨尚昆、乔石、田纪云视察广东时的谈话精神；二是讨论《关于我省进一步扩大对外开放若干问题的决定（讨论稿）》。3月12日，省委省政府正式下发《关于进一步扩大对外开放若干问题的决定》。同日，省委常委举行会议，重点讨论省政府拟报国务院的《关于广东省进一步深化改革、扩大对外开放若干问题的请示》。

广东与亚洲四小龙地域相近，经济结构相似，外向度高，经济活力足，四小龙的崛起很大程度上也是依赖于发达的外向经济，因此广东着眼于大力发展外向型经济，力争在外向经济这一关键性的领域上实现弯道超车。按照《关于进一步扩大对外开放若干问题的决定》的部署，广东采取一系列综合措施深耕外向型经济，以外向经济带动广东的追"龙"计划。

一　深化外贸体制改革

1992年以来，广东不断深化外贸体制改革和国有外贸企业改革，实施"以外经促进外贸发展，以外贸增强外经实力"的策略和外向带动战略，转变政府职能，优化投资环境，积极发展外向型经济。广东加快国有外贸企业的公司体制改造步伐，积极探索建立技工贸相结合的外贸公司和中外合资的外贸公司，促使国有外经贸企业向国际化、集团化、实业化、股份化的目标发展。按"抓大放小"原则进行分类指导，推动企业改组、联合，发展规模经营。

改革的总体思路一是建立现代企业制度；二是发展和组建外贸大集团；三是放开放活中小外贸企业；四是优化资本结构，通过鼓励外贸企业兼并政策措施，增资减债，实现资本结构的优化。

不可否认，国有企业为广东发展外向经济，扩大进出口贸易做出了应有的贡献，国有外贸企业长期积累的资产、市场、人场、经验优势仍然发挥着重要作用。然而，在社会主义市场经济大潮的冲击下，国有外贸企业长期积淀的痼疾严重制约阻碍着国有外贸企业前进的步伐，其滞后的体制，僵化的机制，粗放、单一的经营模式和历史遗留的债务都是桎梏国有外贸企业发展的脚镣。为此广东体制改革的大锤率先向国有外贸企业砸去。

其中在建立外贸公司现代企业制度上广东形成了顺德模式，1993 年，顺德市经广东省委、省政府批准定为省经济改革综合试点市，顺德外经贸企业分两步进行了产权制度改革。第一步，在 1993 年至 1994 年期间，对 12 家外贸公司进行股份制改造，保留食出、纺出、轻出 3 家公司有政府控股，其余公司政府不参与股份，称之为二次转制，从而实现将外贸公司转制为员工全额持股的内部股份制企业的目标。

顺德外经贸企业转制主要做了六项工作：一是实施“抓大放小”战略，优化配置公有资产。二是严格及逆行资产清核评估，杜绝国有资产流失。三是灵活处理政府与经营者、股东之间的关系，使转制企业获得一个良好的起点。四是按照公平、公证、公开的原则，选择企业经营者。五是建立现代企业制度，力求实现体制创新。六是实行综合配套改革，保障企业改革顺利推进。

改制取得了良好的成果，主要表现在四个方面：一是初步建立起现代企业制度，企业经营行为得到规范。二是减少政府投资风险，确保公有资产的保值和增值。三是企业卸掉了历史包袱，老企业获得了新生。四是实现了政企分开、政资分离，强化了政府的社会管理职能。

顺德外经贸企业改制是全国国有外贸企业改制的首创，引起了当时外经贸部的关注。1994 年 8 月，外经贸部派出联合调查小组到顺德调研，肯定了顺德这种敢想敢闯敢干的精神。

在对国有外贸企业进行大刀阔斧改革的同时，广东还继续深化外贸经营体制改革，积极培育外贸经营主体，促进广东外贸经营主体进一步多元化，逐步形成了“各路大军一起上，和衷共济多出口”的“大经贸”格局。早在 20 世纪 80 年代，广东就逐步对外贸经营主体进行改革，授予有条件的工业企业和地市外贸公司进出口经营权，全省各类外贸经营主体获得全面发展。90 年代初，广东大力推行外贸代理制，扩大企业外贸经营权。促进广东私营外贸企业快速、健康发展，充分发挥其在外向带动战略中的积极作用，全省各级政府为私营外经贸企业的发展创造良好的环境。到 1995 年，广东又有 1500 多家国有外经贸公司、近 6 万家外商投资企业以及 3 万多家“三来一补”企业。尤其是 90 年代末期，随着国家放宽对非公有制经济外贸经营权的限制，全省民营企业参与对外贸易的积极性空前提高，进出口额迅速增长，成为促进广东对外贸易持续快速增长的重要力量。

广东省外经贸委对各类出口企业采取“一视同仁”的政策，千方百计扶持其做大做强。到 2000 年，广东已经形成由传统外贸企业、自营出口生产企业、外商投资企业和“三来一补”企业“四路大军”组成的“大经贸”格局，呈现出千军万马共同发展外经贸的生动局面，各项外经贸事业蓬勃发展，各种类型的贸易方式“比翼齐飞”。当年广东出口额 919.2 亿美元，占全国的 36.%。其中国有企业出口 389.7 亿美元，外商投资企业出口 496.1 亿美元，分别占出口总额的 42.4% 和 53.9%；民营企业出口进入迅速增长轨道，出口额达到 6.1 亿美元，比上年增长 265.5%，并逐步发展成为全省出口增长最快的经济体，占出口总额的比重也随之持续上升，涌现出华为、美的等一批出口龙头企业。

二　优化对外贸易结构，提高外贸总体经济效益

广东以国际市场为导向，以技术为依托，扩大货物出口，拓展生产要素商品、无形商品的出口，逐步形成以货物出口为主，技术、劳务、信息等商品兼容的出口结构。发展深加工产品和资金技术密集型产品出口，促进技术出口和成套设备、机电产品出口等，提高出口总体经济效益。20 世纪 90 年代，广东对外贸易结构不断改善。出口商品的加工深度、产品质量和技术档次逐年提高。初级产品出口比重进一步下降，高附加值的工业制成品比重上升，大额创汇商品不断增加。

出口额超过 1 亿美元的商品从 1990 年的 13 种（类）增加到 40 多种（类）。继实现了由初级产品为主向加工产品为主的转变之后，又实现了从一般加工为主向以机电产品为主的转变。2000 年机电产品的出口达 499. 81 亿美元，占工业品比重达 54. 4%，比 1995 年提高 11. 8 个百分点。高附加值、高技术含量的产品大幅度增加，高新技术产品出口的比重由 1995 年的 5. 7% 提高到 19. 2%。

三　大开方便之门，创新口岸管理模式

（一）深圳口岸管理体制改革试点

20 世纪 90 年代中期以前，广东口岸工作存在着业务交叉、查验环节多、口岸运作不畅等管理体制上的问题。为了适应日益频繁的对外经贸往来，国家在香港回归前夕以深圳为试点，拉开了口岸管理体制改革的序幕。

1993 年初，深圳港务管理局经过调研后将制约港口发展的若干问题上报国务院，引起了中央的重视。时任国务院副总理李岚清批示，要求国家体改委组织专题改革小组到深圳调研，将深圳作为改革试点，待改革取得经验后再推广。其后，深圳口岸逐步进行了公路口岸合并通道检查、统一收费等方面的改革探索，取得了很好的效果。

1995 年 7 月，国务院办公厅转发了国家体改委、国家经贸委《深圳口岸管理体制改革试点方案》，并在深圳召开“深圳口岸管理体制改革试点工作会议”，李岚清副总理到会并讲话，这标志着深圳口岸管理体制改革试点工作进入全面综合配套改革阶段。1998 年 3 月，“深圳口岸管理体制改革试点工作总结会”在深圳召开，标志着深圳口岸管理体制试点改革顺利完成。

深圳口岸改革试点创建了“边检管人，海关管物，其他单位配合把关”的口岸监管新模式，改变了原口岸旅客通道上设置边检、海关、卫检、动植检“四关”的多头监管模式。与此同时，实行了边检职业化改革，边防检查人员由现役制改为人民警察职业制；实行卫检、

动植检、商检“三检”合一的机构改革；还建立了“一水一监”的港监管理体制，新成立交通部深圳水上安全监督局。在查验方式上，开始探索建立口岸计算机查验网络。

此后，深圳口岸试点改革创造的新的口岸监管模式，逐步推广到广东其他口岸以及全国各地，大大提高了通关效率，促进了对外贸易的发展。

（二）调整优化口岸结构

20 世纪 90 年代，广东口岸建设在 80 年代快速发展的基础上，继续稳步推进。在此期间，恰逢国家加强宏观调控，实行适度从紧的财政和货币政策，口岸建设资金遇到了较大的困难。为了确保口岸基础设施建设适应本省经济和各项事业迅速发展的需要，省口岸办确立了着力调整口岸布局、优化结构、量力而行、集中资金保重点建设的指导思想。

在地方政府和经营单位的支持下，各级口岸管理部门多方筹集资金，加大骨干口岸设施改造的力度，确保一批重点项目按计划建成投入使用。如广州港扩建新沙港区，盐田货柜码头扩建新一代集装箱泊位，拱北口岸、广九直通车流花车站、江门港客运口岸迁建等，使口岸基础设施、输运条件和功能进一步完善配套，通过能力和辐射能力进一步增强。1991—2000 年，全省新增一类口岸 16 个，新增二类口岸 31 个。全省 21 个地级以上市和 53 个县（市、区）均设立二类口岸，逐步形成了从沿海向山区、海岛延伸的多层次、多功能、海陆空口岸齐全、客货运设施配套的口岸发展新格局，基本适应了本省经济建设和对外往来的需要。

1996 年，国家召开口岸工作会议，提出口岸发展布局和二类口岸的规范管理等问题。广东口岸将工作重心转向优化调整口岸布局、合理配置口岸资源上，重点是对无安生二类口岸进行规范整顿，控制其发展总量和速度。1996—1997 年，广东关闭、撤销了 31 个，合并了 2 个二类口岸，并在 1998 年 9 月对全省 135 个二类口岸进行分类清理整顿。通过调整、整顿工作，淘汰了一批设施简陋、管理不善、效益低下、布局不合理的口岸，使全省口岸资源的配置效率得到进一步提高，口岸的布局和结构也得到了进一步优化。

四 转变增长方式，科技兴贸

省委、省政府把扩大对外开放，引进先进技术和管理经验，发展外向型经济作为扬长避短，克服困难，推动整体经济上新台阶的重要措施。为此，广东实施科技兴贸战略。加强对传统出口产业的技术改造，扩大深加工、高附加值、高技术含量尤其是具有自主知识产权产品的出口。大力发展高新技术产业，使外向型经济的层次、水平和效益明显提高。努力把国家级和各省级经济技术开发区、高新技术产业开发区、开发试验区、保税区和出口加工区等各类经济功能区办成吸收外资的主要载体和出口基地。加大政策引导，优化工业结构。电子信息、电器机械、石油化工三大新型支柱产业已初步形成优势。珠江三角洲高新技术产业带是科技部批准的全国三个高新技术产业带之一，高新技术产品产值占全省总量的93%，集聚电子信息产业相对集中的一个重要区域。此外广东还培育了一大批光机电一体化、新材料、生物医药等高新技术企业。珠江三角洲已成为全国规模最大、发展最快、出口额最大的高新技术产业带。

1999 年 10 月，首届“中国国际高新技术成果交易会”（简称“高交会”）在深圳举办，被誉为全国发展高新技术产业的里程碑。经过多年的发展，目前高交会已成为中国及世界高新技术领域一个颇具影响力的知名展会。根据省政府的部署，由省外经贸厅牵头，省发改委、经贸委、科技厅、信息产业厅、教育厅、人事厅、知识产权局、科学院联合组织广东团参加。

历届高交会中，广东展团（深圳单独组团）的展区面积一直名列全国首位，参展企业和项目数量多、层次高，大部分项目拥有自主知识产权和专利。电子信息、光机电一体化、生物医药、新能源、新材料及环保节能技术等一系列主要参展项目，集中体现了广东高新技术产业发展所取得的成就和水平，展现了广东产业的发展特色。利用这一科技成果的交易展示平台，拓展了高新技术产品的出口渠道，推动了产业结构的转型升级，促进了广东经济的持续快速健康发展。

在第一届高交会上，广东展团正式签订各类合同或协议 22 宗，签约金额 2.28 亿美元。到 2007 年第九届高交会，广东展团签订项目多达 205 宗，总成交额达 15.26 亿美元。作为高交会的一大亮点，民营企业踊跃参展突出反映了广东这一市场主体科技实力迅速壮大，高新技术领域发展成效显著。在第九届高交会上，民营科技企业占到参展团成交总额的 36%，比上一届增长 89%。TCL、康佳、创维、华为、中兴等广东大型企业集团积极参加展会，东西两翼和粤北山区企业也推出了一批科技含量高、发展潜力大的参展项目。

广东坚持以高新技术为龙头，以工业化多层次技术设备为主题，以实施国际市场多元化为主导的技术出口发展战略，在高新技术产品出口、技术设备出口和出口市场多元化方面都有明显提高。2001 年，以计算机与通信技术为主的高新技术产品出口额达 222.94 亿美元，占全省同期出口总值的 23.36%。广东省技术出口合同总金额连续多年名列全国首位。

五　向质量要外汇，实施以质取胜的战略

“八五”期间，广东外贸出口虽然发展迅速，但基本上属于粗放型发展模式。为了处理好外贸出口增长过程中质量和数量、效益和速度的关系，广东提出“向质量要外汇”的口号，深入开展“质量、品种、效益年”等活动，将实施“以质取胜”战略作为全省外贸发展的重要工作。

为此，省外经贸部门积极推出一系列措施：第一，举办质量宣传活动，推动企业树立“以质取胜”“质量是效益的核心”的观念。第二，安排专项技术改造资金，按照“择优扶强”的原则鼓励企业依靠技术改造和科技进步，加快出口商品向精加工、深加工、高附加值方向发展。第三，积极引导企业通过资产重组、兼并、联合等方式，发展集约化生产经营，提高规模效益。第四，协助企业获得 ISO9000 系

列国际质量认证，严格执行出口产品质量许可证制度。

通过各项工作的有效开展，外贸企业“质量第一、信誉第一”等观念日益增强，踊跃设立出口产品质量管理机构或部门，很多企业在新一轮承包经营责任制中，把“以质取胜”作为一项重要内容列入承包指标。

2000年，全省机电产品出口499.8亿美元，高新技术产品出口170.2亿美元，电视机、电冰箱、空调器、电子计算机、照相机等一批高端具有比较优势的产品脱颖而出。传统轻纺企业通过引进技术，还有效改善了产品质量、花色和品种，提高了产品的市场竞争力。

六　多点开花，实施市场多元化战略

改革开放后一段较长的时期内，广东出口市场过度集中于港澳地区，市场结构较为单一，缺乏对美欧等发达国家市场和新兴市场的有效利用。1990年，广东对中国香港出口比重达80.9%，对美国和欧盟出口均不足4%，对日本出口仅占2.7%。20世纪90年代初，国家提出了“市场多元化”战略，以降低出口市场集中度，分散市场风险，广东予以积极响应和落实。

1992年广东制定了《关于实施我省出口市场多元化战略的意见（试行）》，确定了新的出口市场目标。全省采取了一系列配套措施，如适当安排进口贸易，开展以进促出策略，支持有条件的企业到海外办事业，开设销售中心、存仓分拨、批发寄售、设点组装和就地加工生产，对率先进入空白市场的外贸公司适当扩大经营范围等。20世纪90年代中期后，广东开展了“四大调整”策略，即对产品结构、组织形式与机制、市场布局及战略战术进行调整。加速市场国际化，积极开拓多元化市场，重视对各国关税政策的研究和国际市场信息反馈，引导外贸企业按照国际惯例，联合开拓多元的国际大商社经营销售网络，积极与发达国家的大公司、大商社、大企业建立直接的贸易关系。继续巩固港澳、美加、西欧市场；重点开拓东南亚、独联体市场；大力拓展中东、南美、非洲等市场，逐步形成以亚洲市场为主，发展非洲，开拓欧美、南美市场的多元化格局。与此同时，鼓励企业发展与远洋市场的直接贸易，引导企业在不同目标市场之间采用不同的拓展方式。

“九五”末，全省对外贸易迅速发展，国际市场格局进一步趋向合理。按新的目的地统计方法，2000年广东出口中国香港315.29亿美元，占全省出口总值比重下降到34.3%；对美国出口236.27亿美元，比重上升到25.7%；对欧盟、日本的出口比重分别占到14.3%、8.4%。总体而言，当年全省出口远洋市场总计427.7亿美元，占全省出口总值的比重升至46.5%，标志着全省出口依赖港澳地区的局面已经有重大改变，市场多元化格局逐步形成，对外贸易更加健康发展。

七　外经贸在“风暴”中前行

1997年7月，东南亚金融危机爆发并迅速蔓延，这股突如其来的亚洲金融风暴不仅席卷亚洲，而且产生了全球性影响。面对由此引发的世界经济发展放缓、国际需求下降的情况，国家做出了人民币不贬值的承诺，外经贸大省广东经受了改革开放以来前所未有的挑战。

面对挑战，广东省委、省政府正确判断国际形势后果断做出决策，全力抵御冲击，首次提出把外经贸作为广东经济发展的“命根子”的号召，千方百计扩大出口。1998年，省委、省政府进一步提出实施“外向带动战略”，坚持走外向经济发展道路不动摇，并出台了一系列扶持外经贸发展的政策措施。

在此期间，省外经贸部门与海关、商检、外管、国税、金融等部门加强联合工作机制，努力为企业出口营造良好环境。各级政府及有关部门落实外经贸目标责任制，多渠道筹资建立专项扶持资金和出口奖励资金，加强对出口工作的扶持力度。经过两年的艰苦拼搏，1999年广东外贸出口776.8亿美元，比1998年增长了2.7%，外商实际直接投资 122.03 亿美元，比 1998 年增长 1.52%，均创历史最高水平。

2000 年，世界经济逐渐复苏，东南亚周边国家经济好转，世界产业结构调整明显加快，广东外经贸乘势而上，保持了良好的发展势头。当年，全省进出口额比上年大幅增长 21.2%，其中出口增长 18.3%，新签合同和实际利用外商投资分别增长 27.2 % 和 0.7%。

在跨进新世纪之际，全省外经贸迎来新的发展局面。

八　加工贸易在调整中发展

加工贸易是全球产业结构调整的结果，是产业传递的一种表现形式，也是世界各国参与国际分工的重要贸易方式。改革开放后，广东把握世界产业结构调整的机遇，有效地发挥自身的比较优势，积极参与国际分工，承接劳动密集型产业转移，加工贸易迅速发展壮大。但是，加工贸易发展也存在监管不到位、管理措施滞后等问题。

为规范加工贸易管理，1999 年 4 月 5 日，国务院办公厅下发了《关于进一步完善加工贸易银行保证金台账制度的意见》（以下称 35 号文），从 6 月 1 日起对加工贸易企业、商品实行分类管理，并根据分类管理要求对银行保证金台账实行“实转”管理。由于 35 号文对加工贸易调整力度大、范围广，缺乏相关配套及缓冲政策，大部分加工贸易企业短期内难以适应。

为协助广东企业适应国家政策调整，促进加工贸易规范健康发展，广东省委、省政府要求有关部门对广东加工贸易现状进行全面调查。1999 年 4 月，在省政府的统一部署下，省外经贸委协同海关、外管、财政、税务、经委、中行六个部门组成“广东省加工贸易联合调查组”，赴广州、深圳、珠海、东莞等加工贸易集中的地区进行深入调研。在此基础上，广东省通过多种渠道积极向中央反映情况并提出政策建议。1999 年 5 月 28—29 日，国务院在京召开加工贸易座谈会，29 日在中南海举行的部分重点省市座谈会上，汤炳权副省长向吴仪国务委员汇报了广东加工贸易的有关情况，着重提出了在贯彻落实国务院

“35 号文”时要做到“五个注重”的建议，得到国务院的高度重视和肯定。经研究，国务院决定，“35 号文”推迟 4 个月执行，并加紧补充出台和修改完善有关配套政策。在国家有关部委相继出台的一系列配套文件中，放宽了对企业分类的界定标准，使绝大部分的企业能列入 A 类、B 类，减少了限制类商品目录，对 B 类企业经营限制类商品减半征收及广东各级政府企业的共同努力和密切配合，政策的完善为加工贸易的稳定、持续发展提供了保障。与此同时，省有关部门及时做好政策的宣传解释工作。1999 年 8 月，广东省外经贸委、海关总署广东分署等多个涉外部门联合赴香港举行“加工贸易新政策说明会”，以得到加工贸易企业的理解和支持。同年，海关总署广东分署和广东省外经贸委联合开发了“广东省加工贸易计算机联网管理系统”（简称 GD998），实现了对加工贸易企业生产经营全过程的计算机联网监管。

经过各方努力，这一时期加工贸易经过短暂的政策适应阶段后继续保持良好的发展态势，加工贸易出口额占全省出口额保持在 80% 左右，加工贸易出口拉动全省 GDP 增长保持在 2 个百分点以上。

20 世纪 90 年代以来，广东紧紧抓住新一轮改革开放的历史机遇，不断扩大对外开放，大力发展外向型经济。在外向带动、外贸体制改革、以质取胜、市场多元化、科技兴贸以及经济国际化等一系列综合战略组合下，逐步形成参与国际经济合作与竞争的新优势，对外经济贸易发展水平始终处于全国前列，赶超“四小龙”的计划也是稳步推进。

1998 年，在外经贸蓬勃发展的带动下，广东 GDP 达到 1030 亿美元，超过了新加坡。进入 21 世纪，广东进一步统筹国内发展和对外开放，提升开放型经济的发展水平，经济社会发展不断迈上新的台阶。2003 年，全省 GDP 接近 2000 亿美元，已经把香港特别行政区远远甩在身后。2007 年，全省 GDP 再上一个新台阶，达到了 4179 亿美元，经济总量超过台湾地区。

表3—1　　广东GDP与“亚洲四小龙”对比　　单位：亿美元

地区	1992年	1997年	1998年	2002年	2003年	2007年	2012年
广东	444	938	1030	1631	1914	4179	9040
韩国	3382	5322	3575	5759	6438	10492	11295
新加坡	520	993	850	906	960	1779	2765
香港	1056	1790	1694	1663	1614	2116	2633
台湾	2199	2987	2751	3011	3108	3931	4741

数据来源：广东统计信息网。

作为拉动经济增长的重要力量，全省外经贸迅猛发展，虽然在1992年广东完成出口额335亿美元，只有新加坡的一半左右，与香港、台湾地区和韩国的差距更大。但是广东一路穷追猛赶，2007年全省外贸出口总值3692亿美元，超过新加坡以及台湾和香港地区，接近韩国3715亿美元的水平，到2012年，广东出口达到5741亿美元，超过了韩国的5479亿美元，也高于香港特区的4934亿美元、新加坡的4084亿美元和台湾地区的3012亿美元，实现了出口额对“亚洲四小龙”的全面超越。

表3—2　　广东出口额与“亚洲四小龙”对比　　单位：亿美元

地区	1992年	2002年	2007年	2008年	2009年	2010年	2011年	2012年
广东	335	1185	3692	4042	3590	4532	5318	5741
韩国	766	1625	3715	4220	3635	4664	5552	5479
新加坡	635	1252	2993	3382	2698	3519	4095	4084
香港	1196	2019	3494	3702	3294	4007	4556	4934
台湾	820	1351	2467	2556	2037	2746	3083	3012

数据来源：广东统计信息网。

第二节　“开渠通漕”，引外资“活水”

利用外资是对外开放的一项主要内容，它已经成为广东省经济建设资金筹措的重要来源和推动经济持续、快速发展的重要因素。十四大以来，广东在招商引资方面狠下功夫，频频出招，吸引外资工作逐步向“讲规模、求质量”转化，从劳动密集型向技术密集型和资本密集型转移，外商投资规模不断加大。

一　“两让”换“两得”，造引“水”洼地

为加快吸收外资，1992 年以后，广东实行以“两让”换“两得”的方针，即通过让市场、让股权来取得外资和技术。在外商直接投资的中外合资、合作项目中，属于高新技术产业、外商出资达 500 万美元以上的项目，以及外商在山区县投资兴办的项目，其产品内销比例可进一步放宽：外商独资经营企业，可根据市场供求情况和企业生产所需原材料、零配件来源等情况，允许有不同比例的产品内销。

为进一步增强对外商投资的吸引力，1996 年 7 月，广东下发《关于充分利用市场优势进一步吸引外商投资的通知》，决定有效、有序、适度地开放市场。在外商投资企业自求外汇平衡的前提下，根据投资方式、外资投向、投资规模、技术先进程度、产品质量水平等不同情况，区别对待，产品内销比例放宽到 40% 以上，有的企业产品可 100% 内销。

事实证明，广东实行以“两让”换“两得”的方针成效显著，利用外资增长迅速。在外商直接投资中，1993 年实际利用外资金额达到 74.98 亿美元，是 1992 年的近 2.1 倍；1995 年实际利用外资金额突破 100 亿美元大关，达到 101.80 亿美元，2000 年实际利用外资金额达到 122.37 亿美元。

二　成立招商局，主动引“水”

为加强与国际大公司、大财团特别是跨国公司的联系，推动世界 500 强企业对广东的投资，提高全省利用外资的质量和水平，1993 年 12 月 31 日，广东省招商局正式挂牌成立。

省招商局（1997年更名为“广东省外商投资局”）主动走出国门组织投资推介活动，积极推动大项目引进，与国际著名大财团、跨国公司建立了有效的工作联系渠道，同时还采取专业化小分队招商方式，先后到日本、韩国、法国、英国、美国开展投资推介活动，促成了一批合作项目落户广东。为促进全省区域经济协调发展，1999年以来，省外商投资局与各市外经贸部门共同组织港资、台资企业代表前往韶关、清远、河源、梅州等地考察，促进珠三角劳动密集型产业向山区转移。

创新招商引资方式。省招商局积极创新，开展网上招商、代理招商。早在1996年，省招商局就建立了广东招商信息网。这是国内第一个以招商引资为宗旨的专业网站，协助政府和企业在网上举办招商引资及企业推介活动，并提供权威、专业的咨询服务。

2000年7月，省外商投资局在省级机构改革中被撤销，但其对外招商引资工作在省外经贸厅新成立的外商投资促进处和省投资促进中心得到延续。

三　简政放权，保证“水”路通畅

为减少审批环节，提高工作效率，加快利用外资步伐，广东继20世纪80年代两次简政放权后，又于1992年、1993年两次下放利用外资审批权限。

1992年5月，广东省外经贸委根据《中共广东省委、广东省人民政府关于进一步扩大开放若干问题的决定》，进一步扩大各市、县（区）利用外资审批权限。凡符合国家和省产业发展方向，原材料、燃料、动力等不需要综合平衡，外汇与配套资金能自行平衡，产品出口不涉及配额许可证限制，外方出资比例25%以上、产品出口70%以上的中外合资、合作经营项目，以及产品全部外销的外商独资经营项目，市和省直厅局（只限于审批直属企业）的审批权限扩大到3000万美元以下，县（区）的审批权限扩大到1500万美元以下；设在经济特区的外商独资项目，产品内销不出特区的，在审批权限内，由经济特区自行审批；除外经贸部规定限制开展对外加工装配的18种商品外，外商作价提供设备的对外加工装配项目和非国家限制进口设备、产品出口不涉及配额、许可证管理的补偿贸易项目，各市、县（区）按外商直接投资项目的审批权限审批。

1993年2月，广东下发《关于进一步简政放权，加快利用外资发展的通知》，自改革开放以来第四次下放利用外资审批权限。按上述通知规定，原由省审批的中外合资、合作经营的能源、交通、通信等基础设施项目和其他非生产性项目，除旅业客房、大型游乐园、高尔夫球项目外，其余均由市、县（区）根据国家和省的政策规定按权限审批。外商独资经营的上述项目仍须报省审批。县级市可享受地级市的外商投资审批权限。外商投资企业和“三来一补”企业进口交通工具，则由省切块给市按规定审批。

审批权下放之后，外商直接投资审批效率大大提升。

四　利用外国政府贷款，丰富“水”源

广东在聚焦吸引外国企业投资的同时，还积极利用外国政府贷款。外国政府贷款是指外国政府向我国提供的长期性发展援助贷款，带有政府间开展援助的性质。广东省利用外国政府贷款始于1982年，截至2000年年底，全省累计批准利用外国政府贷款项目102宗，合同利用外资金额18.75亿美元，实际使用外资金额12.83亿美元。

广东八成以上的外国政府贷款投向航空、地铁、高速公路、电力、通信、自来水、环保等社会公共设施，重点项目包括广东邮电通信、广东抽水蓄能电站、广州地铁、茂名30万吨乙烯工程、深圳机场及一些城市的自来水工程、污水处理等。另有部分外国政府贷款投向生产性企业的技术改造。在弥补建设资金不足、加快基础行业的建设、支持经济欠发达地区的经济发展、促进企业技术进步、加快城市设施发展以及降低借贷成本、改善外债结构等诸多方面，外国政府贷款发挥了积极作用。

五 “软硬”兼施，改善“引水”环境

（一）继续完善投资硬环境

夯实引资基础，不断完善全省基础设施，加快信息网络建设。以配套完善和上水平为重点，规划建设好珠江三角洲的电力、港口、码头、高速公路和现代化通信信息网络，加快山区干线公路和广梅汕铁路的建设，改变山区交通通信落后的状况。全省要逐步形成现代化交通通信网络，为更大规模地利用外资创造条件。建立适应开放型经济发展的中介服务运作系统，促进资金、劳动、技术、贸易、信息等要素的合理配置。力争用三年左右的时间，建立一个完善的电子商务信息处理系统。继续发挥广州作为全国对外贸易中心城市的作用，积极办好“广交会”，不断扩大展览场地，提高展示质量和对外贸易服务的水平。创办中国国际（深圳）高新科技成果交易会，创办科技风险投资试点，使之成为促进科技成果产业化、国内外科研成果及高新科技的展示、交易和信息中心，努力发挥两个交易会在对外开放中的窗口作用。

（二）千方百计改善投资软环境

一是努力营造符合国际惯例的法治环境。坚持公平、公正、公开的原则，建立和完善统一开放、竞争有序的市场体系，培育和发展资本、土地、劳动力、技术和信息等要素市场。加强涉外经济法规建设，依法管理涉外企业，依法保护外来投资者和企业员工的合法权益，完善涉外法规体系，增强执行政策和办事透明度。加快对外商投资企业实行国民待遇。整顿经济秩序，规范社会管理，深入持久开展反走私斗争。严厉打击骗税、偷漏税和骗、逃、套汇违法活动。打击经营假冒伪劣商品行为，保护知识产权，维护正当的对外经济贸易秩序，改善企业经营环境。加强精神文明建设，提高全民道德水平和劳动者的整体素质，坚持打击黄、赌、毒等社会丑恶现象，净化社会风气，维护社会治安稳定。坚持按高起点规划、高标准建设、高效能管理的要求搞好城市建设，努力实施可持续发展战略，保护好生态环境。

二是增强服务意识，提高办事效率。1990年，广东明确提出，利用外资工作要做到一个口子对外，一支笔审批，“一条龙”服务，不能政出多门。大力宣传推广“广州外经贸一条街”和深圳市对外商投资实行联合办公的做法和经验。对利用外资的大项目、重点项目，省、市、县经贸部门联动，共同分析研究项目情况，协助落实项目征地、厂房建设、供水、供电等前期准备工作，促进项目的尽快落实。

三是努力改善通关环境，简化外商投资企业和来料加工企业进出口验放手续，提高货物通关速度。在港口货运口岸实行备忘录制度、闸口通道式管理，有条件的港口实行24小时报关、报验。对进出口规模大、信誉好的大型外经贸公司、自营进出口生产企业、外商投资企业、“三来一补”企业，经外经贸主管部门和海关核定后，授予海关信得过企业称号，海关采取包括设立企业自用保税仓和保税工厂等多种灵活的监管措施，并给予报关及通关的便利。检验检疫机构实行“一次性”报验、检验检疫、收费和发证放行，对出口商品生产企业实行分类管理。外经贸主管部门和监管部门要实行审批时限制，公开办事程序和内容，加快计算机联网，进一步提高工作效率、服务质量和监管水平。1999年，省外经贸部门与海关总署广东分署联合开发加工贸易企业与海关、外经贸部门的计算机联网的GD 998工程，初步实现了海关、外经贸部门对企业保税进口货物的有效监管，受到国务院有关领导的肯定。全省改革了异地深加工结转，尤其是跨关区结转的监管方式，在全国率先实行“一次审批、分别保管、自动对碰、重点核查”的深加工结转计算机联网管理模式。对大型高新技术企业设便捷通关渠道，实行提前报关、联网报关、上门检验、加急通关和担保放行等便利通关程序。

四是建立规模的收费管理制度，严禁以各种名义向企业乱收费。行政事业性收费实行“收支两条线”，完善、规范“两证、一卡、一票”的收费办法，即由物价部门统一颁发收费许可证、收费员证、收费登记监督卡，使用财政发票。有关行政管理部门不得将职责范围的公务转为有偿服务向企业收费。物价部门强化收费执法监督检查，查处各种乱收费行为。严格规范对外商投资企业的收费和税收征管，切实减轻外商投资企业负担，降低企业经营成本。1994—1996 年，广东省政府连续三年召开治理“三乱”电视广播大会，对全省外商投资企业反映的“三乱”问题进行清理，提出整改意见。1997 年 9 月，国务院减轻企业负担办公室委托广东代拟利用外资企业收费管理办法，广东省在进一步调查研究的基础上草拟了《关于对利用外资企业收费的管理办法》，上报国务院减轻企业负担办公室。根据国家外经贸部等七部门《关于对外商投资企业实行联合年检的通知》，广东从 1997 年起对外商投资企业的出资、生产经营、财务、外汇、进出口等方面进行联合年检，取代各部门以往各自企业的年度业务检查，有效减轻了企业的负担。

针对改善投资软环境须涉及多个部门的情况，省政府确定由省外经贸部门牵头协调，与工商、税务、银行、外汇、海关、商检等部门一起，及时研究新情况、解决新问题，为外商投资企业和“三来一补”企业排忧解难。各有关部门及时处理企业的投诉，依法公正进行协调解决，切实保护外商的合法权益。

同时，广东还加强对各级外商投资企业协会、外商投资服务中心的指导，发挥其为外商投资提供政策咨询、代办项目审批、工商、税务、海关登记等服务功能，接受外商投诉，维护外权益。培育、发展和完善物资、劳务市场，为外商投资企业创造良好的生产经营环境。

六　优化外商投资结构，合理引流

广东按照国家的产业政策，调整和优化外商投资结构，突出利用外资的重点，改进招商方式。利用外资与国内产业结构调整、引进技术和促进出口结合起来，合理引导外资的投向，提高利用外资的质量，促进全省产业结构的调整及升级，防止低水平重复建设，争取把外资这块好钢用在刀刃上。

首先，广东把招商引资的重点放在吸引国际大财团、跨国公司的投资以及引进发达国家的资本上，积极引进技术水平高、附加值高、市场占有率高的大项目。充分发挥中心城市、经济特区、国家级保税区、经济技术开发区、高新技术开发区的功能和优势，大力引进高新技术项目。1997 年 8 月和 1998 年 8 月，广东两次在香港举办高新技术专题洽谈会，签订高新技术项目共 1316 宗，占各类利用外资签约项目总数的 44.76%。同时，广东不断加大吸收国际大公司、大财团特别是跨国公司投资的工作力度，多次组团或组织小分队赴美国、日本、英国、法国、德国等经济发达国家开展招商活动，重点是拜访国际知名的大公司、大财团，建立合作关系，推动其到广东投资和对已投资项目增资扩产，或建立研发机构、设立地区总部。

其次，广东进一步拓宽外商投资的领域。以吸收直接投资为重点，使与外商的投资合作领域从生产领域逐步扩大到其他领域。在国家政策允许范围内，全面放开外商投资“三高”农业领域，以不同形式引进国外资金发展“三高”农业项目，加大珠江三角洲十大现代化农业示范区利用外资的力度。做好商业流通领域利用外资的试点工作。在深圳试办外资银行经营人民币业务，在广州试行保险业务对外开放。进行旅行社等服务业的开放试点，提高广东省旅游业的服务水平，进一步发展旅游观光产业。建筑业要引进国际先进的建筑技术，使用新型建筑材料，提高工程建筑质量。推动具备条件、资质较好的中介机构与外商合资、合作，提高社区服务功能。鼓励私营企业、生产性企业积极利用外资，并在政策上与国有企业一视同仁。

在加大农业利用外资方面，广东采取了一系列卓有成效的措施鼓励外商投资农业。一是认真抓好农业利用外资和技术引进的总体规划工作，有组织、有领导地对外推介招商项目。1990 年以来，全省根据各地农业可利用资源、自然条件、生产习惯等，整理、筛选一批既符合产业政策又有区位优势的农业名牌对外公布招商，诸如茂名的荔枝、龙眼、香蕉，潮州的金鳗，梅州的金柚，惠州的水产养殖，肇庆的林产，珠江三角洲的精致农业，粤北的反季节蔬菜等，取得了很好的招商效果。二是采取优惠政策，鼓励外商投资搞农业。制定了《关于加快农村改革，进一步扩大农业对外开放的规定》，着重提出放宽农业投资领域，鼓励外资连片开发荒山地或残次林地，扩大引进良种、良畜和种养良法，引进先进技术设备等；根据市场经济发展的需要，让外商投资企业逐步享受国民待遇，提出投资“三高”农业的种植、养殖业的合资、合作项目，其产品包括深加工产品（除供港澳实行配额管理商品外），内销比例可放宽至100%，同时在土地租赁、项目审批、水电、税收等方面也制定了相应的优惠政策。

农业利用外资措施的制定和落实，使广东“三高”农业进入20世纪90年代后逐步成为外商竞相投资的新热点。到1996年，全省农林牧渔和水利的三资企业有577家，累计实际使用外资25亿美元。特别是90年代后期，农业实际利用外资大幅度增加，项目规模大，投资领域广，技术档次高。

利用外资增加了广东农业的资金技术投入，生机勃勃的外资农业成为广东发展“三高”农业，推进农业现代化的一支重要生力军。据测算，20世纪90年代广东农业投入资金的20%来自境外；农业利用外资工作，成为农村合理利用和配置两种资源、两个市场，促进经济结构优化和产业升级的有效途径；外商带进来国外许多先进的经营方式和管理经验、先进的技术设备和优良种子、树苗，对广东传统农业的改造和耕作技术、管理技术水平的提高起到很好的作用；特别是他们带来的产品开发、市场开发及其营销经验，对广东农业产业化发展和建设社会主义市场经济体制具有重要意义。

最后，广东积极引导外资流向山区。为进一步促进山区经济发展，外经贸部门大力鼓励和引导外商到山区投资。1998年、1999年，省外经贸委在香港、广州、湛江等地举办了多场山区投资环境介绍会，并组织港商到韶关、清远等山区市进行考察，引导珠三角劳动密集型产业向山区转移。20世纪90年代，广东利用外资的大项目大幅增加，质量显著提高。

七 加快金融体制改革，让“水”活起来

为了提高外资的活力和效率，广东省加快金融体制改革，创造一

个更适宜于外资营运的金融环境，加快发展证券市场。一是增加债券发行，选择和增加安排一批大中型企业向社会发行债券。利用深圳和上海股市，选择一批有条件的大中型企业公开发行股票，同时积极创造条件建立广州证券交易所。选择一批有条件的企业进入国际证券市场，经批准后发行股票或债券，广泛吸收外资。

二是加快发展国际金融业务。经国家批准，有选择地引进港澳中资银行和外资银行，在广州市以及沿海中等城市开设分支机构，按批准的范围开展金融业务。广东发展银行、广东国际信托投资公司和华侨信托投资公司等金融机构积极到海外建立财务公司，兴办合资银行，组织银团贷款，并努力创造条件建立海内外投资基金，吸收海内外的分散资金，用于广东省重点建设项目。

三是放活农村信用社，积极发展城市信用社，扩大贷款业务范围，拓宽渠道解决利用外资项目配套资金。从 1992 年起，对信用社实行资产负债比例管理，存贷挂钩，多存多贷，多收多贷。积极发展农村合作基金会和农村股份企业，开辟多种融通渠道。对外商投资企业积极推行境内资产抵押贷款和现汇抵押贷款，所需生产经营资金经银行审查同意优先贷放。建立广东外汇基金，利用居民外汇存款，并吸收外国银行参加，以广集建设资金。

八　办好外资投资企业，让“水”循环起来

办好现有外资投资企业具有两方面的效应，一是造血效应，企业的发展壮大自然会鼓励其增资扩产。二是示范效应，办好企业带来的丰厚的投资回报会吸引其他企业闻利而动前来投资，这样就做到了“以外引外”。

为此广东省努力办好现有外商投资企业和“三来一补”企业。对外商投资企业和“三来一补”企业进行国家和省规定的行政事业性收费，凡有幅度范围的，按最低标准征收。放宽外商投资企业出口商品计划管理，切块下达省管的出口商品计划到地级市，由市直接安排给企业。各级政府研究和协调解决外商投资企业生产经营和管理中的问

题，尽可能为投产企业提供生产经营所必需的条件。建立和健全企业经济活动管理制度，维护中外合作双方和企业与职工双方的合法权益，帮助企业搞好内部管理。各级经贸部门协调有关部门制定管理办法，落实管理措施。积极收集国际市场商情和外商资信资料，建立联系网络和信息库，为加强管理提供必要的条件。建立我方在海外市场上的购销网络，提高企业参与国际营销和财务活动的能力。合同期满的企业，争取外商进一步投资进行技术改造、更新设备、革新工艺、开发新产品，使企业不断增强活力和提高效益。

同时广东省加强对外商投资企业的管理，提高这些企业的素质和效益。1991—1995 年，省政府、省外经贸委先后共三次制定下发加强外商投资企业管理的通知。

1991 年，按照《国务院关于开展“质量、品种、效益年”活动的通知》精神，广东在外商投资企业中开展“质量、品种、效益年”活动。1991 年 9 月，省外经贸委制定下发《关于加强我省外商投资企业提高经济效益扭亏为盈的管理意见》，加强对亏损外商投资企业的管理，特别是对亏损 100 万元以上的企业建立档案，进行跟踪管理，促进外商投资亏损企业扭亏为盈，提高经济效益。1992 年，全省亏损 100 万元以上的外商投资企业比 1991 年减少了 80%，亏损额减少 50%，扭亏为盈企业约占 20%。1991 年，据对 12543 家已投产开业的外商投资企业统计，全年销售（营业）收入 1384. 1 亿元，比上年增长 55. 3%；盈亏相抵后盈利总额 52. 1 亿元，比上年增长 67. 6%。

根据外经贸部的统一部署，检查外商投资企业合同、章程的履约情况。1995 年 8 月，广东对 1994 年底以前批准的 55632 家外商投资企业的合同、履约情况（包括出资、出口、外汇平衡、盈亏等）进行大检查，历时半年，基本摸清“家底”。针对许多企业未按合同、章程规定按期出资问题，省外经贸委通过核发外商投资企业批准证书，督促投资各方限期缴清出资额。

对外商投资企业实行联合年检。根据外经贸部等七部门的有关规定，自 1997 年起，省外经贸委、经委、工商、财政、国税、地税、外汇、海关总署广东分署等八部门对外商投资企业实行联合年检，对联合年检不合格企业，限期整改，对逾期未改者，依法予以处罚，情节严重者，外经贸部门依法撤销其批准证书，工商部门依法注销或吊销其营业执照。

另外，有关部门还加强对企业进出口查验。各级外经贸部门加强与海关的协调，对外商投资企业进出口物资的数量、价格进行把关，防止外方“高进低出”谋利，严厉打击企业利用开展加工贸易进行走私、逃税和逃汇的违法行为。

在这一系列引进外资组合拳的作用下，广东引进外资掀起新高潮。1992 年以前，广东大约引进 140 亿美元外资，1992 年广东实际利用外资金额为 48. 61 亿美元，同比增长 88%。1993 年，实际利用外资金额增至 96. 52 亿美元，是 1992 年的近两倍，这两年，外商直接投资势如潮涌，呈跳跃式增长。广东共批准外商直接投资企业（项目）26537 个，其合同利用外资金额 520. 06 亿美元，实际利用外资金额 110. 49 亿美元，分别是前 13 年外商直接投资企业综合的 1. 43 倍、2. 31 倍和 1. 32 倍。1994 年，全省实际利用外资金额突破 100 亿美元大关，达到 114. 47 亿美元。

从 1992 年到 1997 年，广东实际利用外资年均增长高达 32. 86%，是增长最快的历史时期之一，规模居全国首位。尤其是自 20 世纪 90 年代中期以来，利用外资的来源逐步多元化，来自美国、欧盟、日本等发达国家和地区的跨国公司、大财团投资日益增多，发展势头迅猛，投资行业遍及纺织服装、电子、机械、钢铁、轻工、化工等多个领域，全省利用外资质量进一步提高。

从 1992 年到 2000 年，广东与世界 110 个国家和地区的客商签订各种利用外资合同或协议 124083 宗，累计合同利用外资金额 1660. 91 亿美元，实际利用外资金额 1098. 76 亿美元。

至 2001 年底，已有 80 个国家和地区的 250 多家世界 500 强企业前来广东兴办企业或设分支机构。广东“三资”企业中，投资超过 1 亿美元的企业有 140 多家。引进先进技术和设备，促进了广东工业整体技术水平的提高，形成了电子信息、新材料、光机电一体化、新能源、生物技术等一批高新技术产业群。

第三节　携手港澳台，共创合作新纪元

一　粤港澳合作

1992 年以来，粤港澳合作有很大发展，特别是港澳回归之后，三地经济和社会更走向了全面合作的新阶段。区域经济社会合作在已有的基础上逐步开创更高层次更富有成效的合作与发展的新格局。粤港澳三地从政府、半官方和民间三个层次推进合作，取得较好成效。

港澳回归之后，广东适时地建立了粤港、粤澳合作联席会议制度。三地高层通过多次会晤，对合作已有广泛、深入的共识。粤港澳按优势互补、互惠互利、共同发展的原则，加强政府间对三地社会、经济发展重大问题的协调沟通，求同存异、互不干预，促进三地的全面合作。粤港澳把分散的、自发的经济联系，发展为更加紧密的、整体性的合作；把主要是民间往来上升到包括政府间联席磋商机制在内的多渠道、多层次、多形式的合作和交流；把商贸旅游、基础设施等方面的合作扩展到金融、信息服务、环境保护、科技教育及人才交流、口岸建设与管理，以及联手打击走私等经济犯罪方面的合作。

在经济合作方面。粤港澳经济具有很强的互补性，三地充分发挥各自优势，大力加强空间、资源、功能、产业、政策与机制等方面的互补，推进紧密型、高层次、全方位的合作，形成集地域优势、资金优势、体制优势、管理优势、市场优势和人才优势于一体的粤港澳大三角经贸、科技旅游协作区，提高三地产业技术水平。充分发挥粤港澳合作联席会议的作用，协调科技产业、跨境大型基础设施、信息网络、旅游业、环境保护和口岸事务等区际合作事宜。进一步加强和完善对广东省驻港澳企业的管理，充分发挥窗口公司的作用，促进粤港澳经贸合作。选择部分有实力的大型企业和中小企业，经国家批准后进入香港资本市场，通过发行债券、股票等形式直接融资。重点抓好

深圳和香港的合作，加强两地发展高新技术产业的合作，提高两地通关能力，分步延长深圳四个陆路口岸通关时间，分步实行粤港两地过境的货运车辆自由选择口岸。以澳门回归为契机，以旅游合作为切入口，建设粤港澳旅游区，充分利用澳门作为国际自由港和特别免税区的特殊地位，拓展与欧盟的经贸关系，推动粤澳经济、科技、贸易等方面的合作与交流。加强珠海、澳门两地在经济结构和基础设施建设方面的协调与合作。

香港较好地发挥国际金融、贸易、航运、旅游、信息中心的地位以及辐射带动广东发展的作用，广东作为港澳临近的腹地，较好地发挥了港澳加工贸易基地与后勤保障基地的作用。其一是粤港澳三方投资迅猛增加。1992 年至 1996 年，广东与香港签订协议（合同）49574 宗，协议利用外资 943.58 亿美元，实际利用外资 424.18 亿美元；广东与澳门港签订协议（合同）2140 宗，协议利用外资 41.80 亿美元，实际利用外资 14.72 亿美元。1997 年至 2001 年，广东引进香港直接投资项目累计 13020 个，实际引进直接投资项目累计达 384.4 亿美元。1997 年至 2001 年，引进澳门直接投资项目累计 5302 个，实际引进直接投资累计达 11.95 亿美元。香港始终保持第一投资地区的地位。同时，广东通过驻港澳企业，也加大了对港澳的投资力度。其二是粤港澳三方贸易稳步发展，已发展成为一个庞大的加工贸易出口体系。1992 年以来，粤港进出口总值从 337.8 亿美元发展到 387.7 亿美元年均增长 7.5%；1997 年至 2000 年，广东与澳门进出口总值累计达 26.20 亿美元，基本保持稳定。香港的进口、出口、转口贸易也有一定的发展，香港占广东出口总值的七八成，一直是广东的最大贸易伙伴。其三是粤港澳三地产业实现互补。改革开放以来，粤港澳三地形成了“前店后厂”的经济关系。广东以优惠政策和廉价的土地和劳动力，承接了香港制造业的转移。目前，广东省有“三资”企业 5 万多家，“三来一补”企业 3 万多家，成为香港出口产品的生产基地。合作领域逐步扩大，合作档次不断提高，由劳动密集型向资金密集型和技术密集型转移。其四是合作区域不断拓宽。粤港澳经贸合作由初期以珠江三角洲与港澳合作为主体，逐步向东西两翼和广大山区推进，全省各地与港澳建立了密切的合作关系。

粤港澳合作对广东意义重大。一是缓解广东建设资金不足的困难，改变了能源、交通、通信等基础设施落后的面貌。二是引进先进技术设备，促进全省的技术改造，一批新兴产业迅速崛起，大批产品升级换代，带动了出口产品结构的优化，扩大了出口。三是数万家“三资”企业和“三来一补”企业，不仅解决广东数百万人，而且还解决外省1000多万外来工的就业问题，加速了农村工业化和城乡一体化的进程，带动了全省外向型经济的发展。就港澳而言，广东廉价的土地和劳动力，大大降低了出口产品的成本，提高了市场竞争力，同时，通过广东与国内其他省市的关系，也为拓展国内市场开辟了途径。

二 粤台经济合作

粤港澳合作如火如荼之时，粤台经济合作也进一步加强并取得长足进步。粤台两地在资金、技术、市场、资源、贸易、产业等方面具有广泛的互补互利空间。广东全面贯彻中央对台方针政策，加强与台湾各界的广泛接触和联系。坚持“积极主动，发挥优势，互补互利，共同发展”的方针，贯彻《中华人民共和国台湾同胞投资保护法》和《广东省实施〈中华人民共和国台湾同胞投资保护法〉办法》，全面推进粤台经济交流与合作。重点发展电子信息产业、“三高”农业等高新技术产业的合作。按照“同等优先、适当放宽”的原则，努力办好现有的台资企业，充分发挥“以台引台”效应，积极合理有效利用台资，加强对台招商和对台贸易。90年代后期台商在广东投资的企业数量和规模不断扩大，总投资在1000万美元以上的台资企业超过300家，投资额在1亿美元以上的大项目不断涌现。投资领域也不断扩大，资金技术密集型项目不断增多。2001年，广东与台湾贸易总额达到170亿美元，超过两岸贸易总额一半以上。到2002年3月底，广东省共有台资企业14416家，合同利用台资金额225亿美元，实际利用台资超过120亿美元。广东已成为台商在大陆投资最多的省份之一，台资成为广东外来投资中的第二大资金来源。

为了让台商更好地了解更多的投资环境，协助台商在粤发展，广东省政府于1998年6月在东莞市首次举办“广东台商投资介绍会”，省长卢瑞华、副省长汤炳权等出席会议，与会台商近1000人，签订利用台资合同、协议和意向书共53项，投资总额1.65亿美元。自1999年起，“广东台商投资介绍会”更名为“粤台经济技术贸易交流会”。粤台经贸交流会作为广东省主办的重大涉台经贸交流活动，自1998年第一届举办以来，每一届的粤台经贸交流会规格高、规模大，引起台湾岛内社会各界强烈反响，已成为台商了解广东、投资广东的一个主要平台。粤台交流会已发展成为加强两岸经贸交流与合作的重要桥梁和标志性的盛会。截至2007年，粤台交流会累计接洽台商数万人次，签订台商投资项目近2000个，促成了大批投资项目落户广东，稳步扩大了对台贸易，增强了台商到广东投资营商的信心。

说到粤台合作，就不得不提粤台合作的前站——东莞。改革开放以来，东莞市凭借优越的地理位置和投资环境，大力吸引外资，发展外向型经济。十几年来，成千上万的台商纷纷慕名而来，造就了东莞经济建设的峥嵘岁月。1993年10月29日，首批台商“拓荒者”在东莞市台办的协助支持下，以“团结、交流、服务、发展”为宗旨，成立东莞台商投资协会，这是全国最早设立的台商协会。

1993年至1999年，东莞台协已成为一个组织机构完善、功能齐全的社会团体，拥有28个分会，各分会与总会紧密连接在一起，形成一个以总会为中心，28个分会为网点的服务网络。协会会员达2500多家，是成立之初360家的近7倍，在全国台商协会中规模位列第一。

东莞台协不断完善组织架构，提高服务水平。协会下设海关商检、妇女联谊、公益事业、政法劳动、文宣编辑等功能委员会，创办《东莞台商》、协会网站等信息媒介，创建“马上办中心”、大陆第一家台商子弟学校、台商医院以及台商会馆等特色部门。

长期以来，东莞台协以及各分会与当地政府相关部门均保持着良好的互动关系，相关政府部门逐渐将台协和各分会作为传递信息、宣传政策的窗口和桥梁。

第四节　放眼世界，实施“走出去”战略

闭门造车，只盯住国内的一亩三分地是很难有突破性发展的，为此广东省实行有利于开拓海外市场、发展跨国经营的政策措施。

1992 年 4 月，广东省政府召开了第一次境外企业工作会议，明确了境外企业发展的方向，理清了政策思路，推动广东境外投资进入新的发展阶段。

这次会议提出，要大力支持以有条件的国有大中型企业为主的各种国有经济实体和乡镇企业到境外设立机构，允许中外合资合作企业按规定到港澳地区和海外设立机构，有计划地鼓励和扶持能扩大出口的生产实业型企业设立境外机构等。会议还适当给予境外企业“松绑”政策，尊重并扩大企业的经营自主权，按经济规律和公司驻地的规则，把企业推向市场，以此调动各方面的积极性。为此广东省政府积极创造条件开展出口信用保险和保付代理业务。对经批准在境外投资的公司（企业），需由海外金融机构贷款投资和从事生产经营的，可由海外企业国内母公司申请国内中行向海外金融机构提供担保，母公司向国内中行提供反担保。对境外企业可实行海外市场销售承包。海外国营企业财务纳入同级财政管理，开业五年内，企业利润不上缴，从第六年起，实现利润按缴 2 留 6 的比例进行分配。同时简化业务人员出境审批手续，妥善解决好海外企业工作人员的生活待遇、奖励等问题。

在鼓励企业“走出去”的过程中，广东省结合自身的优势和技术积累，通过打好境外加工贸易这张牌赢得境外发展的上手机会。

从 1988 年开始，广东就鼓励有条件的生产企业，特别是大型企业和企业集团到国外设立分厂。20 世纪 90 年代中后期，广东以技术设备投资方式在境外办厂的项目不断增多，如广州烟一厂、珠海格力电器股份有限公司、江门中裕摩托集团等一批企业尝试利用闲置设备陆

续到柬埔寨、巴西等东南亚和南美等发展中国家和地区设立加工装配厂，开展境外加工贸易。

1999年，广东外经贸部门制定了《广东鼓励发展境外带料加工装配业务的政策措施》，给予开展境外带料加工装配项目的国内生产企业有限申报自营进出口全和外经经营权，鼓励企业使用援外优惠贷款、合资合作项目资金、中央外贸发展基金。

为了更好更快地开拓新兴市场，广东省主要领导亲自披挂上阵率团出访，1999年10月，中共中央政治局委员、广东省委书记李长春率领代表团出席了省政府在巴西、智利、秘鲁三国举办的经贸合作洽谈会以及投资环境介绍会等系列活动，向各国推介了广东及广东企业。中共中央政治局委员亲自带队开拓新兴市场，全国尚属首例。这次活动，省外经贸部门组织由13家大型企业组成的广东经贸考察团随代表团开展交流，珠海格力电器股份有限公司在巴西成立了格力（巴西）有限公司并举行签字仪式。此后，省主要领导出访为企业开展经贸交流与合作搭建平台，成为广东“走出去”的一种重要形式，广东企业加快了拓展东南亚、欧洲、非洲、中东、北美、南美等新兴市场的步伐。

2000年7月，广东省政府出台《积极发展境外加工贸易业务的若干意见》，确定了首批重点扶持“走出去”的企业名单，名单包括康佳、TCL、格力、华为、中兴、美的、麦科特等40家优势企业。同年，省外经贸部门组织重点扶持的大企业随同省领导出访，与印度、沙特阿拉伯、土耳其等国的工商企业界先后进行6次对口洽谈，接触企业超过600家，签订贸易合同18个，合同金额4741万美元，其中境外加工项目意向4个。

在此政策推动下，广东充分发挥区位优势，积极发展外经业务。随着改革开放的深入，广东一些企业纷纷走出国门到境外投资，开拓企业的发展空间。至2000年底，全省境外投资企业发展到624家，分布于50多个国家和地区。为了贯彻落实“走出去”的战略构想，省政府重点扶持第一批符合“走出去”优势企业有40家。其中康佳、TCL、美雅、华为、格力等一批优势企业已迈出了“走出去”的步伐。

“走出去”的企业大力开展以技术和设备为资本的境外加工贸易，利用当地的网络扩大产品出口；在项目的选择上以投资少、有市场、适应强、见效快的项目为主。主要选择欠发达或新兴国家（地区）以及市场占有率较大的国家（地区）为投资目标市场；尽量多利用原有的贸易伙伴为合作对象，同时发挥人缘、地缘优势，积极探讨寻找与当地工商企业合作，积极参与海外资源开发，以补充国内不足之资源；促进商贸企业在海外建立销售服务网络。

在众多“走出去”的企业中，中兴通讯和深圳华为是最亮眼的两个，它们是广东企业“走出去”的急先锋。

中兴通讯股份有限公司是一家国有大型企业，成立于 1985 年，1997 年，中兴通讯 A 股在深圳证券交易所上市。

1994 年，中兴组建了国际业务 3 人小组。从 1996 年起，开拓国际市场就被列为企业发展的三大重点战略之一。作为中国企业最早“走出去”的代表之一，中兴通讯早在 1995 年就启动了国际化战略，并延续了国内市场的做法，选取国际厂商垄断程度相对弱一些的第三世界国家作为突破口。1995 年，中兴通讯首次参加了日内瓦 ITU 世界电信展，代表中国通信企业正式走向世界。紧接着开始将产品陆续小规模地出口到印尼、马来西亚等国家。1998 年到 2001 年，是中兴通讯规模突破期。在此阶段，中兴通讯开始进行大规模海外电信工程承包并将多元化的通信产品输出到国际市场。这一时期，中兴通讯陆续进入南亚、非洲多个国家，海外市场实现了由“点”到“面”的突破。1998 年，中兴通讯先后中标孟加拉国、巴基斯坦交换总承包项目。其中，巴基斯坦交换总承包项目金额为 9700 万美元，是当时中国通信制造企业在海外获得的最大一个通信“交钥匙”工程项目，令世界瞩目。

事实证明，在中国 IT 和通信企业中率先“走出去”，为中兴通信最大限度缩小与跨国厂商的差距，在国际市场的竞争中掌握主动权，赢得了先机。特别是在 21 世纪，国内通信在经历了多年高速发展后，增长速度放缓，中兴通讯及时将市场中心转向国际，在全球 IT 企业的低迷期仍然实现了令全球 IT 产业所瞩目的高速发展，很大程度上受益于公司当年主动“走出去”的策略。

深圳华为技术有限公司是一家高科技民营企业，成立于 1988 年，注册资金只有 2.4 万元。华为创业之初，面对强大的竞争对手，不进行全方位的追赶，而是立足于当代计算机与集成电路的高新技术，大胆创新，取得了一系列突破。华为专门从事通信网络技术与产品的研究、开发、生产与销售，致力于为电信运营商提供固定网、移动网、数据通信网和增值业务领域的网络解决方案，成为中国电信市场的主要供应商之一，并成功进入全球电信市场。华为每年投入销售总额 10% 的资金用于科研开发，以爆炸式的速度成长为中国通信行业的“领头羊”。经过几年的艰苦创业，产值连年翻番，1993 年只有 4.1 亿元，1997 年达到 50 亿元，1999 年突破 100 亿元。

华为采取从农村向城市发展的销售战略，在大力开拓国内市场的同时以渐进式方式向外拓展，走国际化道路。1996 年，华为与香港和记电信合作，提供以窄带交换机为核心产品的“商业网”产品。在这次合作中，华为取得了国际市场运作的经验。和记电信在产品质量、服务等方面近乎苛刻的要求，也促使华为的产品和服务更加接近国际标准。接着，华为开拓发展中国家市场，重点是市场规模大的俄罗斯和南美地区。华为凭借低价优势进入大的发展中国家，规避发达国家准入门槛的种种限制，海外大的电信公司难以在发展中国家与华为“血拼”价格。1997 年华为在俄罗斯建立了合资公司，以本地化模式开拓市场。

在进军俄罗斯和南美地区后，华为全面拓展其他地区，包括泰国、新加坡、马来西亚等东南亚市场，以及中东、非洲等区域市场。在泰国，华为连续获得较大的移动智能网订单。此外华为在相对比较发达的地区，如沙特、南非等地也取得了良好的销售业绩。

第四章

对外开放3.0：顺势而为，风起苍岚（2001—2009）

2001年12月，中国加入WTO，标志着中国的对外开放进入了新阶段。这意味着中国开始被国际贸易投资规则所接纳，成为世界贸易体系中重要的一员。这一年，中国进出口总额突破5000亿美元，继1999年进入全球前十之后，进一步上升到世界第六。接下来的十年，中国携资源禀赋之利，遵循比较优势原则，迅速适应了WTO贸易投资规则，深度嵌入全球贸易体系。2009年，中国进出口总额接近3万亿美元，出口总额超越德国，一跃成为世界第一出口大国。

"全球出口看中国，中国出口看广东"，站在中国对外开放最前沿的广东在出口方面继续领跑全国，成为推动中国制造站上世界之巅的主力军。但是对广东而言，这个成绩的取得绝非轻而易举，随着我国加入WTO，对外开放格局在全国进一步形成，广东所拥有的政策优势已不复存在。起点较高的长三角地区急起直追，广东对外开放面临严峻挑战。为了保持广东对外开放的优势，广东制定了一系列增创发展新优势举措。

第一节　入世前后积极迎战，打造优质营商环境

加入WTO后，广东省既面临大好的发展机遇，同时也面临着国际

竞争的强有力挑战。在强有力的挑战面前抓住机遇，使广东省在新的条件下获得更大发展，这是广东省在这一时期所面临的一项艰巨任务。因此，广东省必须抢先一步制定加入WTO后的多项应对措施，使之在加入WTO后，能够从容应对各种局面。

一　优化投资环境，增强外商投资信心

第一，积极应对贸易摩擦，贸易环境得到改善。广东开展了卓有成效的工作，建立了大宗出口商品的风险预警等机制，提高应对贸易摩擦的前瞻性、主动性；此外，还进一步完善公平贸易工作制度，先后制定了《广东省进出口公平贸易工作要点》和《广东省进出口公平贸易工作规范》，加强政府与中介组织和企业的协调联动和快速反应，初步建成了“四体联动”、快速高效的应对网络，预警通气、案件协调、参与核查等应对手段交替使用，对外贸易调查、交涉与抗辩工作成效显著。涉案企业应诉率从2001年的44%上升到2007年的90%，欧、美、加案件应诉率达100%。在本阶段，基本建立起国际贸易摩擦应对机制和产业损害预警机制。以会展平台为主的贸易促进机制、以“广东易发网”为主要平台的外经贸公共信息服务体系建设取得良好进展。

第二，顺利进行法规清理、译审工作。根据世贸组织的规则和中国加入世贸组织的承诺，全国各地有关部门对数十万件地方性法规、地方性规章和其他政策措施进行清理、修改或者废止。其中，广东省对275件省地方性法规、570件省政府规章和11043件省属部门规范性文件进行了清理，经过清理，共废止5件和修订2件省地方性法规，废止5件和修订15件省政府规章，废止或修订省属部门规范性文件3000余件。这些清理成果对政府职能的转变、提高透明度和依法行政起到了促进作用。此外，广东省还完成了对2001年以后32部省政府规章的译审工作。清理工作和译审工作的顺利完成，对转变政府职能、提高透明度、提升外商投资便捷度起到了促进作用。

第三，广东连续出台鼓励外商投资政策，畅通吸引外商投资渠

道。从2001年下半年开始，广东省外贸厅致力于改善外商投资的政策环境，对现行政策进行了广泛深入的分析研究，通过向2000多家外商投资企业发放调查问卷，分赴全省各外经贸重点市调研，召开多种形式、多方人员的座谈会，找出了广东省外商投资软环境存在的突出问题。在认真调查研究的基础上，形成了《关于进一步优化广东投资软环境的若干意见》。该文件主要内容包括：加强吸收外资的规划与协调；深化政府行政审批制度改革；进一步减轻外商投资企业负担；推进口岸改革，提高通关效率；提高税收征管效率，改进外汇服务办法；建立和完善外商投资企业投诉处理机制与投资环境监测评估体系；加强文明法制建设，创造良好的社会环境。这些意见是广东省为应对入世挑战，加大吸收外资力度而采取的重大举措，进一步畅通了吸引外商投资的渠道。外经贸部充分肯定了广东省的做法并向全国推广。该文件出台后，为改善外商投资软环境提供了有利的政策支撑，受到了外商的普遍欢迎，为广东省吸收外资额的持续增长创造了有利条件。

第四，按照WTO规则，做好相关地方立法工作。广东省地方立法工作认真执行WTO规则，严格按照法律、行政法规规定，做好地方立法工作，确保地方立法不违反WTO规则。涉及WTO规则的立法主要分散于相关立法条例条文中。例如，2006年1月1日起施行的《广东省企业和企业经营者权益保护条例》第14条规定："产品出口受到国外反倾销、反补贴或者保障措施调查并被提起诉讼的，企业有权请求相关行政机关和行业协会组织协调应诉工作。"2006年3月1日起施行的《广东省行业协会条例》第27条规定："行业协会应当发挥提供服务，反映诉求，规范行为的职能作用，根据需要可以从事下列活动：代表行业内相关经济组织提出反倾销调查、反补贴调查或者采取保障措施的申请，协助政府及其部门完成相关调查，组织协调行业企业参与反倾销的应诉活动。"

这些地方性法规的出台，为广东创造了一个更有利于创业的对外经贸体制、机制和发展环境。

二　深化审批制度改革，改善政务服务环境

加入 WTO 后，广东省积极发挥市场机制作用，减少政府对自由贸易的不当干预。入世前后，根据国务院出台的《关于行政审批制度改革工作的实施意见》，按照简政放权的总体思路，先后开展了三轮行政审批制度改革，共取消省直机关审批、审核、核准事项 1405 项，下放管理事项 287 项，改变管理方式、移交行业组织或中介机构管理事项 125 项。省政府还决定，除法律、法规和规章另有规定外，凡省已下放或委托地级市管理的权限，原则上由省直接下放或委托县（市）管理，其中第一批已下放 214 项。通过简政放权，不断深化行政管理体制改革，完善行政权力运行机制，全面推进政务公开和电子政务建设，政府职能转变的进程逐步加快，行政机关的办事透明度和办事效率明显提高；基层政府及其部门的积极性和创造性被充分调动起来，依法行政的意识和能力明显增强，行政运作更加协调畅顺，行政管理的水平、质量和效率不断提高。

政府审批制度改革取得积极进展，共开展了四轮审批制度改革，外经贸领域省级行政审批从 103 项减至 23 项，促进了政府职能转变。入世后，外经贸体制尤其是外贸体制发生了重大变化，外贸经营权完全放开，配额和许可证管理商品种类大幅取消或减少。关贸、税贸、检贸合作机制得到建立和完善，一批行政事业性收费和服务类收费“减、免、缓、停”成效明显。

在应对入世挑战的新形势下，省政府进一步明确角色定位，坚持主动服务。一是贴身服务。对大的外商投资企业采取定点联系制度，职能部门工作人员定点联系若干个大型外商投资企业和大型项目，开通“直通车”，全过程了解外商投资企业的需求和困难，有针对性地提出应对措施。二是追踪服务。省外贸厅完善了大项目专责小组跟踪制度，建立了重点市、出口大户的联系制度。对深圳、东莞、广州、惠州等加工贸易出口大市和超亿美元的 70 家加工贸易出口大户进行跟踪管理，提供及时有效服务。三是“透明”服务。凡有审批职责的处

室，都公开办事制度和办事程序，明确办事时限，并提供有关指引资料，实行“持牌上岗”，最大限度地方便企业办事。建立过错过时责任追究制度，办理业务明显违反有关规定的，或办文办事超过规定时限的，或受群众投诉的，一经认定，相关责任人要承担相应的行政责任。利用省外贸厅现有办公自动化网络，加大办事透明度，强化监督，设立机关作风建设意见箱，让企业对本厅人员进行监督，收到了很好的效果。

此外，广东省外经贸系统还成立了外商投资企业服务中心，实行一个窗口对外，对洽谈、签约、项目审批、工商登记等程序，实行“一条龙”服务，简化了手续。另外，省外贸厅大力推进“电子政务”，建立外商投资企业网上服务系统，加快各部门之间的联网，推行外商投资企业网上申报、咨询、年检、备案和投诉。目前，省直的多个部门、21 个地级市和顺德市、南海市的外经贸政务网络已基本连通，设立了“广东省外商投资企业原材料网上交易会”网站，促进了广东省外商投资企业拓展原材料采购渠道，完善产业配套，降低经营成本。而且，广东省政府着力规范收费项目，减轻企业负担。入世几年内，共取消、降低、合并各类收费项目 4455 项，减轻企业负担 130 多亿元。从 2001 年第四季度开始，全省共取消涉及外来工的收费 8 项，年减负约 11 亿元。

三　新成立应对入世的组织机构

作为应对入世的重大举措，2001 年 10 月 26 日，广东省 WTO 事务咨询服务中心成立。它主要负责联系国家 WTO 通报咨询局，跟进研究 WTO 的新规则，建立 WTO 信息资料库，为企业及有关部门提供事务咨询服务，帮助各类企业熟悉 WTO 规则、协议及国际经贸惯例；组织相关的培训与交流工作。广东省 WTO 事务咨询服务中心建立“两库”“一网”，即“广东 WTO 信息资料库”“广东 WTO 人才信息库”和“广东 WTO 事务咨询网站”。广东 WTO 中心向社会开放，提供 WTO 有关规则、条款和 WTO 成员的法律法规和经贸政策等信息，我国和广东省最新的外经贸法律、法规，权威机构有关WTO的专题研究报告，典型的贸易争端解决案例等。特别是帮助中小企业熟悉WTO法律规范，开拓国际市场，并提供包括反倾销、反补贴诉讼等在内的法律服务。同时，提供智力支持。

同年，成立广东省投资企业投诉中心，作为全省受理外商投资企业投诉的专门机构。该中心主要负责外商投资企业投诉的组织协调工作，为制定吸收外商投资的产业导向和有关政策提供有关资料；参与全省性对外招引资的宣传以及有关招商项目资料的收集、展示和发布。各市都已建立或正在筹建外商投资企业投诉机构，开通了“广东省外商投资企业投诉网站”。投诉机构和网络的建立，在全省范围内形成了受理外商投诉的“大通关”机制，并构建了外商投资企业之间、外商投资企业与相关政府职能部门之间、社会中介服务机构之间沟通的渠道。2002年全省共发生投诉案件625件，其中受理投诉案件464件，结案374件。广东省外商投资企业投诉处理机制的建立，有效地强化了外力监督，进一步增强了外商投资的信心。

此外，还成立了进出口公平贸易局。负责制定广东省有关反倾销、反补贴和保障措施及其他公平贸易相关的地方性法规和规范；依法协调反倾销、反补贴的相关工作，以及会同省有关部门做好保障措施工作；其他与进出口公平贸易相关的工作和事务，配合外经贸部做好世贸组织争端解决事务；指导、协调国外对广东省出口商品的反倾销、反补贴和保障措施的应诉及相关工作。

四　加快“大通关”建设步伐

围绕“改善口岸通关环境，提高口岸通关效率”这一目标，广东省成立“大通关”调研课题小组，就影响口岸通关效率问题开展专题调研，并制定相应的改革措施。2003年6月，召开全省大通关建设工作会议，会议指出要进一步搞好大通关建设，改善投资环境，更好地为外经贸和经济发展服务。

第一，全面实施陆路通关改革。改善通关管理机制，加大通关业务的科技含量，破解原有的粗放型口岸管理方式，以满足广东陆路口岸进出境货运车辆每年以 10%—20% 的幅度递增的通关需求。广东率先在全国最大的陆路口岸——皇岗和全国最大的车检场——东莞凤岗分别启动“电子自动核放系统”和“通道自动判别系统”，通过电子科技手段可实行企业提前申报，海关提前审单、预录，快速验放，实现了陆路转关“一次申报、一次查验、一次放行”的新型通关模式，由此解决了多年来广东陆路口岸通关车辆排长龙的现象和车辆滞场时间长的问题。改革后，皇岗口岸转关车辆通关，由过去平均每 45 分钟放行 1 辆车提高到 1 分钟多放行 1 辆车，通关效率提高了 40 多倍。凤岗车检场改革后日均验放量由改革前的 3500 辆次提高到 5000 辆次，增长了 1. 43 倍，车场吞吐量明显增加，促进了物流运转。

第二，广东还积极推行无纸通关改革，通过对部分作业环节的前推、后移或外延，实现全程无纸化作业，进一步简化通关手续，提高通关数据处理的自动化程度，大大加快了通关速度。企业无须再安排报关员跑通关，足不出户即可办妥各项手续，而且能通过网络及时了解通关的全过程，便于企业安排生产和出口计划。开发的网上支付系统，可以将海关、银行、企业有关税费征收缴纳业务的电子数据连接，极大提升了企业办理通关业务的效率。

第三，广东大力推行“小型船舶快速通关模式”改革。借鉴陆路通关改革的成功经验，广州海关率先推出的“小型船舶快速通关模式”改革，利用 GPS 全球卫星定位系统、公共数据网络和信息平台以及移动通信短信息等高科技手段，对来往港澳小型船舶进行动态跟踪监管，让符合条件的船舶快速通过大铲中途检查站。实行后，不仅大幅缩短船舶直航的运输时间、节约燃料成本，而且减少了因挤迫、停泊于中途监管锚地待办手续而发生的海损事故，增强了企业的揽货能力，从整体上提高了小型船舶在运输行业的竞争力。

广东还大力组织和推动省内海关实施新的深加工结转监管模式。利用计算机数据对碰，着力解决以往转出企业要持有关单证、手册正本前往转入地海关办理手续两地奔波的难题。新的监管模式具有程序优、环节少、速度快、费用低的特点，结转环节从原来的8个减少到4个，企业办结手续时间由原来的5—7天缩减为平均1天，极大调动了企业的发展活力，有力地推动了广东的外贸出口。改革实施后的第二个月，广东外贸出口总值一跃由改革实施前一个月的91.7亿美元增长到100亿美元，此后，广东的外贸出口一路攀升，创出119.8亿美元新高，2004年10月已突破150.3亿美元。

另外，广东加大探索推动省内海关加工贸易联网监管新模式。加工贸易深加工结转监管新模式的创新，增强了加工贸易企业的活力，但要适应大型高新技术企业在“全球营销、快速交货、产品个性化、零库存管理”等运销方式的要求还远远不够。为此，广东海关进一步探索扩大推动省内海关实施加工贸易联网监管新模式，将以合同为管理单元和以纸质手册为管理重点，转向以企业为管理单元和以电子账册为管理重点。这一改革，联网监管企业通过网上备案、网上报请核销和快速通关，简化了手续，加快了通关。以合同备案为例，过去企业一般要到外经主管部门和海关办理近10项手续，至少要3—5天才能办好，而实行联网监管后，一般只需几分钟，企业备案后马上就可以办理进出口手续，这样就大大缩短了企业的生产周期，降低了贸易成本，提高了企业的国际竞争力，使企业实现了跳跃式发展。深圳富士康保税工厂自1998年投产至2000年，年出口额一直在8亿美元左右徘徊，实施联网监管后，2001年增至20.8亿美元。

作为对外开放的前沿阵地，广东的口岸建设稳健推进。截至2007年底，全省共有一类口岸54个，二类口岸89个，形成了以珠三角口岸群为重点，向东西两翼发展和延伸，海陆空口岸一应俱全，一、二类口岸良性互补的口岸布局，很好满足了人员出入境和货物进出口的需求，是广东对外开放格局中的重要布局。口岸建设呈现良好局面，口岸主要指标均居全国首位，2007年，经全省口岸出境人员2.76亿人次，占全国出入境总人数的约80%；出入境交通工具达1862万辆次，占全国出入境交通工具总量的约84%；进出口货物3亿吨，约占全国的21%；省内海关税收实际入库1536.8亿元，约占全国的20%。

五　创新招商引资新模式

为加快引进外资，为加入WTO后的经济发展做准备，广东在发展开放型经济和扩大招商引资方面不断创新方式，探索新路。

首先是探索市场化招商，广东外经贸主管部门通过推动开发区招商部门转制培育和发展各种形式的企业化招商公司，使其成为引资主体，实现了从全民招商、机关干部招商向专业化、市场化和产业化招商的转变。广州开发区出现了多个国有、私营专业招商公司，依靠政策奖励，从事专业招商，为外商提供后续服务，并在市场竞争中优胜劣汰。2004年广州开发区用3000万元招商扶持资金，引进了26亿美元的合同外资，起到了“四两拨千斤”的效应。

其次，广东不是漫无目的地招商引资，而是充分利用产业链招商。广东围绕九大支柱产业招商，制定了产业链招商规划，积极引导大型跨国公司投向附加值高和关联度大的高新技术产业、石油化工、汽车制造、重大装备制造业等。通过汽车产业招商，日本日产、本田和丰田三大汽车企业均在广州投资设厂，并引入几百家汽车零部件生产企业。全部投产后广州汽车整车生产能力达到全国第三。

为进一步加强招商引资的力度，广东积极拓展驻外招商。广东着手设立海外办事处，加快建立海外招商工作网络。广东外经贸厅于2004年9月在英国设立海外工作站，年运作经费1000万元，派驻两人。深圳贸工局从2001年起在美国洛杉矶、英国伦敦和日本东京国际中心城市等设立了驻外办事处，每个办事处每年由财政支出30万美元，外经贸部门长期派驻一人，当地招聘职员一人，每年另外分别派遣两人赴海外办事处培训以及帮助。驻外办事处经过一段时间打基础后，招商引资和窗口信息的功效开始显现，并发挥日益重要和不可替代的作用。

作为全国最早设立开发区的省份之一，广东积极利用各类园区，规范各类园区的发展，让各大园区最大程度发挥招商引资载体的作用。截至2007年，广东就已拥有国家级经济技术开发区、保税区、高新技术产业开发区、出口加工区、保税物流园区、跨境工业区，以及省级经济开发区、工业园区、科技园等各类功能齐全的经济园区。广东十分注重加强和完善对开发园区的规范管理，政府先后出台各类政策，促进开发区健康发展。经过多年发展，广东省的开发区以其特殊的功能，在改善全省投资环境、促进招商引资方面发挥了窗口、载体的示范带动作用。2007年，全省开发区实际吸收外资52.9亿美元，占全省的30.9%，是广东省吸引外资名副其实的载体。

以广州经济技术开发区为例，这里汇集了上百家世界500强企业，诸如微软、IBM、英特尔、甲骨文等高新技术企业均在此布点。广州和深圳的出口加工区则分别成为汽车生产出口基地和硬盘储存产业基地，并实现进出口总额26.54亿美元，合同利用外资12751万美元，实际利用外资7659万美元。广东省的园区招商引资在各方面都发挥了重要的示范带动作用，各类园区也成为广东省最具活力和潜力的经济区域。

为提高吸收外资的质量与水平，广东把招商引资的重点放在发达国家的跨国公司上，寻求引进更多的技术和资金密集型项目。2004年，广东出台《广东省鼓励跨国设立地区总部办法》，吸引跨国公司投资高新技术产业和来粤设立地区总部、研发中心和采购中心。此后，广州、深圳也相继出台鼓励和加快总部经济发展的实施意见。一大批著名的跨国公司地区总部纷纷在广东落户，如美国的沃尔玛、宝洁，日本的本田等。这些公司的落地，促进了广东总部经济的发展，提升了引进外资的质量，引导广东加速向高端集聚发展。另外，跨国公司在广东设立研发中心的积极性也进一步提高。截至2007年底，外商投资企业累计在广东设立了310家研发中心，聚焦在电子信息、汽车、石化和装备制造等产业。这些外商直接或间接投资的研发中心在粤落地，进一步改善了广东科技投资的软环境，同时因为吸引了一批优秀研发人才，也促进了科技成果转化，有效带动了全省产业升级和自主创新能力的提高。

第二节 全面实施 CEPA，推进粤港澳交流合作

2003 年，内地与香港、澳门特区政府分别签署了内地与香港、澳门《关于建立更紧密经贸关系的安排》（CEPA），2004 年、2005 年、2006 年又分别签署了《补充协议》《补充协议二》和《补充协议三》。CEPA 是“一国两制”原则的成功实践，是内地与港澳制度性合作的新路径，是内地与港澳经贸交流与合作的重要里程碑，是国家主体与香港、澳门单独关税区之间签署的自由贸易协议，也是内地第一个全面实施的自由贸易协议。广东作为对外开放的排头兵，大力全面实施 CEPA，与港澳开展全方位、多层次合作，合作机制进一步完善。制造业与服务业合作并进，投资贸易规模持续扩大。积极落实 CEPA 在广东省的先行先试政策，全方位推进粤港澳经济一体化。此外，还进一步构建粤台两地区域性合作机制，落实《海峡两岸经济合作框架协议》（ECFA），促进粤台交流合作。不断推动跨境大型基础设施建设，深化社会民生领域合作。

一 确立粤港双方合作发展定位

CEPA 是我国加入世贸组织后第一个带有自由贸易性质的协议，是在“一国两制”的前提下，在世贸协议框架内做出的特殊安排，因此广东省委、省政府高度重视，多次召开省委常委会、省长办公会议研究，把课题放在重要议事日程，全力推进粤港澳三地合作与发展。时任省委书记张德江提出了“前瞻、全局、务实、互利”的粤港合作八字方针。省委、省政府根据粤港各自的特色和优势，明确了粤港合作发展思路：推动粤港经济一体化，力争在今后 10—20 年内，把包括港澳在内的大珠三角建设成为世界上最具活力和竞争力的经济中心之一，广东成为世界上最发达的加工制造业中心之一，香港成为世界上

最重要的以现代物流业和金融业为主的服务中心之一。

2003年8月，香港举行第六次粤港合作联席会议，双方对广东省提出的这一合作发展思路和各自定位取得了共识。这一重大决策，被许多香港人称为“定心丸”。双方还在这一新思路新定位基础上确定了新的粤港合作联席会议架构、机制，将会议升格为“行政首脑负责制”，并确定了12个合作专题。

二　行政体制改革润滑粤港澳合作

在行政方面，广东省重点提高办事效率，实现审批便捷化。省政府把中央赋予广东省在服务贸易方面的审批权限，全部下放给市级政府，并且简化审批程序，所有项目必须在5个工作日完成。民营生产型出口企业审批也全部下放市级，涉及审批的8个政府部门，每个部门审批期限是一个工作日。过去需要三四十天才能完成的审批现在缩短至8天。

为更好拓展CEPA在粤的发展，2006年3月28日，广东省人民政府港澳事务办公室在广州正式挂牌。省港澳办的职责主要包括统筹协调、归口管理和服务粤港澳合作工作；负责粤港合作联席会议和粤澳合作联席会议组织筹备工作；统筹、协调和推动粤港、粤澳重点合作项目的落实；促进广东省与港澳在经贸、科技、教育、文化、卫生、环保等领域的交流和合作。

单独设置广东省港澳办，是广东省改革发展中的一件大事，是加强粤港澳合作的一项重大举措，充分体现了中央对粤港澳合作的高度重视，对于全面贯彻“一国两制”方针、进一步落实CEPA、深入推进粤港澳合作、促进港澳的长期繁荣稳定具有十分重要的意义。港澳办的职能定位也体现出，广东省与港澳两特区的合作范围，已从以往的经贸交流、跨境大型建设，拓展至科技、教育、文化、卫生、环保等非物质型范畴，亦即广东与港澳的“CEPA”，已从经贸扩展到其他各方面。

三 服务贸易业合作更进一层

在合作项目上，突出重点，把服务贸易作为重中之重。广东省先后出台了《关于加快我省服务业发展和改革的意见》和《关于加快发展广东服务业的实施意见》。根据这两个意见，省外经贸部门将推动服务业招商引资作为培育利用外资的新增长点，重点引进服务业高端领域的跨国公司。

CEPA 的签署和实施正是粤港两地服务业合作的一个契机。CEPA 主要涉及货物贸易、服务贸易和投资便利化三大方面的安排。其中，服务贸易的开放最为突出，涉及的领域有 17 个。包括管理咨询、会议展览、广告、法律、会计、医疗、房地产、建筑工程服务、运输、分销、物流运输、旅游、视听、银行、证券、保险等行业。此外，部分行业还对港资企业取消股权比例限制，降低注册资本和资质条件等门槛，放宽地域和经营范围限制。

在服务贸易促进措施方面，第一，建设项目资源库，根据广东发展服务业的需要，把引进服务业项目与广东产业结构调整优化结合起来，共同组织服务贸易项目，在招商项目库中选择适合香港投资的、各行业有代表性项目，在全省统一组织的所有大型招商活动中推广宣传，同时通过粤港服务业合作网站专页提供信息资源。

第二，外商投资服务贸易业按权限分为省审批和中央审批两大部分，在属于广东省级外经贸部门审批合同、章程的服务贸易业项目，经济合作厅都积极创造条件下放审批权，取消前置审批，坚持“五个工作日内批复或核报商务部审批”的承诺。

第三，在各地设立外商投资服务中心、行政服务中心和办事大厅，确保为投资者提供“一站式”服务，同时，投资者也可以通过为数不少的中介服务机构获得申请设立企业的全程服务。

合作多年来，CEPA 产生的服务贸易自由化带来了巨大的经济效益。首先，虽然 CEPA 项下的香港服务业项目和投资数量不大，但 CEPA 带动了广东引进服务业外资整体的快速增长。从 2005 年开始，

CEPA对广东的投资扩大效应逐渐显露出来。服务业利用外资规模稳步扩大，2005—2008年，广东服务业实际利用外资从50.4亿美元增至71.28亿美元，增长41.43%，年均增长10.36%。其次，CEPA刺激香港服务贸易的高速增长，从2004年开始，香港服务贸易连年保持两位数的高增长。CEPA激活了香港旅游业市场和强化了香港离岸贸易的优势地位。CEPA对香港服务业的影响最为突出的是自由行效应，2009年内地游客达1796万人次，比2003年的846万人次增长1倍多。CEPA也推动了广东服务贸易及粤港服务贸易的快速发展，2004—2008年，广东服务贸易总额从121.79亿美元增至330.39亿美元，年均增长高达42.82%。此外，在CEPA框架下，服务贸易和货物贸易的自由化以及贸易投资的便利化，必然导致生产要素的自由流动和优化配置，进而导致粤港两地产业结构重组和产业链条整合，产生出巨大的产业整合效应。

四　粤港澳金融合作新气象

CEPA框架下，金融服务开放涉及三个行业，即银行、保险和证券。其实在CEPA协议实施之前，粤港澳三地的金融联系已呈现出联系密切和天然互补的发展态势，粤港票据联合结算系统和深港港元即时支付结算系统已经开通，粤港澳银行卡网络也已连通，其中，粤港票据联合结算系统已实现港币汇票、本票的单向结算和港币支票的双向结算，业务拓展到珠江三角洲30多个城市的300多家银行，2003年共完成结算7万多笔，清算资金近62亿港元。广东银联网络也实现了与香港、澳门54家银行卡网络中心的连接。

粤港澳三地的金融合作主要体现在七个方面。第一，建立和完善以银行体系为主的跨境人民币流通渠道，保证跨境人民币现钞调拨的安全和资金清算渠道的畅通。在广州建立广东重点库，探索建立三地银行人民币跨境流通情况调查统计制度。第二，深化三地支付结算领域合作，完成广州和香港网络连通，建立粤港外币即时支付系统，并且继续完善粤港票据联合结算系统，开通粤港外币、人民币票据联合结算业务。此外还有形成统一的外币清算体系和探讨建立粤澳票据联合结算系统、电子汇兑结算系统的可行性。第三，加强票据承兑贴现、备用信用证项下人民币贷款、国际保理、资信调查等方面业务合作，促进跨境消费和投资置业。第四，扩大三地金融市场的互相开放，将逐步发展银行同业拆借业务，提高广东资本市场对港澳资本的开放度，支持广东民营高科技企业到香港股票市场上市，着手研究成立投资基金，打通广东居民投资香港证券市场的合法通道。第五，争取尽快解决港澳居民赴粤办个人工商业务方面涉及的资金汇入和利润汇出等问题。第六，加强反洗钱合作，建立粤港澳反洗钱主管部门联席会议制度，建立反洗钱信息交换机制、调查合作机制和司法合作机制，提高金融从业人员识别洗钱信息、追踪洗钱活动线索的能力。第七，推动三地金融人才交流，与港澳合作建立国际金融人才培训中心，聘请港澳金融专业人士到广东金融机构担任高级管理人员和顾问。

五　借力 CEPA 创新招商引资

CEPA 使得粤港两地经贸关系更加密切。至 2003 年底，广东共引进港资企业 7 万多家，合同吸收港资 1465 亿美元，实际吸收港资 946 亿美元，占全省合同和实际吸收外商直接投资均接近七成。2003 年，粤港进出口贸易接近 600 亿美元，占广东省贸易总额的五分之一，比上年高速增长逾 24%，香港成为广东最大的投资来源地和贸易伙伴。以上数据充分反映了粤港两地经贸关系的密切，广东省和香港已经成为一个优势互补、相辅相成的大型经济区。

粤港澳三地合作推行了一系列联合招商推广活动，创新了招商引资的新模式。每年举办一次的“粤港经济技术贸易合作交流会”已然成为粤港联合对外推介两地营商环境和发展商机的品牌活动。2003 年，粤港首次联手前往日韩开展大型经贸合作交流会，并取得丰硕成果。2004 年，香港投资推广署与佛山市合作在美国纽约合办了“香港—佛山投资环境介绍会”，香港投资推广署还与东莞、广州、深圳等市在新加坡、韩国和日本等地合办大型推广活动，宣传香港和广东省各城市的优势。同年，粤澳合作举办了“粤澳—葡萄牙经贸合作交流会”，有效加强了粤澳与葡萄牙企业间的合作。2005 年和 2006 年两年，省政府又和香港在美国旧金山、加拿大温哥华举办“粤港—美国经济技术贸易合作交流会”和“粤港—加拿大经济技术贸易合作交流会”，以及在欧洲举办“粤港—欧洲经济技术贸易合作交流会”。

粤港联合海外招商充分利用了香港全球化的机构网络和发达的咨询服务网络。香港作为亚洲国际化程度最高的城市之一，海外推广网络高度发达。2004 年香港特区政府在全球就已设有 11 个经济贸易办事处，香港贸发局则在全球 34 个国家和地区设有 42 个办事处；香港贸发局网站每天有近 500 万人次的浏览量。依托香港的机构平台和网络平台并结合广东省的招商引资平台，进一步拓宽粤港海外招商的渠道，实现双赢。香港与珠三角城市合作举办的活动都非常成功，不但进一步促进了香港和珠三角的伙伴关系，也加深了外国投资者对大珠三角的认识。

在 CEPA 框架下，依托港澳的国际知名地位，广东借力继续把吸引跨国公司投资作为利用外资工作的重点。认真做好国际性的产业研究和与一流企业的“对标”工作，以重点发展的产业和项目为载体，有针对性地组织好企业、好产品与具有先进技术和管理、能够带动产业发展的世界一流跨国企业进行战略性、整体性、长期性、实质性的合作，从一般性的技术合作提升到产权合作，从开拓中国市场的合作到开拓世界市场的合作。

此外，招商引资的地域范围大大拓展，不仅仅是珠三角区域。第六次粤港合作联席会议确定的 12 个合作专题，在领域和地域上比以往大幅度拓宽，粤港合作不仅是“珠三角”的合作，还包括了广东东西两翼。通过放宽政策、鼓励港商到广东东西两翼投资，扩展“大珠三角”的发展腹地，营造高效低成本的投资环境。

六　海关发力推动货物贸易发展

随着 CEPA 的正式实施，广东海关积极开展落实 CEPA 涉及海关的各项准备工作，加强与有关部门和港澳海关的联系合作，务求为平稳、有效地推行 CEPA 项下的各项优惠贸易做好一切准备。

其一，海关着力提高执行原产地及关税管理水平。CEPA 中涉及海关业务的主要是货物贸易部分。为配合海关总署开展对实施零关税香港产品的监控核查工作，深圳海关、拱北海关分别成立了原产地管理办公室，为两地原产地规则的制定及联网核查制度的建立奠定了基础，也为 CEPA 项下的香港产品能够享受税收优惠提供了保障。同时，为提高广东海关原产地管理水平，海关广东分署于 2003 年 12 月 8—12 日举办省内海关关税业务培训班，请海关系统曾经参与 CEPA 磋商和文本草拟的原产地管理专家为省内海关关税部门的业务骨干进行培训，提高省内海关执行 CEPA 项下原产地及关税管理的水平，为海关顺利执行 CEPA 的相关规定做好准备。

其二，建立联网核查机制，确保便利通关与有效监管的统一。香港是自由港，与内地的法律制度、监管方法、管理手段差别很大。CEPA 实施后，既要让香港得到应得的实惠，又要管得住，还要不影响通关速度，不增加双方管理机构不必要的管理成本，内地海关监管工作面临的困难很多，压力很大，需要不断积累监管经验。为了确保守法与便利相统一，广东海关积极配合总署与香港方面研究制定两地原产地证书联网核查制度，使内地海关通过与香港发证管理机构联网，可以直接获得香港发证机构发放的原产地证书电子信息，为内地海关快速、准确确定从香港进入内地货物的原产地提供业务及技术保障，目前联网核查的前期准备工作正按计划进行。

其三，推进粤港海关行政互助，启用两地海关统一格式载货清单。落实服务保障，提高口岸旅客通关效率。内地常住居民开放个人港澳游，在方便内地与港澳之间往来、促进港澳地区经济发展的同时，也将对相关口岸特别是粤港澳边境口岸旅客通关带来相当的影响。为应对 CEPA 实施后内地及港澳间的旅客进出境高潮，确保口岸通关顺畅，广东海关大力开展“文明窗口”建设和文明执法活动，有针对性地对关员进行廉政、法纪、风纪礼仪教育；通过内部挖潜、合理调配人力以应对进出境高峰时海关的监管力量不足。为进一步提高通关效率，广东海关一方面加大宣传力度，促进旅客自觉守法，大力营造便捷高效、宽松和谐的通关环境；另一方面充分发挥监管技术设备的作用，利用现有监管数据信息平台，加强现场调研和业务动态分析，加强与口岸各联检单位的联系配合，不断提高监管效能。拱北海关还要尽快建立和完善跨境工业区的海关监管办法。

第三节　紧密推进粤台合作，两岸携手助力经贸发展

随着 CEPA 协议的签署，粤台经贸合作关系的走向也迎来新的发展机遇。粤台两地紧密携手，共同承接世界产业转移的新一轮浪潮，互助提升发展空间。

一　放宽台商投资第三产业限制

大力吸引台商投资是广东省扩大开放的重点之一，广东省高度重视粤台经贸合作，将继续全面推动粤台两地合作与交流，逐步向广地域、宽领域、大规模、高技术等方面发展，为此在 2004 年出台了《进一步吸引台商投资的主要对策措施》，在政策、产业基础配套、研发、金融、法制等方面进一步改善和创新，为台商投资创造一个安全、高效的营商环境。

首先，充分发挥台商投资企业群集和产业配套的优势，推动台商进一步投资发展电子信息业。尤其是鼓励台湾的跨国公司来广东设立研发中心，投资于高新技术产业、技术研究开发项目，参与高技术产业化以及传统产业的技术改造，充分利用广东现有技术力量和大量的高素质人才，享受相应的优惠政策，使两地成为世界上一个重要的高新技术研究、开发和产业化的地区。

其次，落实“同等优先、适当放宽”的政策，认真研究广东省在哪些方面可以对台商投资实行优惠，积极争取，逐步放宽台商在广东

省投资领域尤其是第三产业包括金融、零售百货、贸易、学校、医院等行业的限制。

再次，加快物流业方面的合作。台湾的物流业发达，加上珠江三角洲强大的生产制造业，就可以发展成为高科技、高增值商品企业的集中地，带动更多的人流和资金流，使珠江三角洲逐步建立与国际接轨的贸易和物流网络体系，使现代物流业成为广东主要基础产业和重要支柱产业之一。

二 加强台商投资服务工作

2001 年后，广东省进一步加强对台商投资的服务工作，不仅提升了粤台经贸的合作层次，也提升了粤台经贸合作的效率和成效。2002 年以来，粤台经济技术贸易交流会的成功举办，使得这一盛会成为台商了解广东、投资广东的重要平台，有效推动了粤台两岸企业的交流与合作。此外，2005 年，广东省政府出台《关于我省山区及东西两翼与珠江三角洲联手推进产业转移的意见》，鼓励台商投资的产业向山区及东西两翼转移，从而加快山区及东西两翼经济发展。

在广东省委、省政府的高度重视下，广东省扎实推进海峡两岸农业合作与交流，并取得了较好的成效。2005 年 8 月 9 日，由广东省农业厅、广东省委台办、广东省委农办联合主办了“首届粤台农业合作发展论坛”，这次论坛，两地农业专家学者围绕“粤台农业合作与交流的重点领域研究和合作发展前景展望、探讨粤台农业合作试验区的推进战略和发展模式、论证建立广东农产品物流配送中心的必要性和可行性、谈粤台农业合作发展的创新模式和可借鉴的启示作用”等内容进行探讨，采取政府、学者与企业家之间互动形式展开交流，搭建了一个海峡两岸农业合作发展相互沟通交流的全新平台。2006 年，广东成立粤台农业合作领导小组，建设佛山、湛江海峡两岸农业合作试验区。两个合作试验区的建立，为推进粤台农业合作提供了新的试验平台。

三　出台六项检验检疫措施促粤台农业经贸发展

广东是台湾农业企业最主要和最活跃的投资地区之一，也是台商在大陆投资较集中的省份。本阶段，海峡两岸农业合作主要有三种模式：一是农业经验的交流；二是两岸农产品的互动、相互销售；三是台湾农业企业投资大陆。

基于上述三种模式，广东检验检疫部门出台了六项措施，全方位促进粤台农业经贸发展。一是将继续采取各项快速便捷的通关和检验检疫措施，促进和扩大台湾水果和花卉园艺产品在广东的进口量和销售量。二是在技术上继续大力支持和指导粤台农业合作试验园区建设。重点支持和指导已被选定为广东海峡两岸农业合作试验区定点合作试验企业的广东国通物流城有限公司，扶助其建立农产品检疫隔离场和大型熏蒸库，建设大型出口兰花基地。三是主动做好台湾名、优、特、稀农作物的推介和引进工作，增加台湾花卉苗木贸易品种，扩大贸易量，让海峡两岸农业、农民得到更多的实惠。四是进一步支持和促进台商农业企业的产品出口，携手打开国际市场，开拓新的发展空间。五是积极开展海峡两岸检验检疫部门在检验检疫技术、信息等方面的学术交流和合作，提高两岸农产品的安全卫生质量。六是参与佛山、湛江两个海峡两岸农业合作试验区建设的有关活动。

为了进一步鼓励台商扩大在粤投资规模，支持台资企业产业升级，解决在粤投资台资企业的融资问题，广东省人民政府台湾事务办公室和中国出口信用保险公司广东分公司，就利用政策性保险产品及配套的融资服务，共同建立台资企业信保贸易融资平台，于2007年5月29日在广州举行了《建立台资企业信保贸易融资平台合作协议》的签约协议，同时中国联通广东分公司面向全省台务系统、台商及台协提供具备通信服务的“台乡网”。建立台资企业信保贸易融资平台，开设“台乡网”，为在广东省投资的台商提供快捷的融资服务，同时也提供了健康、保密、优质、价优的通信网络服务，这是广东省在全力打造台商后勤服务基地上的一大举措，进一步完善了广东的投资环境，加强对广大台商和台资企业的支持和服务，对促进粤台经贸交流与合作具有十分积极的意义。

粤台两地经贸合作发展十多年来，双方贸易额快速增长，台商投资热持续升温，广东省台资企业数一直位居各省份前列。2006 年，全省新增台资项目 876 个，合同利用台资 29.80 亿美元，新增台资实际投入为 25.40 亿美元（含增资）。截至 2006 年 12 月 31 日，全省台资企业累计 21279 家，合同利用台资累计 452.26 亿美元，实际利用台资累计 365.12 亿美元。粤台贸易也继续保持高速增长，2006 年，对台进出口贸易额高达 394.09 亿美元。

第四节　实施“走出去”战略，对外投资取得新进展

“走出去”是广东对外开放实践的重要战略之一。特别是我国加入 WTO 以后，全球经济一体化的加速融合使广东企业“走出去”进行国际化经营的需求显得尤为迫切。广东实施“走出去”战略既是企业自身发展壮大的需要，也是广东经济顺应当前世界经济发展的必然举措。在本阶段，广东积极实施并稳步推进“走出去”战略，努力出台相关加快培育本土跨国公司和跨国经营管理人才的政策措施，广东企业国际化的脚步越走越快，“走出去”的效果越来越显著。2007 年，广东省委、省政府进一步出台《关于加快实施“走出去”战略若干意见》，对促进广东省企业“走出去”作了总体部署，明确广东企业“走出去”的原则、目标，制定了具体的政策措施，设立专项扶持基金，促进企业对外展开研发、生产、销售等业务，全力支持广东企业加快由“坐商”变“行商”。

一　率先实施境外投资外汇管理改革

2002 年 10 月，国家外汇管理局批准在广东省施行境外投资外汇管理改革试点。2002 年 12 月 1 日，广东开始执行《广东省境外投资

外汇管理改革实施方案》和《广东省境外投资外汇管理改革试点办法》，这为广东企业实施“走出去”战略提供了大力支持，也为广东境外投资滞后问题提供了有力的政策保障。

此项改革颇具成效。首先，外资企业、民营企业就可以名正言顺地作为投资主体进行境外投资，方案提出“投资主体”是指具备境外投资能力的设在广东省内的企业法人，包括国有独资企业、股份有限公司、有限责任公司（不包括金融、保险、证券类公司）。这有利于广东有较强经营能力和资金实力的企业走出国门，积极参与国际分工和竞争。

其次，企业境外投资的资金瓶颈被打破，试点办法放宽了境外投资购汇限制，允许符合条件的无自有外汇企业通过人民币购汇向境外投资，改变了以往企业只能通过自有外汇进行境外投资的限制。

再次，改革取消了境外投资外汇风险审查，简化审批环节。过去，拟在境外投资的公司，需要向国家主管部门提供资料，提供投资外汇资金的来源证明，由外汇管理部门负责境外投资外汇风险和外汇资金来源两项审查。改革后，取消了外汇风险审查，但保留了外汇资金来源审查。

另外，改革还取消了汇回利润保证金制度。以往，企业进行境外投资必须缴纳汇回利润保证金，但该项措施并未起到作用。保证金的缴纳目的是促使境内投资母体加强对境外企业的监管，将所获得利润汇回境内。但在实践中，保证金的缴纳占用了企业资金，影响企业正常经营活动；同时也增加了外汇局不必要的管理。

为优化外汇资源配置，改革中明确国家战略性境外投资项目、援外项目的用汇需求可得到重点保证。此外，开发国外资源、带动出口或减少进口、获取国外先进技术设备，以及以市场服务、科技研发为目标的境外投资用汇也是获得相关支持。

二　建立“走出去”服务体系

为鼓励企业促进企业更快更好“走出去”，广东加快构建“走出去”扶持服务体系，为企业对外投资提供了便捷有效的服务。

首先，鼓励和引导企业有序开展对外投资合作，提高跨国经营水平，广东省促进经济发展专项资金安排对“走出去”项目进行支持，对符合产业战略的境外投资、对外承包工程和劳务合作项目给予扶持。深圳便专门设立国际科技合作基金，专门为科技企业“走出去”提供资金等方面的资助和支持，并且主动创造条件为科技企业“走出去”创造渠道和平台。

其次，广东省鼓励金融机构给予金融支持与服务，一方面要求政策性金融机构充分发挥作用，另一方面要求商业银行积极开发各种支持企业“走出去”的金融产品，为企业开展对外投资、对外承包工程、对外劳务合作等各种形式的经济合作提供贷款、担保、保险等金融服务，帮助企业更好地开拓海外市场、提高国际竞争力。

在信息服务方面，广东省积极建立服务与援助体系，帮助企业应对知识产权纷争、不正当竞争及其他商业壁垒，推动企业更好地开拓海外市场。此外，广东省还建立健全“走出去”联合工作机制，加强信息服务平台建设，及时发布相关政策规定，提供投资环境、法律法规、企业资信等权威的信息，提升了企业“走出去”的效率。

此外，广东还大力推动“走出去”人才培养，通过如研讨会、培训等多种形式的活动，加强了对“走出去”企业的培训服务。自2005年起，广东省外经贸厅每年都会联合香港贸发局举办相关培训活动，组织广东省企业高管人员赴港培训。

三　鼓励民营企业“走出去”

除了国家放开民企进出口经营权、给予民企进出口国民待遇所带来的“松绑”效应，各级政府和业务部门齐心联动，纷纷出台政策优化民营进出口企业发展平台，政策暖风频频输送。该阶段，“广东特色”的民营企业出口扶持体系，主要体现在简化审批、加强服务、资金扶持、信用扶持四方面。

在省外经贸厅将自营进出口经营资格登记审批工作下放到各地级

以上市外经贸局的基础上，各市进一步简化审核项目。以潮州为例，该市将原来 35 项审批、审核项目减为 7 项，民企办事不再难。

为鼓励和扶持外向型民营企业开拓国际市场，扩大外贸出口，2003 年省财政厅、省外经贸厅联合制定了《广东省外向型民营企业发展资金管理办法》，针对企业参加境外及港澳台国际展销会、采用国际标准取得质量管理体系、环境管理体系和各类产品认证、取得国外知识产权（含出口产品商标国外注册和国外专利等）、建立国外营销网络和研发机构、进出口业务培训活动等都给予了资助。这一措施起到了很好的导向作用，有效引导了民营企业向对外出口、争取国际认证的方向前行。

在推动民营企业“走出去”方面，海关、检验检疫、外汇管理部门都齐心联动发挥着积极作用。检验检疫局有计划地组织 1000 名各类专业技术人员到一些技术能力有限、出口商品质量不够稳定的外向型民企，帮助企业健全质量管理体系和改进生产工艺，提高产品的技术含量和质量管理水平，及时解决有关出口产品质量问题。同时大力开展 ISO9000、ISO14000 等体系认证的宣传和相关培训服务，鼓励和扶持外向型民营企业申请管理体系认证和产品认证，使更多民营企业获得有关国际认证，增强出口产品的国际市场竞争力。各地市行业商会也成为推动民企“走出去”的重要力量。珠海市进出口商会三年来协助 18 个外经贸企业团队出境招商引资、经贸展览、洽谈考察。据介绍，今年该会计划组团参加 10 个国际性出口商品展览会，为当地企业拓展国际市场创造条件。

为扶持民营企业的发展，省财政从 2003 年起每年安排扶持民营经济发展资金 2.75 亿元，在一定程度上缓解困扰民企发展的资金问题。作为特区，深圳则形成了“一体两翼”信用担保体系，信用担保业日趋成熟。截至 2004 年底，共有各类信用担保机构 131 家，总注册资本达 100 多亿元，已累计为 1000 多个企业提供 2414 笔约 90 亿元的贷款担保，其中，90% 以上的担保对象为民营企业。

四　与东盟合作取得突破

2002 年 11 月 4 日，中国与东盟领导人在金边签署的《中国与东盟全面经济合作框架协议》，为中国与东盟提供了一个快速发展经济的大好机会。各大经济区紧锣密鼓，积极争取与东盟各国更密切的经济合作，广东也当仁不让。广东秉持“互利共赢”的合作原则，多渠道扩大与东盟的合作开发。

首先，领导积极出访推动双方合作交流平台建设。2005 年 11 月 2 日至 18 日，时任广东省委书记张德江率广东省代表团出访菲律宾、印尼、泰国等东盟国家；2007 年，省长黄华华率团访问马来西亚，并参加“2007 年中国广东—马来西亚经济贸易合作交流会”；2008 年 9 月 3 日至 17 日，时任广东省委书记汪洋率庞大的代表团访问和考察印度尼西亚、越南、马来西亚和新加坡四国，并签署近 109 亿美元的合同。汪洋在与四国政府首脑、国家元首以及东盟秘书长素林的会谈中，都提出广东要与东盟各国有关部门、东盟秘书处建立长期稳定的合作对话机制。广东省政府的出访对于两地经贸平台的建设起到了巨大的推动作用。

产业方面，广东不断加强与东盟国家间的机电产品合作与交流。通过开展科技交流与合作研究、建立境外机电产品示范基地和科技信息网络、举办机电产品会展等形式，推动广东对东盟国家输出适用技术和产品以及引进其先进适用技术和资源，广东与东盟各国的机电产品合作交流取得显著成效。2000 年 TCL 在越南设立了第一个境外加工厂，此后美的、格力等知名家电企业也陆续在东盟设立了境外生产基地，珠海中富等轻工、建材、纺织等传统优势产业也加快向东盟投资步伐。同时，广东的一些新兴高新技术企业已快速地进行了产业转移。深圳华为技术有限公司早在 2001 年 4 月就在马来西亚设立分公司即亚太区域总部，同年 7 月加入其多媒体走廊——MSC，现已成为马来西亚大电信运营商的主流供应商，之后不久还承揽到泰国的移动智能网工程和全国骨干光纤高科技项目。

在境外资源合作开发上，广东也取得了突破性进展。“十五”之后，广东重点加强与东盟有关国家的联系，通过对外援助、经贸合作等多种形式开展资源合作开发，特别是境外森林、矿产、渔业、橡胶等资源的合作开发和利用。为提高企业“走出去”探索境外资源开发业务，广东积极落实国家扶持企业“走出去”的鼓励政策，制定了境外资源合作开发的综合扶持政策，允许开发境外资源的企业按国家规定优先购汇或者使用国内外汇贷款，对符合广东经济发展需要的境外资源开发予以支持，对返销产品优先安排进口计划。广东不少企业在境外资源开发方面实现新的突破，农垦集团在马来西亚和泰国都有投资建设橡胶加工厂，其他一些优秀的民营企业在缅甸、老挝、菲律宾、印尼等东盟国家都有合作开发矿产资源的项目。

广东省充分利用华人华侨优势，强化其连接广东—东盟的纽带作用。截至2007年，东南亚华人华侨总数约为3348.6万，约占全球华人华侨总数的73.6%，而东盟国家的华人华侨中又有很多是祖籍广东，他们经过几代人的发展，不少已经形成了自己庞大的商业集团，在商界有着举足轻重的地位。华人华侨素有深厚的爱国传统，积极支持家乡建设，“粤东侨博会”就是一个发挥侨乡优势、充分利用外侨力量促进经济发展的重要平台。“粤东侨博会”为华人华侨与广东各地搭建起了联系和沟通的桥梁，华人华侨也将为广东和东盟的经贸发展发挥重要的纽带作用。同时，东盟潮商工业园的建设也将发挥东盟百万潮人的作用，推动广东与东盟地区的经贸交流与合作。

广东一直是中国发展与东盟经贸关系的主力省份，并取得了不小成绩，从2000年到2007年，广东与东盟的双边进出口总额从137.65亿美元增加到559.6亿美元，增加3.07倍，进出口总量一直占中国对东盟进出口总量的三分之一左右。2010年，东盟已经超过日本成为广东第四大出口市场。在投资方面，东盟是广东第六大外资来源地，截至2009年11月，东盟在广东累计设立直接投资项目4126个，合同金额133.1亿美元，并且双方合作空间依然很大。

五 “走出去”效果显著

通过一系列措施，广东外经贸强省的建设步伐进一步加快，“走出去”战略取得显著成果。对外投资领域和方式不断拓展，通过建立境外生产基地、开展境外资源合作、设立境外研发机构、开拓境外营销网络等多种方式，创立了一批技术含量高、获取资源多、带动能力强的项目。商务部统计数据显示，自2003年以来，广东每年对外直接投资额以及累计对外投资存量均居全国首位。

此外，进出口总额由2002年的2211亿美元增加到2007年的6340亿美元，五年增长1.9倍。机电和高新技术产品成为出口的主导产品，一般贸易出口所占比重由18.3%提高到28.4%。加工贸易转型升级加快，国内增值率达56.6%。吸收外资规模和质量同步提升，累计实际吸收外资700亿美元，发达国家和跨国公司投资逐步上升为主导地位，外资集中投向高新技术产业、重化工业和现代服务业。

“走出去”战略加快推进，对外投资取得快速发展，与东盟的交流合作也不断深入。截至2007年底，广东在境外设立非金融类企业1804家，区域遍布90多个国家和地区，协议投资累计72亿美元。其中，2007年广东境外投资额达到18.5亿美元，新设企业和机构169家。粤港澳合作的持续深化，对港澳投资的热度也不断升温，截至2007年底，广东在港澳设立企业共计980家，协议投资额高达47.5亿美元。

民营企业是“走出去”队伍中的一大主力军。2002年到2007年六年间，民营企业共设立境外企业386家，协议投资额达18.3亿美元。民营企业对外投资信心的不断增强，对外投资的项目也不断涌现，多年的磨炼使得企业对外投资的效率也进一步提高，全省涌现出一大批对外投资十分成功的企业，诸如华为、美的、格力、TCL、农垦等。

第五章

对外开放4.0：丝路尽头，新的地平线（2010—2018）

肇始于2007年的美国次贷危机很快以迅捷之势向外蔓延，从而演变成一场席卷全球的金融危机。而全球金融危机发生的这个节点，恰恰与中国改革开放三十年的节点重合。改革开放以来，尤其是在2001年加入世界贸易组织之后，中国携开放之体制与禀赋之利，迅速融入全球经济，逐渐成为新的世界工厂。这一地位的确立，给中国带来了令世界瞩目的持续高增长。在金融危机之前的2007年，中国经济增速高达11.4%，创下13年的最高水平。但是，中国三十年高速增长的模式，出口一直发挥着举足轻重的作用。在遭遇金融危机之后，宏观数据迅速蒙上了一层“寒意”：2008年11月，中国外贸进出口风云突变，遭遇断崖式下跌，当月我国外贸进出口总额1898.9亿美元，较上年同期下降高达9%。这是多年来中国外贸首次出现单月负增长。

如果说全国外贸在金融危机中感受到一丝“寒意”的话，那么处在中国对外开放最前沿的广东则是感受到了“彻骨的寒冷”。广东对外开放的4.0时代就在这样一个全球贸易的冬日迎来开局。

第一节　危中之机：金融风暴眼中的广东纾困之举

广东经济是典型的外向型经济，地区生产总值中对外贸的依赖程度极高。2007 年广东省的进出口总量在国内位列第一，占全国进出口总量的 30%，广东省外贸依存度也从 1978 年的 14.4% 上升到了 2007 年的 160%。由于经济外向依存度高，广东率先与这股经济寒流正面遭遇，在对外开放 3.0 中恣意奔跑的中国制造第一次面临严峻的考验。

一　正面遭遇金融危机

（一）外贸形势全面遇冷

如果把 2008 年 9 月 15 日雷曼兄弟倒闭作为这次全球金融危机的起点的话，广东对外贸易则在 2008 年初就已感受到了这股寒流。这一年，作为中国外贸史颇具传奇色彩的“广交会”开到了第 103 届。当我们回顾广交会的辉煌历程时，这一届是我们无法绕过的一个节点。首先，那是广交会最后一届分两期举办，这个自广东交易会创立之初就确定的交易传统安排正式告别历史，自此以后，广交会将按照三期举办；其次，这也是 34 岁的流花路展馆最后一次作为广交会展馆使用，从第 104 届开始，广交会将全部移师琶洲展馆举行。这一年，琶洲展馆 B 区新投入使用，展位数由上次的 30000 个增加到了 40000 个，数量增加了三分之一。硬件的升级进一步反衬出本届交易会的落寞与冷清。往届广交会上摩肩接踵、熙熙攘攘的景象并未重现，会后的统计数字更是折射出冰冷的事实：该届到会境外采购商比上一年同期减少了 7.1%。欧盟、中国香港、美国、中国台湾、韩国和日本等主要出口市场到会采购商全面减少，其中欧盟下降 9.8%，香港下降 8.1%。

尽管自 2008 年以来，广东对外贸易继续保持较快增长，但受经济危机的影响也逐月加深，经济危机的滞后效应逐渐显现。根据广东省统计局发布的2008年与2009年对外贸易数据的对比，累计贸易顺差为1067.93亿美元，比上年同期减少14.49%。其具体状况如表5—1所示。

表5—1　　广东省2008年与2009年对外贸易对照表

项目	年份	总额（亿美元）	同比增长（%）
进出口	2008	6849.69	7.80
	2009	6110.94	-10.79
出口	2008	4056.64	9.50
	2009	3589.55	-11.51
进口	2008	2793.04	5.50
	2009	2521.39	-9.73

数据来源：《广东省统计年鉴》（2009和2010）。

与宏观数据相对应的是外贸经营企业普遍面临前所未有的困境。坊间不断流出“珠三角出现企业倒闭潮”传言。当时有部分媒体甚至不无夸张地宣称，珠三角地区有四五万家企业倒闭。为了迅速摸清情况，广东省有关部门对珠三角地区的中小企业进行全面调研，结果显示2008年1月到9月，全省企业关闭总数为7148家，包括关闭、停业、歇业和搬迁。从地区看，东莞市关闭企业最多，为1464家，其余依次是中山956家、珠海709家、深圳704家、汕尾587家、佛山526家。数据还原了事实，相比以往年份，2008年以来倒闭企业仍在合理范围内，这与传言中的“倒闭潮”还相去甚远。而且倒闭的不少企业是在淘汰落后产能的政策背景下关闭的。

尽管破除了“倒闭潮”的流言，但是并不能说金融危机下企业倒闭的警报已经解除。金融危机对中小企业的冲击仍然是巨大的。次贷危机不仅减少了出口贸易机会，威胁出口企业发展；更严重的是给广东出口企业带来的坏账损失是出口企业始料未及的，由于危机引起的国外进口商破产倒闭，出口企业大量资金难以收回，自身面临倒闭破产危机。有些国外进口商通过破产倒闭把债务负担转嫁给我国出口企业，造成企业无法收回货款，出口企业坏账数量急剧增加。例如，2008 年 3 月 10 日，美国破产法院公布涉及 1 亿美元的家具类企业的破产申请，债权人中绝大部分是中国出口商；3 月 17 日，2 件近亿美元的破产案在美国破产法院公开申请，其中 Powermate Holding Corp 的破产案名单中，牵涉的企业皆为与次贷房屋危机紧密相关的五金机械行业，就包括广东省的一些企业，其最高的单笔海外商账达 278.9 万美元。

以 2008 年第一季度统计为例，美国在中国涉及信用纠纷的金额同比增长达到了惊人的 144%。据广东出口信用保险公司统计，该公司 2008 年第一季度处理信用纠纷 156 宗，涉及金额为 0.5 亿美元，其中美国涉及的金额为 2978 万美元，而 2007 年第一季度总涉及金额为 3578 万美元，美国的是 1037 万美元。美国次贷危机开始影响到整个出口行业，并正在扩大广东出口坏账。

（二）制造业外资增速下降，服务业外资成为“冬日暖阳”

在外贸全面遇冷的同时，广东的外资流量和存量也面临着严峻考验。广东作为全国改革开放的先行区，在利用外资方面一直走在全国前列。统计数据显示，广东省 2007 年外商直接投资总额达到 3507 亿美元，占全国投资总额的 16.6%，仅次于江苏省。但在 2008 年金融危机爆发之后，外商直接投资签订的项目和合同外资额锐减。外资签订的合同项目是 4346 个，比 2006 年同期下降了 26.4%，而合同外资额为 175.58 亿美元，也比 2007 年同期下降了 15.6%。其中，外商直接投资额减少主要集中于制造业。2009 年制造业合同外资金额是 94.38 亿美元，比 2008 年下降了 37.4%。随着美国与欧盟出台的各项刺激经济政策开始奏效，广东省的合同外资额也开始回弹，但外商投资总额的增长速度处于放缓的趋势。

广东外商直接投资结构发生变化表现为制造业比重持续下降，第三产业比重相对快速增长。2006 年，制造业实际吸收外资占全省实际利用外资总额的 74.8%。该比例在 2009 年下降到 56.8%，2011 年则为 56.1%。第三产业实际利用外资比例在 2005 年为 26%，而在 2009

年已达到约35.5%。其中，房地产业比重最大，占15.1%，租赁和商务服务业占4.8%，批发和零售业占10.0%，科学研究、技术服务和地质勘查业占3.4%，交通运输、仓储和邮政业占2.2%。但是由于金融危机的影响，外商投资第三产业的增长速度有所放缓。其中受影响最大的是房地产业。房地产业2008年下降了5.6%，2009年下降了10.9%。相反地，金融业、批发和零售业、科学研究、技术服务和地质勘查业却仍然是处于快速增长的状况。2009年，金融业增长了534.2%，批发和零售业增长了71.9%，科学研究、技术服务和地质勘查业增长了122.4%。由此可见，金融危机加剧了外商直接投资制造业比例的下降，同时影响了第三产业中的房地产业增长速度。但是第三产业中个别行业，如金融业，批发和零售业，科学研究、技术服务和地质勘查业的比重仍然不断增长。

表5—2　　广东省2008年与2009年利用外资对照表

项目	年份	总数	同比增长（%）
签订项目（个）	2008	6999	—
	2009	4346	-37.91
合同外资额（亿美元）	2008	307.14	—
	2009	182.41	-40.61
实际外资额（亿美元）	2008	212.67	—
	2009	202.87	-4.61

数据来源：《广东省统计年鉴》（2009和2010）。

二　非常时期的“非常之策”——广东的外贸攻坚战

广东曾经是中国最为开放的地方，当年先行的一步奠定了广东在改革开放大潮中的“领头羊”地位，广东也成为中国对外开放的最前沿。当金融危机的风暴袭来，广东是否能够经受住考验？2009年10月，尽管此时金融危机的浪头已过，但是余波尚在。时任广东省委书记汪洋在与大学生座谈时提出了自己对于金融危机的看法：这场金融危机，不仅对经济造成极大冲击，而且对人们的信心构成了严峻考验。

尤其在国际金融危机刚刚爆发不久的一段时间内，各方对于经济运行的前景，对广东的前途充满了担忧和疑虑。

面对严峻考验，已经在对外开放的大潮中畅游三十载的广东始终保持坚定的信念和行动的果敢。正是基于这样的信念和判断，广东通过有效的工作将危机所带来的冲击一一化解。2009 年 8 月，广东省人民政府办公厅发布了《关于积极应对国际金融危机保持外经贸稳定发展的意见》，迅速出台 21 项具体政策措施，帮助外经贸企业应对危机，取得初步成效。

（一）支持企业开拓国内外市场

——大力开拓国际市场。积极组织企业参加中国（广州）进出口商品交易会、中国（深圳）国际高新技术成果交易会、中国—东盟博览会、中国（广州）中小企业博览会等重要展会。配合省主要领导的出访活动，在有关国家举办大型经贸洽谈、商品展销活动。与世界知名商协会和专业展览公司加强合作，在境外联合举办大型商品交易会。加强与国际国内知名商务网站合作，加快发展电子商务。鼓励企业建立自主营销网络，扩大直接对外贸易。

——支持重点企业和重点产品扩大出口。支持拥有自主知识产权的企业扩大进出口贸易，重点跟进 1500 家拥有自主知识产权企业的出口贸易状况。

——支持出口企业扩大产品内销。引导企业开发适合国内消费特点的内销产品，创立内销品牌。在省内外重点地区举办出口企业内销洽谈会，推动企业建立内销网络。鼓励符合条件的出口企业参与政府招标采购。

（二）鼓励企业扩大进口贸易和对外投资合作

——扩大重点产品、能源资源及技术进口。制定鼓励进口的产品和技术目录。扩大先进技术设备、能源和重要资源进口。

——支持有实力的企业扩大对外投资。重点支持家电、农林渔业等行业的企业扩大境外生产和开展深度加工，鼓励有实力的企业设立境外营销中心和研发机构。加大境外资源开发力度，重点推进省属企业的境外资源开发项目。加快推进中国—越南（深圳—海防）经贸合作区项目建设。

（三）加大招商引资力度

——积极承接国际产业转移。采取多种形式加大招商引资力度，力争在吸收发达国家、跨国公司和国际行业龙头企业投资方面取得新突破。重点推进落实粤新合作共建广州“知识城”项目。

（四）稳步推进加工贸易转型升级

——加大推进加工贸易转型升级的工作力度。鼓励加工贸易企业开展技术改造、自主创新，培育自主品牌，延长产业链。简化企业搬迁、深加工结转和外发加工审批手续。加快推进加工贸易企业创新服务平台建设和加工贸易联网监管公共平台建设。总结推广东莞市加工贸易转型升级试点经验。

——加快推进海关特殊监管区域建设。重点推进广州南沙、深圳前海湾保税港区，惠州出口加工区和东莞、中山、广州空港、深圳机场保税物流中心（B 型）的规划建设。

（五）深化区域合作

——积极推进粤港澳台服务业合作。认真落实 CEPA 项下服务业先行先试政策，降低准入门槛，简化审批手续，完善配套措施。充分利用粤港、粤台经贸交流会平台，加快引进港澳台现代服务业特别是生产性服务业。搭建台资企业法律服务平台，积极引进台湾产业服务机构。

——推进构建开放合作新格局。认真贯彻实施《珠江三角洲地区改革发展规划纲要（2008—2020 年）》。积极推进珠江三角洲地区与港澳深化合作，鼓励粤东地区发展对台经贸合作、粤西地区参与泛北部湾经济合作、粤北地区加强与中部地区经贸合作。

（六）加强政策扶持

——加大财政支持力度。省财政一次性新增安排 10 亿元专项资金，主要用于消除现行退税政策对高新技术产品、机电产品和优势产品一般贸易出口的区别待遇。各地也要结合实际，加大对外经贸发展的资金支持力度。

——切实减轻企业负担。加大对涉及外经贸企业收费的监督检查力度。阶段性适度降低医疗、失业、工伤、生育等社会保险的费率，允许符合条件且经过困难企业认定的外经贸企业，在一定期限内缓缴养老、医疗、失业、工伤、生育等社会保险费。对出口纺织品服装不再实施标识查验和收取标识查验费。

——促进信贷市场化。鼓励银行类金融机构在风险可控的前提下，积极开展进出口信贷业务，加大对中小外贸企业信贷投放；对基本面和信用记录较好，有竞争力、有市场、有订单，但暂时出现经营或财务困难的进出口企业给予信贷支持。鼓励出口企业使用信用证进行结算。落实省外经贸厅与有关金融机构签订的战略合作协议，用好 400 亿美元贸易融资和长期贷款。引导外商投资企业将结算中心、成本和利润核算中心设在广东省，以企业在岸资产进行担保并落实抵押担保条件。

——健全出口信用保险保障机制。提高保险保障能力，加大对企业投保的支持力度。研究推进短期出口信用保险市场化，引入有条件的商业保险公司参与短期险商业化经营。

——用好用足出口退税政策。加快出口退税进度，确保及时足额退税。对纳税信誉好、财务管理健全、没有涉及违法行为记录、国税部门评定为 A 类的出口企业，实行先凭电子信息办理退税后核销。

（七）优化外经贸发展环境

——提高投资与贸易便利化水平。按照国家统一部署推进进出口收付汇核销制度改革，全面实行出口退税收汇核销和境外投资无纸化管理，支持外经贸企业集团实行外汇资金集中管理，积极推进广州、深圳、珠海、东莞市企业对港澳地区货物贸易人民币结算试点相关工作。

——优化通关环境。推进智能化通关，试行集中申报模式和扩大无纸通关；对使用电子关锁并通过卡口验放的转关车辆，试点取消

《汽车载货登记簿》的人工批注、签章手续，精简业务环节，提高通关效率；全面推行加工贸易深加工结转和外发加工“网上审批”，保税货物内销实行“预审核”制度；全面推行跨辖区、跨关区直通放行制度，实行24小时预约报检制度和网上申请、审批制度，指导出口企业用足用好普惠制原产地证书和区域性原产地优惠制度。

——营造积极公平的国际贸易环境。继续加强对反倾销、反补贴、美国“337”知识产权调查等重大案件的公共服务，指导涉案企业了解国际规则，积极配合调查，维护自身合法权益。指导行业组织积极参与国际贸易摩擦应对。加强和深化政府间交流交涉工作。

——加强公共信息服务。推进建设广东易发网，引导企业通过网站获取信息、促进合作、拓展市场。

（八）加强组织领导和督查检查

——健全领导和协调机制。健全省直及中直驻粤有关单位的联合工作机制，完善“旬快报、月统计、季分析”的信息收集和通报制度，确保及时发现和解决问题。

——加大督促检查力度。各地要明确2009年外经贸工作的目标任务和目标进度要求，切实落实工作责任。加强对国家和省出台的外经贸发展扶持政策的宣传，以及对政策落实情况的督促检查，确保各项政策措施发挥最大实效。省外经贸厅要及时收集各地、各有关部门推进外经贸稳定发展的工作情况和存在问题，汇总上报省政府。

第二节　腾笼换鸟：产业及贸易转型升级

广东一开始就旗帜鲜明地提出，金融危机是落后生产力之危，是先进生产力之机；是传统发展模式之危，是科学发展模式之机。要按照科学发展观的要求，坚持以转变经济发展方式为中心，按照“三促进一保持”的工作思路，在全力保增长的同时，坚定不移地推进产业和劳动力的“双转移”，坚定不移地推进转型升级。

2008年9月以后，广东省先后出台了一揽子政策措施扶持加工贸易转型升级，具体包括《关于促进加工贸易转型升级的若干意见》《广东支持港澳台资企业应对国际及融危机和加快转型升级的若干意见》《来料加工企业原地不动不停产转型的操作指引》等，研究编制并组织外经贸、口岸、特殊监管区三个五年计划。

一　科学决策，主动出击谋升级

2007 年下半年美国次贷危机伊始，广东的决策者就开始研究改革发展新阶段的新任务。2007 年 12 月召开的广东省委十届二次全会旗帜鲜明地提出继续解放思想，坚持改革开放，以当年改革开放初期“杀开一条血路”的气魄，努力在实践科学发展观上闯出一条新路，争当实践科学发展观的排头兵。会议全面分析了全球化时代广东发展模式中的“五大不足”，其核心问题是，广东虽然经济总量连年高居全国之首，拥有巨大的体量，但是发展方式仍然粗放，经济结构不够优化和自主创新能力不足；传统的高投入、高消耗、高污染、低效益的发展模式尚未根本转变；产业竞争力不强，核心技术和关键技术掌握不多。

为了应对这些问题，会议要求各级干部要克服自满思想、增强忧患意识；克服狭隘视野，树立世界眼光；克服“见物不见人”的观念，坚持“以人为本”；要提高自主创新能力，增强产业竞争力。

这次会议既厘清了广东在发展模式上的困境，也明确了抗击金融危机的根本手段就是摒弃粗放落后的经济增长方式，推动科学发展。广东省陆续出台了关于产业和劳动力“双转移”的战略决策和相应的配套措施，重磅建设项目相继开工、重点投入项目同比翻番、服务业在三大产业中的比重提升。从这个意义上来看，在发展模式的选择上，广东的战略转型部署比全国大部分地区足足提前了一年有余，广东又一次走在了全国的最前列，成为其在逆境中求生存求发展的又一经典。

2008 年 3 月底，时任广东省委书记汪洋同志在东莞进行专项调研时指出，尽管珠三角原有的发展模式促进了经济社会进步，但也带来了产业层次不高、产品竞争力不强，以及人口、资源、环境压力加剧等矛盾和问题。广东目前仍以加工贸易为主，在世界经济发展的不确定性因素增多，区域之间的竞争压力增大，国家宏观调控力度加强的情况下，无论是产业结构，还是发展模式，都必须进行调整。如果今天不积极调整产业结构，明天就要被产业结构所调整。广大干部必须充分认清产业结构调整和转型升级的艰巨性和紧迫性，切实把这项工作抓紧抓好。

（一）《珠江三角洲地区改革发展规划纲要（2008—2020）》谋全局

2008年7月19日，温家宝在金融危机期间首次亲临广东，广东省委书记汪洋向总理汇报工作时特别提出，在国家层面上编制《珠江三角洲地区改革发展规划纲要（2008—2020）》，这个建议得到了温总理的赞同。五个月后的2008年最后一天，国务院正式批复了《珠江三角洲地区改革发展规划纲要（2008—2020）》。在这个非常时期，广东再次展现了其与时间赛跑的精神。《纲要》的批复意味着珠三角地区改革发展上升到国家战略，珠江三角洲再次踏上了科学发展新征程。

2009年元旦假期之后，广东省委十届四次全会召开，出台了《关于落实〈珠江三角洲地区改革发展规划纲要（2008—2020）〉的工作意见》，将2009年列为实施《珠江三角洲地区改革发展规划纲要（2008—2020）》的开局之年。该年4月11日，省委、省政府召开贯彻落实纲要动员会，会后正式印发《关于贯彻实施〈珠江三角洲地区改革发展规划纲要（2008—2020）〉的决定》，明确了“一年开好局，四年大发展，十年大跨越”的工作目标。这意味着实施国家战略、推动珠三角地区新一轮改革发展开始进入全面实施阶段。

在《珠江三角洲地区改革发展规划纲要（2008—2020）》的指导下，珠三角地区各城市首次以整体眼光看待该区域的发展，各地政府逐步打破行政壁垒，用“全局一盘棋”的高度和眼光，重置地区资源配置，三大经济圈呼之欲出。

在珠江口北段，以广州为中心，“广佛肇”经济圈日渐成型。继

《广佛同城框架协议》之后，《广佛肇经济圈建设合作框架协议》正式出台，依托于广佛同城和“双转移”的外溢效益，肇庆的发展路径也被纳入了进来。

在珠江口西岸，是由珠海、中山和江门三城构成的“珠中江”经济圈。随着《推进珠中江紧密合作框架协议》的签订，珠江口西岸区域经济一体化合作正式拉开序幕。广珠轻轨的建设，港珠澳大桥的启动，还有横琴新区的开发，是这一区域腾飞最好的注脚。

位于珠江口东岸的“深莞惠”三城，是珠三角最为发达的子区域，但是改革开放以来一直饱受“争资源”“断头路”“两不管”等问题的困扰。在《珠江三角洲地区改革发展规划纲要（2008—2020）》的大布局下，三个区域也开启了整合的历程。2009年2月27日，深莞惠三城率先签订《推进珠江口东岸地区紧密合作框架协议》，加速推进珠江口东岸一体化。

一系列政策收到了立竿见影的效果。在国际金融危机的大背景下，2008年粤东、粤西和粤北GDP分别增长13%、10.2%和12.6%，均高于全省10.1%的水平。2009年，这种逆风上扬的态势得以延续，三个地区的经济增幅分别比全省平均水平高2.6个、0.9个和1.5个百分点。

（二）2008年“三促进一保持”

第一次提出“三促进一保持”的是广东省委书记汪洋。在2008年11月召开的全省第一批学习实践科学发展观活动转入分析检查阶段工作会议上，汪洋强调，面对当前的经济形势，要把“三促进一保持”，即促进提高自主创新能力、促进传统产业转型升级、促进建设现代产业体系、保持经济平稳较快增长，作为广东省经济工作的重要任务，作为在学习实践活动中突出实践特色的重要要求。坚决避免把“保持经济平稳较快增长”与“促进提高自主创新能力、促进传统产业转型升级、促进建设现代产业体系”对立起来，更不能为了保速度而把本已淘汰的落后产能再重新扶持上马，饮鸩止渴。应该顺应市场经济规律的要求，抓住当前有利时机，坚持科学发展不动摇，把加快自主创新和现代产业体系建设、大力培育符合科学发展观要求的新的经济增长点作为应对世界金融危机的长久之策、治本之策。

也正是在这个会议上，江洋提出了那个著名的论断："当前的危机，是危中有机，是落后生产力之危，先进生产力之机；是传统发展模式之危，科学发展模式之机。"

在2010年广东两会上，汪洋对2009年的广东工作的宝贵经验，进行了如下一番总结：国际金融危机发生之前，广东就强调要进行结构调整。危机发生之后，广东又提出"这是传统发展模式之危，科学发展模式之机"，但实事求是地说，外界对广东在危机发生后，"不救落后生产力，坚定推进双转移""腾笼换鸟"，一直存在不同认识。事实上，市场经济就是利用周期性危机淘汰落后，鼓励创新，从而实现经济复苏繁荣，进入一个新的更高水平的经济循环。尽管广东搞的是社会主义市场经济，但也是市场经济，同样要按市场经济规律办事。正是认识和把握了这一点，广东坚持不救落后生产力，坚持抓"双转移"，始终没有在重大原则问题上有过丝毫的让步，只有敢于坚持在正确道路上先行一步。过去30年，广东是这样走过来的，今后，还要有这样的勇气和胆略。

二　政府和市场，双轮驱动下的产业转型升级

在推进产业转型升级的过程中，从决策到实践广东省都始终按照"政府引导、市场运作"的方针，充分发挥政府政策和市场机制的"双轮驱动"作用。政府制定产业规划和区域发展规划，分类指导区域产业结构调整；制定激励性和限制性产业政策，在宏观上引导和推动产业转型升级；加强政府服务能力建设，搭建公共平台，帮助地方和企业推进产业转型升级。

广东省先后出台了珠三角地区改革发展规划纲要实施办法，关于推进产业转移和劳动力转移的决定，关于建立现代产业体系、关于科技园区建设、关于促进高新技术产业和现代服务业发展、关于促进加工贸易产业升级的意见等一系列重要文件，构建了产业转移升级的一

揽子政策。市场主体根据政府政策的激励或限制性质，以及市场需求的变化，通过市场机制的基础性作用有效资源配置，促进生产要素向现代产业积聚。政策的引导作用和市场的资源配置机制有机结合，进而推动了广东的产业转型升级。

三 解放思想，先行先试，吹响科学发展的集结号

在应对国际金融危机过程中，广东省十分注意通过体制优势激发企业的内生动力，使企业真正成为产业转型升级的微观主体。早在2008 年初金融危机尚未显现之时，广东省政府就制定了旨在促进产业转型升级的有关政策，充分发挥集中力量办大事的制度优势，集中财力、物力和政策资源，决定用五年时间拿出 400 多亿元鼓励和扶持产业转型升级。包括扶持欠发达地区完善产业发展的基础设施，以竞争形式扶持产业转移园建设和重点产业发展，产业工人免费技能培训，落后产能淘汰的财政补偿，自主研发和品牌建设资金扶持等；通过组织实施“十大创新工程”和重大科技专项，加快企业技术中心、技术创新公共服务等创新平台建设；实施政府采购自主创新产品制度和企业研发税前扣除等政策；加强产学研合作，实施“百校千人万企省部企业科技特派员创新工程”，选派科技人员入驻企业，辐射带动一万家以上企业实现转型升级。

各地也相继出台了相关措施从体制机制上激励企业转型升级。例如，东莞市制定了“1+26”政策体系，实施“六个 10 亿元工程”帮扶企业，综合扶持 500 家综合实力强、成长性高、发展前景好的重点工业企业提高核心竞争力。取消和停征 100 多项行政事业性收费，减半征收制造业及村集体经济 2009 年度房产税、城镇土地使用税，对制造业纳税大户实行税收返还。设立“百万元市长奖”，筹资 3 亿元组建市科技创业投资有限公司，专门资助扶持创新创业型企业。对建立各级技术中心的企业，分别给予数百万元奖励性资助。

政府主导的体制机制创新，进一步转化为企业创新的内生动力，产业转型升级成为企业的自觉行动。例如，东莞勤上光电公司早期主

要从事传统装饰灯的生产与外销，产业链低端的过度竞争使勤上光电面临海内外订单大幅下降的冲击。在政府鼓励创新的激励下，与十多家国内高校合作研发大功率 LED 产品，拥有了自主品牌和核心技术，2008 年销售额同比反而增长 40%，利润增长 30% 多。2009 年前 9 个月订单逆势增长超三成。

市场的“倒逼”压力、政策有效的引导、体制机制的激励约束，逐渐转化为企业的内生动力。企业转型升级成功，进一步坚定应对危机的信心和决心，反过来又激发企业重视创新，重视产品研发、市场开拓和经营模式转型，从而建立更为内生的企业竞争优势。

四　打造产业集聚的专业特色园区

结合国家重点产业调整和振兴规划，广东省制订了重点产业调整振兴实施方案，加快淘汰落后产能，运用高新技术和先进适用技术改造提升传统产业，实行就地转型升级和异地转移相结合的方式，促进区域产业转型升级。广东省财政安排 10 亿元专项资金推进加工贸易企业转型升级、10 亿元专项资金支持机电、高新技术产品扩大出口、20 亿元专项扶持中小企业解决融资难等问题。2008 年上半年全省技术改造投资增幅同比提高 53.6 个百分点；制订实施推进中小企业信息化行动方案，加强中小企业电子商务服务平台建设；实施“千百十”名牌培育工程，着力发展一批名牌拳头产品、大企业集团和产业集群。如深圳市 2008 年完成工商业技术改造投资 122 亿元，同比增长 9.4%；其中制造业技改投资完成 121.17 亿元，同比增长 11.5%。

按照“政府引导、市场运作，优势互补、互利共赢”的方针，将珠三角传统的低端制造业转移至粤北及东西两翼地区，促进这些地区的经济发展，使珠三角地区劳动密集型产业比重显著下降。同时，腾出空间，吸引先进制造业及高端服务业进驻珠三角。2008 年底，广东省产业转移工业园入园项目 973 个，总投资额 1156 亿元，已动工建设项目 611 个，投资额 542.2 亿元。2008 年以来，仅广州市就向省内外转移企业 174 家，腾出了发展空间，发展了一批如广东塑料交易所、信义国际会馆等高端服务业。

在实践中，广东省各地坚持以高端产业转入促进低端产业转出，以增量引入带动存量调整。通过提高企业准入门槛和产业用地、能耗、水耗和污染物排放标准，加快发展先进制造业和现代服务业，构建现代产业体系。如深圳市在实施产业转移的同时，坚决关停高耗能、高污染企业 262 家，2008 年第三产业比重首次超过第二产业，高新技术产品产值提高到 60%。广州高新技术开发区、东莞松山湖科技园等，都设置了较高的准入门槛，重在引进具有科技原创能力、辐射带动作用大的高新企业，培育新的经济增长点。

五　扩内销，推进加工贸易企业开拓国内市场

国际金融危机对广东省尤其是珠三角企业的冲击，主要源自外需不足，因为这些地区的企业对外依存度很高。因此，将外源型增长方式逐步转型为内外源共同推动的经济增长，一直以来都是广东省经济结构调整的目标，但以前基层政府和企业的积极性都不足。金融危机使广东省的企业充分认识到，市场结构的调整与产业（产品）结构的调整同等重要，有了主动调整的积极性。

政府因势利导，把调整企业产品的市场结构，作为产业结构调整的重要组成部分，制定了一系列“扩内需、促消费、拓市场”的政策，促进企业转型升级。如深圳市通过培育消费热点、优化消费环境、加大政府预算内采购力度、推进“深货北上”等措施，政府搭台支持推动市内企业在国内举办各种展销会、订货会，构建国内市场营销体系，加大对企业参展的资金资助力度，拓展内需市场。东莞市一方面加大投资力度重点建设基础设施、现代产业体系、城市功能配套、生态环境四大工程；另一方面通过组织民营企业考察、补贴参展费用，鼓励企业赴国内外城市展销，扶持 100 家外资企业开展内销试点等八大商贸促进工程等系列活动，全力开拓国内市场。2008 年东莞市外资企业内销总额 1673.5 亿元，增长 19.9%，占内外销总额的 30.3%，2009 年 1—8 月全市外资企业内销总额 971.6 亿元，占内外销总额的 31%。

第三节　未雨绸缪：自贸区试水国际高标准经贸投资规则

2015年4月21日，当广东省委书记胡春华和省长朱小丹在广州南沙共同揭开“中国（广东）自由贸易试验区”铭牌上的红色绢纱时，他们脚下这块土地已经在中国改革开放的大潮中踏浪前行了37年。1978年，改革开放的号角在广东率先吹响。在这三十多年里，广东一直走在改革开放的最前沿，中国对外开放的诸多制度和实践创新几乎都肇始于这里。在过去的八年里，广东刚刚在迎击全球金融危机的战役中大获全胜，率先开启了产业结构、贸易模式等转型升级的卓绝历程，对外开放的内涵在这片土地上又获得了全新的内涵。

全新开启的自由贸易试验区，恰恰是这个新内涵的重要组成部分，是全球经济贸易投资规则进入WTO 2.0时代后的应对之策。按照《中国（广东）自由贸易试验区总体方案》，广东自贸区的战略定位是依托港澳、服务内地、面向世界，将自贸试验区建设成为粤港澳深度合作示范区、21世纪海上丝绸之路重要枢纽和全国新一轮改革开放先行地。经过3—5年改革试验，营造国际化、市场化、法治化营商环境，构建开放型经济新体制，实现粤港澳深度合作，形成国际经济合作竞争新优势，力争建成符合国际高标准的法制环境规范、投资贸易便利、辐射带动功能突出、监管安全高效的自由贸易园区。

一　内外因激活开放新高地：广东自贸区成立的背景

（一）外因：国际规则兵临城下

二战后由关税及贸易总协定（GATT）以及1995年成立的WTO所塑造的国际经贸规则在运行了半个世纪以后，其在协调全球经贸问题的能力上已经疲态渐显。最为直接的表现是WTO成立之后所启动的多哈回合谈判遭遇全面失败。

长期以来，多哈回合谈判因成员各方复杂的利益分歧而难以取得显著进展。2013 年底巴厘部长级会议签署的“早期收获”协议仅涵盖多哈回合议题的少量内容，谈判进程依然迟缓。2015 年 WTO 总理事会通过《贸易便利化协定》议定书，将其纳入《世贸组织协定》，并开放议定书供成员接受，标志 WTO 谈判重回正轨。《贸易便利化协定》是多哈回合谈判启动 15 年来取得的最重要突破。

然而总体来看，多哈回合未能按照美欧等发达国家理想的路线推进，导致其谈判动力不足，转而通过超大型区域贸易协定构建新的国际经贸规则体系。目前正在谈判的跨太平洋伙伴关系协定（TPP）和跨大西洋贸易与投资伙伴协定（TTIP）是两个最为典型的超大区域贸易协定。TPP 反映了美国对亚太地区经济利益和经贸规则主导权的诉求。而 TTIP 则显示美欧携手强化在国际经贸规则以及全球治理中的主导。美欧是自由化程度最高的发达经济体，两者间制度融合度高，在目标期限内完成 TTIP 谈判有较大可能。

中长期看，美国主导的 TPP 和 TTIP 涵盖领域相似，两者在贸易自由化、原产地规则、投资便利化和知识产权保护等关键议题上立场相近，整合成本较低。美国很可能推动这两大自贸区融合，形成涵盖几乎所有发达国家和部分发展中国家的超大型区域贸易协定，并以此为制度基础推进新一轮高标准规则在全球多边体系推广适用。

除了经贸领域，服务和投资自由化是新一轮国际经贸规则重构的重心。在服务贸易领域，美国积极推动 WTO 框架内服务贸易协定（TISA）谈判，以提升 20 年前达成的《服务贸易总协定》（GATS）的标准，目标是形成高标准的服务贸易自由化协议范本。在投资领域，美国以《2012 年双边投资协定（BIT）范本》为基础，通过中美 BIT、TPP、TTIP 等谈判推广负面清单准入模式，要求签约国对服务与投资准入做出更多承诺。此外，高标准国际经贸规则还将涵盖监管与标准、政府采购、知识产权保护、劳工和环保标准及竞争政策等广泛内容，倡导消除或削减“边境后壁垒”。目的是巩固美欧在全球经贸规则制定上的话语权和垄断权。

以 TTP、TTIP 和 TISA 打造的后 WTO 时代国际经贸规则和由 BIT

打造的投资规则具有以下几个特点：第一，开放的范围从边境开放向国内开放延伸。继续坚持扩大市场准入和投资自由化的方向，但是强调高标准、高水平，规则调整的范围从传统边境措施向边境后措施延伸；第二，从产品市场向要素市场延伸。这完全不同于WTO 1.0时代所倡导的以关税减让为核心的贸易自由化，开放的范围开始向资本、劳动力等生产要素延伸，规则重构的范围空前放大，电子商务、法律事务、合作和能力建设等新的议题被不断引入；第三，从多边向区域（歧视性）转变。WTO一直以来所奉行的“最惠国待遇原则”遭到空前挑战，多边方式逐渐被放弃，具有歧视性特征的区域性贸易投资安排大行其道。这种谈判的封闭性使得各利益群体除了经济的考量，其中不乏政治的角力；第四，在议题设置上，发达国家仍然掌握主动权。无论是3T体系，还是BIT规则体系，都是率先由发达国家倡导并发挥主导作用的，因此至少在现阶段体现了发达国家的意指和利益，发展中国家要想加入，势必要让渡某些利益；第五，从整齐划一向多元化并行。规则重构的路径呈现多元化并行发展趋势，在全球治理平台之外，各类区域合作竞相打造符合自身诉求的规则新版本，并借此谋求引导全球经贸规则的变迁趋势；第六，区域和诸边协议倒逼多边规则将成为重构的主要路径。从这一点上来讲，尽管现在最新的经贸安排均具有歧视性，但是回归多边规则仍然是这些区域和诸边经贸安排最终的发展方向。这也是多边谈判受阻而不得不接受的次优方案。同时这也意味着加入或者参与这些区域性经贸投资安排也有利于未来在全球经贸谈判中占据主动。

中国在2001年加入WTO之后，迅速适应了这一套规则，伴随出口和投资的飞速增长，中国成为那个时代全球化最大的受益者。但是，在当今时代，中国不得不面临的一个尴尬事实是，以上定义高标准全球经贸投资规则的区域合作中均不包含中国，从而在客观上形成了一个新的全球“ABC（Any One But China）”，一旦这些壁垒筑起，那么中国不得不面对“二次入世”的被动局面。尽管中国是当前全球第一大出口国，但是如果不采取积极措施，死守陈旧的WTO体制，中国势必被新的规则体系所抛弃。

（二）内因：改革红利消退

从国内情况来看，中国改革开放的历程已经走过了四十个年头。中国通过一系列改革发展成为全球最大制造业大国和出口大国，并成为全球第二大经济体，中国人的生活也一天天富裕起来。三十多年的发展也使中国改革进入深水区，之前通过改革释放出的红利正在消失，未来30年经济增长的红利需要人们重新去探索和挖掘。

过去中国经济的高速增长得益于低劳动力成本、高储蓄、高投资、高资本。然而随着全球经济危机和供给冲击的影响，依靠人口红利、土地成本、能源成本和环境成本形成的所谓“投资成本洼地”效应逐步减弱，“低要素成本”时代一去不复返，中国以往的国家盈利模式，在大多数要素价格上涨面前已经发出预警。在国际需求疲弱以及劳动力成本升高带来的产业转移下，中国不能长期依赖外贸出口支撑经济增长，而且国内市场经济效率仍然较低，产能过剩和能耗较高问题严重，原有模式已经难以为继。一直靠低价格补贴全球化红利的中国正走上一条要素价值重估的调整之路，中国必须超越低成本优势才能真正挖掘经济增长潜力。

当中国低成本优势和廉价资本红利不再的时候，中国必须通过技术创新、人力资本积累、知识产权保护，以及全要素生产率的提高来化解成本上升带来的压力，优化资源要素配置，加快从价值链的低端逐步走向中高端。告别经济低效增长的模式将是中国经济面临的持久性挑战。

在TPP和TTIP谈判的过程中，新的全球贸易规则也将对国内经济结构调整产生积极影响，推动制造业的转型升级，发展现代服务业，提升我国企业的国际竞争力。TPP所强调的知识产权保护、劳动工资标准和环保标准等都将倒逼中国完善知识产权制度、收入分配转向按要素分配、提高劳动者权益和环境保护标准等。

新一轮改革重点首先必须打破资源垄断和权力循环，把经济公平、社会公平摆在更加重要和突出的位置，通过开放试水国际高标准国际经贸投资规则，以此来倒逼行政体制和国有企业改革，促进转变政府职能，处理好政府与市场、与社会的关系，重新划定政府与社会的边界，包括法律法规的完善等。由此可见，进一步扩大开放是中国改革发展的必由之路。

在国际规则兵临城下和改革红利消退的严峻形势下，只有未雨绸缪，主动出击，研究和试水国际高标准经贸投资规则，才能化被动为主动，激活中国改革开放的僵持局面，破除困扰发展的“中国悖论”。

2013年7月3日，国务院常务会议通过《中国（上海）自由贸易试验区总体方案》，强调建设自贸区是顺应全球经贸发展新趋势，更加积极主动对外开放的重大举措，有利于培育我国面向全球的竞争新优势，构建与各国合作发展的新平台，拓展经济增长的新空间，打造中国经济“升级版”。8月，国务院正式批准设立中国（上海）自由贸易试验区。9月29日，上海自贸区正式挂牌成立。上海作为中国最早开放的通商口岸之一，以其悠久的发展历史、良好的地理位置、便利的交通优势、高度的对外开放程度等成为国家设置的第一个自由贸易园区。上海自贸区也将成为国家推进改革和提高开放型经济水平的“试验田”，并发挥示范带动、服务全国的积极作用，促进各地区共同发展。

紧接着，2014年12月，国务院决定推广上海自贸区试点经验，设立广东、天津、福建三个自贸试验区，并扩展上海自贸区的范围。

上海、广东、天津、福建自贸区建成投入以来，对区域经济的辐射带动作用显著，因而2017年3月国务院正式批复，在辽宁、浙江、河南、湖北、重庆、四川、陕西等省市再设立7个新的自由贸易试验区，并赋予各自的使命以及试点任务。

2018年4月13日，习近平总书记正式宣布党中央支持海南全岛建设自由贸易试验区、探索并稳步推进中国特色自由贸易港建设。

至此，中国的自贸区战略全面铺展开来，十二大自由贸易试验区成为中国对外开放的新高地。

二 双核驱动的南沙片区

（一）南沙，广州的未来

2018 年 2 月 25 日，《广州市城市总体规划（2017—2035）》草案公示正式出炉，规划将南沙区全域定位为广州唯一的城市副中心与功能完整的滨海新城，也是广州面向粤港澳大湾区重要的门户，南沙的重要地位再次凸显。

南沙，位于广东省广州市南端，距离香港、澳门分别只有 38 海里和 41 海里，地处珠江入海口和大珠三角地理几何中心，与前海、横琴构成了“金三角”，是广州通向海洋的唯一通道和发展海外贸易的必经之地。作为广州实施城市“南拓”战略的桥头堡，2005 年，南沙设区，掀开了经济、社会等各项事业发展的新篇章，有着“千年商都”美誉的广州也从“沿江城市”再次成为“沿海城市”。

2012 年 9 月，国务院批复《广州南沙新区发展规划》，意味着南沙新区继兰州新区之后升级成为第六个国家级新区。至此，在我国的地域版图上，国家级新区在华南区域的“缺位”已被填补。

与此同时，南沙也被赋予推动珠三角转型升级，促进港澳地区长期繁荣稳定，构建我国开放型经济新格局中发挥更大作用，建成粤港澳全面合作示范区的重要角色。

南沙新区片区集国家战略新区、国家级经济技术开发区、保税港区、高新技术产业开发区和广东省实施 CEPA 先行先试综合示范区功能于一体，产业基础雄厚。它是国家三大造船基地之一，国家汽车和零部件制造及出口基地，珠三角核电装备制造业基地，也是国际航运物流枢纽和国家确定的整车进口口岸，它已建成一批高水平公共创新服务平台，集聚了广州市超过 40% 的新型研发机构。

2014 年 12 月，随着国家在天津、广东、福建新设三个自贸区战略的启动，南沙新区片区被列为广东自贸区的重要组成部分，南沙由此跨入了国家级新区、自贸区双重国家战略叠加的双核驱动时代。

中国（广东）自由贸易试验区广州南沙新区片区的基本定位是致

力于构建与国际新规则体系相适应的法治化国际化营商环境，率先实现与港澳服务贸易自由化，打造国际贸易功能集成度高、金融创新服务功能强的国际航运物流中心，形成21世纪海上丝绸之路沿线国家和地区科技创新合作的示范基地，建成港澳向内地拓展、内地借助港澳通达国际市场的双向通道和重要平台，为国家构建开放型经济新格局发挥重要作用。

充分发挥地处珠江三角洲地理几何中心和港口资源丰富的优势，连通港澳，服务内地，重点发展航运物流、国际金融、国际商贸、科技创新、海洋经济和高端制造等产业，建设以生产性服务业为主导的现代产业新高地和具有世界先进水平的综合服务枢纽，打造粤港澳全面合作示范区。

（二）功能完备，七大片区共谱七子之歌

新设试验区涵盖广州南沙新区片区60平方公里（含广州南沙保税港区7.06平方公里）。共分为七个片区：

区块一——海港区块：国际航运发展合作区。重点发展航运物流、保税仓储、国际中转、国际贸易、大宗商品交易、汽车物流等航运服务业。在国际航运服务和通关模式改革领域先行先试，联手港澳打造泛珠三角地区的出海大通道。

龙穴岛作业区。一是在国际航运服务方面先行先试。鼓励港澳独资设立国际船舶管理企业，支持港澳投资国际远洋、国际航空运输服务；与港澳在货运代理和货物运输等方面规范和标准相对接。发展航运金融创新业务，做大做强航运交易所，发展航运保险业务。二是进行跨境电商试点业务，探索发展直销、物联网电子商务模式。三是试点口岸监管制度创新。

沙仔岛作业区：重点试点汽车物流的创新业务。包括汽车保税展示交易、整车平行进口业务。

南沙港区（含龙穴岛作业区和沙仔岛作业区）是广州港主力港区，岸线资源优良，已建成南沙港区一期、二期共10个10万吨级的深水集装箱泊位、2个5万吨级的粮食专业泊位和4个通用泊位，正在规划建设港区三期和四期工程。已开通内外贸航线 57 条，与珠江两岸 20 多个喂给港实现了业务往来，2013 年南沙港区实现集装箱吞吐量 1023 万标箱，货物吞吐量 2. 1 亿吨，初步形成具有较强竞争力的港航物流产业集群；2014 年 7 月 1 日，国务院已同意将广州港进口整车口岸范围扩大至南沙港区。截至 2018 年，南沙港区三期已建成投产，国际邮轮母港全面开工建设。

区块二——明珠湾起步区区块：金融商务发展试验区。重点发展总部经济、金融服务和商业服务。推动粤港澳金融服务合作，探索开展人民币资本项下可兑换先行试验。进一步构建粤港澳金融和商贸服务合作新机制。建成服务珠三角、面向世界的珠江口湾区中央商务区。

完善粤港澳会展业的合作协调机制，推动展贸融合发展，构建粤港澳一体化的电子商务平台和大宗商品的国际交易平台。推动与港澳跨境人民币业务创新发展，推动与港澳投融资汇兑便利化，深化与港澳金融机构合作，建立适应粤港澳服务贸易自由化的金融服务体系。鼓励企业设立区域总部，建立整合物流、贸易、结算等功能的营运中心。

明珠湾起步区是南沙新区标志性工程，目前开发建设已全面铺开，正抓紧推进桥梁、道路、水系、安置区等基础建设，规划建设现代金融服务集聚区、总部商务办公区及钻石水乡居住社区等功能区。

区块三——南沙枢纽区块：粤港澳融合发展试验区。重点发展资讯科技、金融后台服务、科技成果转化、专业服务等，打造粤港澳生产性服务业发展基地，探索内地和港澳社会管理创新及经济融合发展新机制。

打造与国际接轨的营商环境，创新社会管理服务体系；拓展香港产业发展空间，构建与香港科技联合创新的新机制，打造粤港澳生产性服务业发展基地，促进粤港融合发展。

南沙港铁路、深广中通道、深茂铁路、广中珠澳城际轨道、中南莞城际轨道、地铁 18 号线等多条国铁、轨道交通、高快速路将在南沙枢纽交汇，形成南沙新区辐射内地、连接粤港澳的重要交通枢纽。

区块四——庆盛枢纽区块：国际教育和医疗合作试验区。重点发展教育培训、健康医疗等产业，率先探索在教育、医疗等领域对港澳和国际深度开放。

区块五——南沙湾区块：粤港澳科技创新合作区。重点发展科技创新、文化创意、服务外包和邮轮游艇经济。创新粤港科技研发合作新模式，建设粤港澳创新成果产业化基地和国际化科技创新服务中心。

创新粤港科技研发合作新模式，合作推进粤港创新成果产业化基地和区域性科技创新服务中心建设，建设科技成果转化平台；进一步扩大对港澳服务业开放，推动粤港澳人员职业资格互认；试点游艇自由行，与港澳共同发展邮轮、游艇、岭南水乡文化等滨海旅游。

目前，南沙湾区块的高端商务及配套设施已初具规模，正在加快推进总投资150亿元的国际邮轮母港及配套商业综合体建设；国家级高新区资讯科技园已形成中科院"一院五所"系列研发机构、教育部属高校系列研发机构、以港澳为主体的境外合作科研机构等三个科技创新组团，集聚科研机构（不含企业）研发人员1300人。

区块六——蕉门河中心区块：境外投资综合服务区。重点发展商务服务产业、培育外贸新业态，集聚中小企业总部。为港澳中小企业开拓国内市场、国内中小企业开拓国际市场提供支撑，建设成为国内企业和个人"走出去"的窗口和综合服务平台，构建"走出去"政策、促进服务保障和风险防控体系。

区块七——万顷沙保税港加工制造业区块：加工贸易转型升级服务区。重点发展加工制造、研发孵化、数据服务、电子商务、检测认证服务等生产性服务业。搭建促进加工贸易企业转型升级的技术研发、工业设计和知识产权等公共服务平台。

与港澳深度合作，在电子信息产业新业态培育、科技创新服务、检验检测认证服务等领域创新业务模式，搭建服务于加工贸易企业转型升级的技术研发、工业设计、知识产权、加工贸易结算中心等公共服务平台。

万顷沙保税港加工制造业区块内规划建设检验检测高技术服务集

聚区等功能园区。

（三）营商环境持续优化 助推投资便利化

自南沙自贸区成立以来，紧紧围绕建设广州城市副中心和“双区”开发建设的中心任务，商事主体数量高速增长，广州南沙秉承“流程简化优化，办事便捷高效”原则，大力深化商事登记制度改革，以自贸区先行先试的发展原则，一系列创新措施多渠道服务企业设立，全方位便利登记事项，实现注册企业全流程电子化，不断深化打造南沙高度便利化的营商环境，充分激发市场主体活力。

截至 2018 年 5 月底，全区注册企业总户数近 10 万户，较 2017 年、2016 年同期增长 43%、90.8%，单是 5 月就新登记 3173 户，较 2017 年同期增长 84.7%；全流程电子化办理居全市首位。

靓丽成绩的背后是南沙片区在加快职能转变、打造优质自贸区营商环境上的一系列举措。通过做“加减乘除法”，不断创新体制机制，提高行政效能、行政监管效能和行政服务水平，使得南沙自贸片区的商事登记改革不断优化。

从 2014 年 12 月 1 日开始，南沙区工商分局在全区正式实施个体户登记全区通办制度，凡有意愿在南沙申办个体工商户登记的创业者，都可以在区内任一工商登记所办理工商登记，而不必非得在经营地进行工商登记。目前南沙自贸区在 15 个地方设置了商事登记智能服务区网点。

（四）跨境电商化蛹成蝶，外贸进入“互联网 +”时代

正当世界经济艰难复苏，国际贸易缓慢增长之时，一种来自中国的新兴业态——跨境电商正在打破这种沉闷，用快速买全球、卖全球的方式，提振了全球贸易，为世界经济注入了新活力。从 2013 年底开始，广州获批成为全国跨境电商试点城市之一，伴随着政策利好以及市场需求的升温，广州跨境市场迎来了以“海淘”为代表的跨境进口业务爆发。南沙跨境电商业务实现跨越式增长，入选 2015 年商务部 8 个自贸区最佳实践案例之一。截至 2017 年底，南沙区跨境电商备案企业 1336 家，进口货值约 70 亿元，占广州市的八成以上。

坐落在广州南沙保税港区内的京东电商平台一直非常繁忙。4万多平方米的库房里，摆满了2万多种进口商品，工作人员正紧张地将这些商品发往全国各地。除京东外，很多电商平台如唯品会、天猫、苏宁易购、亚马逊等，都看中了南沙海港独特的地理位置，来此开展跨境电商业务。2017年，约2440万票跨境电商货物从世界各地汇聚南沙，又从这里运往全世界的千家万户。

与传统国际贸易相比，跨境电子商务利用互联网信息技术，使国际商品、服务与要素自由地流动，缩短了传统贸易冗长的链条，有效减少了商品流通的成本，将全世界的需求和供给快速连接起来。这种独具优势的贸易新业态正在中国蓬勃兴起，广州南沙只是其中的一个活跃地区。

2015年5月1日，南沙首家，也是目前广州最大型的跨境商品直购体验中心——风信子南沙跨境商品直购体验中心开张营业。之后，南山跨境商品展示交易中心、跨境电商国际仓贸（南沙）保税中心、广东合捷华南电商示范区和东涌冠胜体验中心项目在2015年相继落地启动。

（五）制度创新催生开放升级

自贸区开放创新有新突破，对外开放水平全面提高。自贸区挂牌三年来，累计形成376项创新成果，其中19项在全国复制推广，90项在全省复制推广，140项在全市复制推广，“跨境电商监管模式”“企业专属网页”入选商务部“最佳实践案例”。累计落户港澳投资企业1357家，投资总额306.9亿美元，启动粤港澳深度合作区起步区土地平整及征地拆迁工作。积极参与“一带一路”建设，已与爱尔兰香农自由区、东莞滨海湾新区、川南自贸片区等建立战略合作关系。

国际航运、贸易、金融功能不断增强，资源配置能力进一步提升。2017年南沙港区实现货物吞吐量3.35亿吨，集装箱吞吐量1406万标箱，分别增长了10.1%和10.5%，成为南中国最大的单体港区；累计出入境邮轮122艘次，出入境旅客超40万人次，分别增长17.3%和23.8%，邮轮旅客吞吐量位居全国第三。设立“广东南沙”船籍港，完成粤港澳游艇“自由行”首航。已落户金融和类金融机构3300多家，融资租赁企业数量和业务规模占全市八成。揭牌成立全国首个能源金融示范区，启动南沙国际金融岛项目，国际金融论坛（IFF）永久会址已落户。

三　特区中的特区：前海

（一）“三圈”“三区”叠加，成就“特”中之“特”

深圳前海蛇口自贸片区于2015年4月27日挂牌成立，是中国（广东）自由贸易试验区的一部分。深圳前海蛇口片区位于深圳西部，珠江口东岸，毗邻港澳，地处珠三角区域发展主轴与沿海功能拓展带的十字交汇处，30公里半径范围内拥有两大国际机场（香港机场、深圳机场）和两大世界级集装箱枢纽港，产业基础雄厚。具有深港融合圈、空港辐射圈、海港服务圈“三圈”叠加效应，具备发展现代服务业的最佳区位优势。

片区总面积28.2平方公里，分为前海区块（15平方公里，含前海湾保税港区3.71平方公里）和蛇口区块（13.2平方公里）。

根据《广东总体方案》，该片区的战略定位是借助深圳市场化、法治化和国际化的优势与经验，发挥21世纪海上丝绸之路战略支点作用，整合深港两地资源，集聚全球高端要素，重点发展金融、现代物流、信息服务、科技服务及专业服务、港口服务、航运服务和其他战略性新兴服务业，推进深港经济融合发展，打造亚太地区重要生产性服务业中心、世界服务贸易重要基地和国际性枢纽港。

从产业形态上看，前海蛇口片区包括三个功能区域。一是以前海湾保税港区为核心，包含妈湾港区、蛇口港区在内的西部港区部分，将重点发展港口物流、国际贸易、供应链管理与航运服务，承接货物贸易功能，建设国际枢纽港；二是前海区块中除了保税港区以外的非物理围网部分，可以称为前海金融商务区，重点发展金融、信息服务、科技服务和专业服务以及其他战略性新兴产业，承接服务贸易功能，打造我国金融业对外开放试验区；三是蛇口区块中除蛇口赤湾港区的蛇口商务区部分，重点发展网络信息、科技服务、文化创意产业，适当发展服务外包、高端旅游、物流总部经济、创新金融、专业知识、服务经济这五个产业，与前海金融商务区错位发展。

与广东自贸区的其他三个片区相比，前海蛇口片区具有以下四个核心优势：（1）具有独一无二的叠加优势。前海深港合作区叠加了自贸试验区的功能和政策，开启“合作区 + 自贸试验区 + 保税港区”的“三区”叠加模式，因此既有全国自贸试验区共享的政策，也有前海合作区自身特有的政策，如15%的企业所得税与个人税等特殊优惠政策，比较优势更加突出。叠加了自贸试验区功能的前海，简政放权的步伐更快，金融服务开放领域更广、力度更大，投资与贸易化便利化水平更高。（2）具有片区联动的互补优势。在自贸试验区规划框架下，深圳西部港区的蛇口港、赤湾港以及前海湾保税港区连成一个整体，有利于西部港区资源整合、做大做强，建设国际性枢纽港，更好贯彻“一带一路”等战略。从功能上看，前海的金融、贸易、航运服务将为蛇口产业升级注入新的活力，蛇口的产业基础及生活配套亦将为前海提供支撑，形成优势互补、产业联动、错位发展的新格局。前海蛇口片区将形成深圳经济新的增长极与城市中心，是珠三角“大湾区经济”最具潜力与活力的板块。（3）具有深港合作的先天优势。以前海蛇口片区为半径的30公里区域分布了两个世界级的港口群和机场群（2014年香港港集装箱吞吐量为2228万标箱，深圳西部港区约为1250万标箱，两者合计3478万标箱，是全球第一大港口群；2014年香港机场的旅客约6200万人次，深圳机场3627万人次，两者合计达9800多万人次）。在自贸试验区制度框架下，深港将会形成更加紧密的经济合作关系，深港两地的海空港资源也会得到更好整合，形成粤港澳大湾区发展的驱动轴。香港是世界上最成功的自由港之一，自贸试验区的设立必将推动前海蛇口进一步与香港、与国际通行惯例接轨。（4）具有一体化管理与整合优势。根据深圳市委、市政府的部署，前海蛇口片区已成立管委会，有效统筹与整合前海与蛇口两大区块的发展。招商局集团目前在15个国家（地区）的28个城市建有54个港区，2014 年完成的集装箱超过 8000 万标箱。前海目前注册的企业达到 3.5 万家，注册资本额达 1.9 万亿元人民币，其中金融类企业 1.9 万家，物流类企业 5183 家。整合上述资源，打造“引进来”与“走出去”双向通道，前海蛇口片区将会在服务“一带一路”战略中发挥更大的作用。

（二）深港合作，使命必达

作为全国深港合作最紧密区域，前海也是支持香港融入国家发展大局的重要平台，并专门打造了一批面向香港的载体，为其拓展发展空间，打造深港创新创业生态圈的前海深港青年梦工场便是其中之一。

空间的拓展还远不止于此，深圳市政府党组成员、前海管理局局长杜鹏说，前海明确将 1/3 的土地面向港企出让，目前已累计出让土地 15 宗，面积接近前海出让土地的一半。同时，汇丰前海证券、东亚前海证券、港交所前海联合交易中心等一批标志性港企先后落户前海，周大福中国总部、深港跨境电商服务平台、前海深港基金小镇、前海深港设计创意产业园等一批重大项目先后开工建设。

截至 2018 年 4 月底，前海累计注册港企 8031 家，注册资本 8937.26 亿元，意味着平均每天约有 7 家港企落户。2017 年，注册港资企业实现增加值占片区的 23.9%，纳税占 26.63%，完成固定资产投资占 37.4%，实际利用港资占 97%，港企作为前海经济支柱的作用日益显现。汇聚汇丰集团、东亚银行、港交所、嘉里集团、周大福、新世界等一大批知名港企，港企作为片区经济支柱的作用日益显现。

随着粤港澳大湾区城市群发展规划即将出台，下一步前海将推进深港更紧密合作，打造“升级版”深港现代服务业合作区。其中，一是制定出台《全面深化前海深港现代服务业合作区改革开放方案》，进一步提升前海战略能级，加快建设粤港澳大湾区合作示范区、社会主义法治示范区、开放型经济风险压力测试区，打造“一带一路”功能枢纽。二是加快推进深港合作重大政策突破，包括推出深化深港金融创新政策，出台《前海深港合作专项行动计划（2018—2020）》。三是大力支持港澳青年创新创业，出台《支持香港青年在前海发展的若干政策措施》，探索与香港合作建设粤港青年创业区，设立深港科创基金，将深港文创小镇、基金小镇打造成为香港优质产业集聚的新空间。

（三）对标国际，法治特区中的特区

出台中国自贸区首份法治建设规划纲要、建立中国自贸区首份法治指数、成立第一个借鉴香港廉政监督模式的廉政监督机构、第一家按法定机构模式治理的仲裁院、第一个港澳台和外国法律查明基地、第一家粤港澳合伙型联营律师事务所……

作为国家唯一批复的中国特色社会主义法治建设示范区，前海在法治建设上不断推出创新之举，其中最为显著的特征就是“对标国际”，借鉴法治文明发达国家和地区先进经验，充分运用大陆法系和英美法系先进制度成果，构建对接香港、接轨国际的法治体系和社会治理理念。

区域治理法治化是前海法治建设的一项重要内容，前海正在努力走出一条有前海特色的区域治理法治化道路，为建设共建共治共享的社会治理体系提供前海实践。在法治建设进程中，前海一直注重吸收借鉴香港法治建设经验。

比如，前海法治建设咨询委员会引入香港高端智囊，有2/3的委员为香港各领域顶级专家；在探索涉外、涉港澳台案件审判新机制中，前海法院选任13名专家型港籍陪审员、聘任港籍调解员参与涉港案件的调解，制定实施全国首个《关于审理民商事案件正确认定涉港因素的裁判指引》《域外法律查明办法》和《适用域外法裁判指引》，完善法律查明与适用机制，逐步形成了专业化审判、便利诉讼、多元化解、外国法查明、风险预警等符合自贸区特点的审判机制。

深圳国际仲裁院对接国际通行的仲裁规则，制定《联合国国际贸易委员会仲裁规则的程序指引》，打造粤港澳合作共建的商事仲裁合作平台，吸引更多港澳专业人士以理事、仲裁员、调解员、专家证人、代理人等多种角色参与，使得仲裁员覆盖50个国家和地区，境外仲裁员占40.6%，仲裁员结构国际化程度全国最高。

粤港澳联营律师事务则拓展香港法律服务业在内地发展的空间，吸引大批香港法律专业人士在前海执业，港企不出片区即可享受到香港本土律师服务。截至目前，前海法院有35件案件当事人在合同中选择适用香港法，适用香港法调解成功案件4件。适用香港法或域外法进行审理，增加了外国与港澳台地区商事主体在前海投资创业的法治信心。

中国社会科学院发布的“前海法治指数评估报告（2017）”首次对前海法治示范区法治建设情况进行系统评估。结果显示，近年来前海法治示范区的法治建设情况总体良好。重视法治保障是前海有别于国内其他功能开发区和自贸区的突出特点，也是前海的核心竞争优势和主要驱动力。评估发现，前海在简政放权、信用体系建设、司法改革、国际仲裁、法律查明、司法鉴定等方面走在全国前列。其中，在规则制定和建设上领先于其他自贸片区，特别是前海管理局单独或者联合其他部门制定的规则或指引，约占全部规则及立法总量的70%，而该项指标在其他自贸区不足30%。

此外，自贸区涉及的案件很多具有外资背景，且在法律政策适用上有别于一般的区域，而前海的司法保障明显比较充分。截至2017年底，全国11个自贸区、37个片区大部分是以成立自贸区法庭、自贸区检察室为主，前海蛇口自贸片区则组建了专业的自贸区法院、检察院，名列37个自贸片区前列。

（四）金融业对外开放试验示范窗口

前海作为我国新一轮改革开放的窗口，从其成为深港现代服务业合作区以来，加快金融业发展就被置于产业发展的首要位置。《深港现代服务业合作区总体发展规划》提出，在国家金融监管机构指导下，根据国家金融业对外开放的总体部署，按照开放合作原则，在CEPA框架下，广东省先行先试范围内，研究探讨深入推进深港金融合作，研究适当降低香港金融机构和金融业务准入门槛，支持金融改革创新项目在前海先行先试。营造良好的金融生态环境，吸引各类金融机构在前海集聚发展，增强金融辐射服务能力，努力将前海建设成国家对外开放的试验示范窗口。这意味着，金融创新是前海先行先试的关键。

目前，人民币已成为全球第四大支付货币和第二大贸易融资货币，“十三五”规划建设提出要加快金融体制改革，提高金融服务实体经济效益，金融改革已进入深水区。从国外经验看，金融开放有利于发展市场经济。但如同硬币的两面，金融开放也伴随着一些风险，所以，前海的金融创新试验事关重大。

自2012年以来，前海一直在推动以跨境人民币业务为重点的金融领域创新合作。2012年12月，跨境人民币贷款政策在前海开闸，2013年1月，前海跨境人民币贷款管理暂行办法实施细则正式发布。而时至今日，这一政策已在上海、天津等地复制推广。

2013年1月前，前海首批跨境人民币贷款由15家香港银行向前海15家企业，发放20亿元人民币贷款。2014年是前海金融创新的突破年，这一年，前海向“一行三会”争取到金融政策29条，涉及跨境人民币、证券保险等多个领域。

这29条政策主要包括：人民银行同意前海企业的境外母公司或者控股子公司回到境内发债，并以人民币形式调出境外使用；国家外管局同意QDLP（允许符合条件的境内投资者投资境外市场）试点，前期给予10亿美元的购汇额度；中国银监会支持符合条件的金融租赁公司，在前海设立专业子公司，支持具有离岸业务资格的中资银行在前海开展离岸业务；中国证监会支持在前海设立自保公司、相互制保险公司等新型保险组织以及航运保险、责任保险、健康保险、养老保险等专业保险机构；研究在CEPA框架下，适当降低金融保险公司在前海设立机构和开展业务的准入要求，积极支持符合条件的香港保险经纪公司，在前海设立保险代理业务。

截至2014年底，前海已争取到40条金融创新措施落地。为促进前海融投资便利化，2015年3月9日，国家外汇管理局深圳市分局正式发布《前海外债宏观审慎管理试点实施细则》，前海深港现代服务业合作区被列为首批外债宏观审慎管理试点地区。

随着跨境人民币贷款、借入外债结汇、前海外商股权投资企业试点等政策陆续先行先试，超过 15000 家金融企业集聚前海，除银行、证券保险等传统金融业态外，还包括大量的 PE、融资租赁、商业保理、互联网金融、小额贷款等新型金融。

正是基于前海在金融领域创新上所取得的成果，在广东金融总体方案中，前海蛇口片区被赋予建设我国金融业对外开放试验示范窗口的重任。随着前海蛇口自贸区片区的挂牌，这块先行先试、对外开放的新试验田中，金融改革创新的进程正在一步步走向新的征程。

四 葡语系经贸合作大平台：横琴

广东自贸区横琴片区位于广东省珠海市南部，毗邻澳门，其与澳门最近的距离仅有 187 米，距香港 34 海里。独特的区位优势为横琴的发展带来了重大机遇。2009 年 8 月 14 日，国务院正式批复《横琴总体发展规划》，横琴成为探索粤港澳紧密合作新模式的新载体。2009 年 12 月 16 日，继天津滨海新区和上海浦东新区之后，中国第三个国家级新区在横琴挂牌成立。2015 年 3 月 24 日，中共中央政治局审议通过广东自由贸易试验区总体方案，横琴被纳入广东自贸区范围。

由于地理位置的独特优势，横琴被赋予打造粤港澳深度合作的示范区的使命，使得横琴片区在广东自贸区中主打“葡语系”国家牌。根据《广东总体方案》，横琴新区片区将依托粤澳深度合作，重点发展旅游休闲健康、文化科教和高新技术等产业，建设成为文化教育开放先导区和国际商务服务休闲旅游基地，发挥促进澳门经济适度多元发展新载体、新高地的作用。

中国（广东）自由贸易试验区珠海横琴新区片区挂牌 3 年来，始终坚持“面向世界、优先港澳”原则，以敢为人先的勇气和担当，大胆试、大胆闯、大胆改。截至 2018 年，实际落地 284 项改革措施，加快营造国际化、市场化、法治化、便利化营商环境，在重点领域和关键环节不断实现新突破：率先创新跨境纳税服务；率先发布全国首部临时仲裁规则；率先发布全国首份失信商事主体联合惩戒清单；率先推出城市智慧化管理模式；率先创新自贸区供用电规则；率先立法认可人力资本出资入股；率先搭建全国首个金融创新知识产权运营交易国家平台；率先推动港澳投资建设领域专业人士准入执业落地……

（一）不忘初心，对澳合作谱新篇

广东自贸区横琴新区片区具有鲜明的横琴特色和珠澳元素，并实施货物贸易便利化等系列制度创新，必将对促进粤澳深度合作、促进澳门经济适度多元化带来深远影响。2015 年珠海实施横琴支持澳门经济适度多元发展的“十一条”措施和对港澳服务业扩大开放的措施，1097 家港澳投资企业落户横琴，2015 年新登记注册澳资企业 794 家，是过去五年的近 10 倍。

“葡语系”国家牌的横琴新区片区，从一开始就将创新与澳门合作的体制机制放在首位。为促进产业联动、规划衔接和政策互动，横琴成立了由全国政协副主席何厚铧担任主任，港澳与内地人士共同组成的横琴发展咨询委员会，形成决委会、管委会、咨委会三位一体的运作机制。成立了澳门事务局，专责对澳门合作协调；成立了由商务部研究院、澳门大学、中山大学、上海财经大学等组成的创新研究院，谋划推动合作创新。

2015 年 4 月，由珠海市市长和澳门特区政府经济财政司长担任召集人，建立了横琴自贸区珠澳合作机制，下设法律合作、投资贸易、口岸通关、金融创新等若干工作组，协调解决横琴自贸区建设及珠澳合作有关问题，争取国家政策支持。

2015 年 6 月 29 日，横琴·澳门青年创业谷正式投入运营，这意味着“大众创业，万众创新”的热潮将在横琴自贸区蓬勃兴起。建设横琴·澳门青年创业谷是促进粤港澳深度融合，推动澳门经济多元发展的重要举措。通过建立“创业载体 + 创业辅导 + 创投资金”的立体孵化模式，横琴·澳门青年创业谷将为企业打造一条“苗圃孵化器加速器”可持续发展的成长线路图，为澳门和内地青年提供一个追求梦想、交流合作、融合发展的创业平台。挂牌运作以来，澳门青年创业谷已累计孵化 250 个项目，其中港澳创业项目占六成；16 家企业获得风险投资资金，融资额突破4.04亿元。

拱北海关将根据中国（广东）自由贸易试验区总体方案的要求，结合横琴新区片区特点，从创新海关监管制度、加强粤港澳深度合作、支持新型贸易业态发展、促进通关便利化等多方面全力支持广东自贸区横琴新区片区发展和建设。

（二）对港合作，“大桥经济区”呼之欲出

2017年12月26日，横琴新区、保税区、洪湾片区一体化区域重点项目启动，除横琴外，马骝洲水道以北的新拓展区面积达25.97平方公里。2018年初，港珠澳大桥主体工程具备通车条件，横琴将是内地唯一同时与港澳桥陆相连的自贸试验区。这将彻底打开横琴与港澳深度合作的想象空间，也将彻底改变区域合作大格局。

2017年8月，珠海市政府在香港举办了“珠海投资环境暨首届中拉国际博览会”。推介会上，包括英国威雅公学、香港电讯盈科等有关教育、金融、科技、新能源等领域的八个项目进行了现场签约，确定将落户珠海横琴。这也意味着珠海复产重建工作注入了强大新生力量。

高新技术合作是此次珠港合作的一大亮点。据了解，香港电信盈科计划在横琴设立中国区总部，并打造ICT技术发展中心。由香港浸会大学资助孵化、曾在日内瓦国际发明展上获得金奖的国泰光电有限公司项目，也计划在横琴设立科技公司。

专注于全球大型能源基础设施投资的宝星资本，将在横琴设立宝星能源基础设施基金中国总部，首期基金1号规模为100亿元，拟全部投资于中国境内优质的石油和天然气等能源基础设施项目。香港特区政府发展局与横琴自贸试验区签署了合作意向，在横琴引入香港工程建设模式，抓紧推进港澳建设领域专业人才在横琴执业。

值得注意的是，8个项目中有两个涉及教育领域。其中，英国威雅公学在中国设立的第一家外籍人员子女国际学校，计划落户横琴。这所横琴威雅公学计划涵盖幼儿园至高中阶段的全日制教育，占地12.42万平方米，总投资不低于8亿元人民币，严格按照英国威雅公学的标准进行设计、建设及运营管理，平均每班15—24人，招生总数为1065人。

与高校合作一直是横琴的重点。横琴自贸试验片区管委会在推介会上与香港浸会大学签订了合作协议，香港浸会大学将逐步把学校创新科技项目，包括物理学、中医药等领域项目转移至横琴新区，设立创新创业中心，鼓励师生将优质创新项目落户横琴。

珠海正在谋划“港珠澳大桥经济区”，即将启动规划建设80万平方米的“珠港澳物流合作园”，旨在为香港物流产业“西拓”、打开珠三角西翼乃至大西南地区提供广阔腹地。大桥经济区将重点发展国际贸易、仓储物流、跨境电商、展示交易、采购结算、信息服务、会议会展、商贸旅游等重点商业形态。即将开通的港珠澳大桥，将充分带动周边的人流、物流、资金流、信息流，产生强烈的聚集效应。

“大桥经济区”呼之欲出，也吸引着不少港资企业“抢滩登陆”。香港丽新集团横琴“创新方”项目就是其中一家。“创新方”去年年底在横琴启动，集旅游、娱乐、文化创意和教育于一体，首期占地面积约13万平方米，计划总投资约50亿元。这并非孤例，截至目前，在横琴注册成立的港资企业已有1084家。

（三）对外合作，“全面开放格局”图景初现

在夯实与港澳合作基础的同时，横琴亦未停下“面向世界”的步伐。美国、德国、法国、西班牙、墨西哥……在世界各地，都有横琴设立的经贸代表处和联络点。

在中拉合作上，横琴大步向前。2017年11月，“中国—拉美国际博览会”在十字门举办，签约项目73个，签约总金额32.5亿元；同期，总投资25亿元、总建筑面积24.4万平方米的中拉经贸合作园在横琴正式开园。这是珠海建市以来接待外宾数量最多、外宾来源国家和地区最广的经贸活动之一，更是落实“一带一路”倡议、加快形成全面开放新格局的成功实践。

此外，横琴还设立巴西、葡萄牙、安哥拉、莫桑比克等葡语国家特色商品直销中心，已汇聚3000多种原装进口商品，将逐步拓展成为

拉美国家商品展示展销平台和集散中心。

在“一带一路”沿线国家合作上，横琴成效显著。珠海横琴跨境说网络科技有限公司已与佛得角达成合作意向，预计签约额超过5000万美金。跨境说将为佛得角方面建立云计算中心，打造电商平台。粤澳合作中医药科技产业园积极与莫桑比克卫生部等葡语系国家医药卫生机构建立合作关系，成功将澳门企业张权破痛油中药厂使用了约30年、具有良好临床基础的张权破痛油在莫桑比克注册。横琴成立了“一带一路”商标注册申请服务中心，率先完善跨境商标注册、保护和服务机制。

这些都是横琴深入实施“走出去”，形成全面开放新格局而绘就的靓丽图景。3年来，横琴始终坚持把对外开放作为横琴之翼，积极融入国家“一带一路”战略，深化对外开放，构建适应发展的开放型经济新体系。至2017年底，横琴境外投资备案企业超80家，投资总额超36亿美元，新设外资企业733家，合同外资超过91.8亿美元。

第四节　开放再起航：铺展在“一带一路”上的宏图

国家主席习近平在2013年9月与10月提出建设“丝绸之路经济带”与“21世纪海上丝绸之路”的重大构想，为我国与周边国家的深入合作创造良好的契机。2015年3月，中国政府发布了《推动共建丝绸之路经济带和21世纪海上丝绸之路的愿景与行动》，勾勒了合作的空间，明确了合作的重点。成为“一带一路”建设的行动指南。

“一带一路”的“一带”是从中国贯穿中亚与俄罗斯直达欧洲，而“一路”是穿过马六甲海峡到印度、中东和东非。《愿景与行动》指出沿线各国要本着互利的原则着力打造“利益共同体”，并本着不断发展繁荣的目标组建长期的“命运共同体”。在海上丝绸之路的规划中，广东虽然未列入规划的核心区域，但广东依然是经济总量最大、开放程度最高、对外贸易总量和对外投资规模居首的省份，更是中国大陆与海上丝绸之路沿线国家经贸合作量最大的省份。随着“一带一路”建设的推进，广东与沿线国家的经贸、文化等各方面的往来会不断加强，将会迎来全新的开放空间的机遇。

一　静水流深：广东参与“一带一路”建设的独特优势

公元前111年，汉武帝开辟通往东南亚的海上航线，海上丝绸之路初具雏形，而广东湛江、徐闻成为重要始发港。东晋时期，广州取代徐闻成为海上丝绸之路的主要通道，广州一跃成为位居世界第一的东方大港。明清时期，尤其是清代后期，“一口通商”的政策更是赋予了广州港在海上丝绸之路独一无二的地位，成为中国通过海洋联结世界的唯一窗口。

广东的特殊地理方位为其参与“一带一路”建设提供了得天独厚的优势。广东三面临海，拥有全国最长的海岸线，与东南亚国家隔海相望。广东拥有5个亿吨大港，是连接广东与海上丝绸之路沿岸国家的海上门户。2014年深圳港集装箱吞吐量达到2400多万标箱，居全球第三位，广州港2016年的货物吞吐量超过5亿吨，是全球第六大港，湛江港也是中国大陆东部沿海距离海上丝绸之路沿线国家航线最短的区域性枢纽港，所以粤港澳的港口群已经成为全球吞吐能力最大、水深能力最好的世界级港口群。同时还有以白云机场、深圳机场为代表的空港群，其中广州白云机场通往沿线国家的航线有100多条。从海洋经济来看，广东2016年海洋经济总量是13500亿元，在国内各省市排在首位。

改革开放以来，广东对东盟、南亚、南太平洋等海上丝绸之路沿线国家和地区贸易实现跨越式发展，并逐步发展成为国内与东盟、南亚、南太国家经贸合作最大的省份之一。产业上，广东是领先全国的经济大省。已形成了以电子信息、电器机械、汽车、石化、轻纺等为主体，各具特色、优势明显的产业发展格局。而沿线各国尤其是东南亚国家经济发展程度不一，产业跨度很大，与广东具有很强的互补性，为广东产业转型升级提供了广阔的市场和空间。2014 年，广东与沿线国家的进出口总额达到 1309.9 亿美元，占中国大陆与沿线国家进出口总值的 22.4%。2014 年，来自沿线国家的实际利用外资金额达 13.8 亿美元，而广东在沿线国家累计投资额达 17.2 亿美元。

在社会人文联结上，广东现有 3000 多万海外侨胞，其中在东南亚的广东籍华侨华人占广东海外华侨华人总数的 60% 以上。改革开放以来，海外侨胞、港澳同胞累计在广东直接投资 1200 多亿美元，创办企业近 4 万家，已经成为中国与华侨所在国经贸合作和文明对话的桥梁，成为提升中国软实力的重要途径。截至目前，已经有 51 个国家在广州设立了总领事馆，广东已经与沿线国家设立 21 对友好省州或城市。大量广东籍华侨华人生活在东南亚各国，他们讲粤语、吃粤菜、唱粤剧，文化上的共通性和认同感，使岭南文化在沿线各国得到很好的传播。在海外不少国家华人圈里，粤语至今仍是一门最为通用的语言。

另外，广东还拥有极为优越的制度禀赋。当前，广东拥有国家级新区、自由贸易试验区等最为优厚的政策配置。广东与香港基本实现了服务贸易自由化，汕头华侨经济文化合作试验区成立，湛江成为"一带一路"战略支点市。随着粤东粤西振兴发展战略的实施，广东腹地的经济基础得以夯实，与沿海地区互联互通得以加强，全省整体融入"一带一路"战略条件已然成熟。

二　积极响应铸就先发优势

借由广东在海上丝绸之路的历史渊源、地理和人文血脉上的联结，以及与海上丝绸之路沿线国家良好的经贸关系，广东省委、省政府将参与"一带一路"建设作为提高广东对外开放水平，增创开放新优势的重要举措，要求省发展改革委牵头制定有关规划。广东 2015 年 3 月草拟《广东省参与建设"一带一路"的实施方案》上报国家"一带一路"建设工作领导小组办公室，并获得批复。5 月 22 日，省委常委会审议并通过《实施方案》。广东成为全国首个上报实施方案、完成与国家"一带一路"战略规划衔接并印发实施方案的省份。对广东在参与建设“一带一路”中的定位，《实施方案》明确，将广东打造成为“一带一路”的战略枢纽、经贸合作中心和重要引擎。

《实施方案》充分考虑了广东自身的区位优势和经济优势，与其他省份相比突出三大“广东特色”：首先是筹划建设世界级港口群。广东将优化沿海的港口布局，以广州港、深圳港为龙头，包括珠海港、湛江港、汕头港、潮州港，联合香港，构建互利共赢的格局，将这几个港口建设成为海上丝绸之路的重要支点。广东还将推进滨海旅游，以广州、深圳、珠海为核心，汕头、湛江为支撑，来发展滨海旅游的黄金海岸带，培育邮轮旅游。其次是突出与港澳合作。重点是建设粤港澳大湾区。打造世界一流粤港澳大湾区，建设国际金融贸易中心、科技创新中心、交通航运中心、文化交流中心，建设粤港澳大湾区物流枢纽；最后是突出经贸合作。利用广交会、高交会等平台，扩大沿线国家的贸易往来，在境外搞一些产业园区，推进农业制造业和服务领域的投资合作。

《实施方案》提出了九个方面的合作设想，即九项重点任务。在促进重要基础设施互联互通方面，《实施方案》提出，打造国际航运枢纽和国际航空门户，面向沿线国家，构筑联通内外、便捷高效的海陆空综合运输大通道。打造世界一流粤港澳大湾区，建设国际金融贸易中心、科技创新中心、交通航运中心、文化交流中心，建设粤港澳大湾区物流枢纽。打造“空中丝绸之路”，增加广州、深圳至东南亚国家的国际航线和航班，开通与沿线国家主要城市的航班。建设东莞石龙、广州大田国际铁路货运物流中心，畅通与沿线国家的陆路大通道。

在提升对外贸易合作水平方面，赴沿线国家设立建材、酒店用品等广东特色商品展销中心。在沿线国家筹建经贸代表处，设立商会，开展经贸洽谈会。

在加快产业投资步伐方面，支持企业赴沿线国家开展矿产资源合作开发，实施剑麻、橡胶种植及加工，推动现代农业示范项目建设，筹建五金模具产业园区、专业市场以及饲料基地等，在先进制造业、现代服务业和跨国经营方面开展深度合作。

在推进海洋领域合作方面，《实施方案》提出，积极推进与沿线国家在海洋防灾减灾、生态保护、海洋渔业等方面的合作，开展渔业技术交流与培训，建立海洋污染防治协作机制。

在推动能源合作发展方面，广东将利用自身的资金和技术优势，推动电力、炼油及太阳能光伏发电项目建设，与沿线国家开展能源贸易、资源开发、节能环保合作，共同应对气候变化。

在拓展金融业务合作方面，鼓励有条件的省内金融法人机构“走出去”到沿线国家投资发展，吸引沿线国家金融机构来粤设立机构，支持双方金融机构建立沟通协调机制，开展业务合作。设立广东丝路基金，支持“一带一路”项目建设。

在促进旅游合作方面，《实施方案》提出促进更多的广东旅客到沿线国家旅游观光，支持广东企业到沿线国家开展旅游投资合作，建设旅游酒店、旅游景区及旅游基础设施。在广州、深圳建设国际邮轮母港，在珠海、汕头、湛江等地启动邮轮旅游开发。力争到2020年，广东接待沿线国家游客和广东赴沿线国家游客人数比2014年翻一番。

在密切人文交流合作、健全外事交流机制方面，《实施方案》也提出了多项具体措施。

为切实推进方案实施，根据国家的要求，广东也制定了《广东省参与“一带一路”建设重点工作方案（2015—2017年）》，一共40项工作。同时广东梳理形成了《广东省参与“一带一路”建设实施方案优先推进项目清单》，一共有68个项目，总投资达550多亿美元，涵盖了基础设施建设、能源资源、农业、渔业、制造业、服务业6个领域。

三　三年回望，宏图漫卷

2018年，在中国对外开放这个历史性的节点上，广东参与“一带一路”建设迎来了第三个年头。过去的三年，广东在《实施方案》的指引下，以“建设成为21世纪海上丝绸之路的重要枢纽”稳步推进各项工作。

2016年10月28日上午，由推进“一带一路”建设工作领导小组办公室指导，国家信息中心“一带一路”大数据中心编撰完成、商务印书馆出版发行的《“一带一路”大数据报告（2016）》新书在京发布。该报告研发的“省区市参与度指数”围绕“基础—行动—效果”三个层面来构建系统评价模型及其方法体系，对全国31个省（自治区、直辖市）参与“一带一路”建设情况及实施效果进行综合测评。结果显示2016年广东省在“一带一路”参与度上居各省区市之首。

在对外贸易方面，2016年广东与“一带一路”沿线国家贸易总额1995.6亿美元，占全国比重达到20.9%；对“一带一路”沿线国家累计进出口1.3万亿元，同比增长6.5%，占全省进出口的20.7%，同比增长1.5个百分点。2017年1月至6月，广东与“一带一路”沿线国家进出口贸易额1067亿美元，增长25%。

在对外投资方面，广东对外经济联系紧密，地缘人缘条件优越，具备深度参与“一带一路”建设的独特优势。广东省商务厅数据显示，截至2016年底，广东企业在100多个国家和地区设立非金融类企业8957家，中方协议投资额905.0亿美元。其中，在“一带一路”沿线国家协议设立884家企业，协议投资146.6亿美元，占全省比重为16.2%；实际投资42.06亿美元，占全省比重为3.36%。

在国际合作方面，广东在国际工程承包及劳务合作、国际技术合作、国际农业合作方面取得一定成绩。2016年广东省对外承包工程完成营业额181.64亿美元。广东企业在“一带一路”沿线国家和地区积极开展国际工程承包和劳务合作，一方面通过输出劳务减轻了国内就业压力，另一方面带动了相关设备和材料的出口，具有强劲的发展潜力和广阔的前景。同时，广东高度重视与“一带一路”沿线国家和地区开展紧密科技合作，构建与国际高标准技术规则接轨的国际技术合作机制体制，着力打造国际水平的技术合作高地，加大先进技术、优质管理和高端人才引进力度，加速高端生产要素和资源聚集，培育有全球竞争力的国际技术合作中心。

在国际人文交流方面，广东注重国际文化交流和国际教育合作。广东丰富的区域文化特色和地域文化风情是参与“一带一路”建设的宝贵财富，有助于不同国家和地区进行友好的文化交流和合作。广东积极推进国家级对外文化贸易基地（深圳）建设，精心打造广东对外文化品牌，积极推动文化产品和服务出口交易平台建设，支持文化企业参与国内外重要国际性展会，拓展国内外市场信息与交易的渠道；广东面向世界，服务“一带一路”建设，积极做好教育对外开放工作，拓展教育资源，培育形成新的比较优势，提升国际竞争力和区域辐射力。加强教育国际交流与合作，深化粤港澳台教育合作交流，加快培养国际化人才。加快推进区域协同联动发展，坚持“走进来”和“走出去”相结合，丰富教育开放内涵。

第五节　南海春再临：粤港澳大湾区

广东是大陆毗邻港澳最近的省份，在改革开放四十年的风雨历程中，加强与港澳地区的合作是一个永恒的主题。在广东对外开放 4.0 时代，无论是广东自由贸易试验区，还是“一带一路”，无不把粤港澳合作作为重中之重。当时间来到 21 世纪中叶，当“大湾区”经济成为全球瞩目的热点概念时，粤港澳大湾区作为三地合作的新版本以全新的姿态跃然登场。

“湾区经济”是以海港为依托、以湾区自然地理条件为基础，发展形成的一种区域经济形态。该经济形态具有开放的经济结构、高度整合的资源、高效的资源配置能力、强大的集聚外溢效应和发达的国际交往网络等典型特征。根据世界银行统计，全球 60% 的经济总量集中在港口海湾地带及其腹地，世界上 75% 的大城市、70% 的工业资本和人口集中在距海岸线 100 公里的海岸经济带。许多地区凭借各种有利的海湾资源条件，打造出很多著名的湾区。如美国的纽约湾区和旧金山湾区、日本的东京湾区等，具有经济集聚功能强大、服务业高度发达、全球重要金融中心、创新能力领先、交通枢纽位置凸显的显著特征。东京湾区以33%的人口比重和2.6%的土地创造了占日本2/3的经济总量和3/4的工业产值，成为日本最大的工业城市群和国际金融中心、交通中心、商贸中心和消费中心。纽约湾区以10%的人口比重和0.3%的土地创造了占美国1/3的制造业产值，拥有世界500强企业超过60家。可见，湾区经济以大体量、高密度和高产出的特征成为带动区域经济发展的新引擎。

在我国，粤港澳大湾区最为成熟，具备建成世界一流湾区的基础条件。粤港澳大湾区由珠三角9个城市、香港和澳门组成，地处在"广佛肇"、"深莞惠"和"珠中江"三大经济圈以及香港、澳门两大对外窗口城市的深度融合区域。并且与海上丝绸之路沿海国家、沿线国家海上往来密切，地理和生态环境优势明显。2016年粤港澳大湾区城市群的GDP总量已经达到1.36万亿美元，超过了美国旧金山湾区，未来发展势头强劲，有望成为超过东京湾区的亚洲经济总量最大的湾区城市群。粤港澳大湾区占全国土地面积的比重不足1%，人口数量不足全国总人口的5%，却创造了全国国内生产总值的13%，是全国经济举足轻重的重要增长极。

一　粤港澳大湾区的前世今生

在"湾区经济"尚未成为全球热词之前，该区域的经济合作就已经进行了几十年，从学术讨论到地方政策的考虑，再到国家战略的提出，粤港澳大湾区有一条长长的来时路。

20世纪80年代，香港科技大学创校校长吴家玮提出的"香港湾区"被认为是国内最早的湾区建设设想。1994年，吴家玮进一步提出"对标旧金山、建设深港湾区"，第一次把该湾区的地理疆界拓展到内地的深圳。

21世纪初，广州在开发建设南沙港的过程中提出"依托南沙港，对标东京湾区"，两个地处湾区两端的城市在"湾区"的概念上有了若隐若现的心灵感应。

2003年，澳门大学黄枝连教授提出以"第三制"探索建立纳入珠海的港澳发展圈的开发问题，并提出建立类似美国旧金山湾这样的“伶仃洋湾区”及“华南湾区”。2008 年，又提出“伶仃洋—粤港澳发展湾区”，强调了湾区的港口、腹地、国际贸易功能、国际城市特色，以及在多元文化、包容性、制度建设方面的特点。

在官方文件中，正式出现“湾区”概念是 2005 年发布的《珠江三角洲城镇群协调发展规划（2004—2020）》。该规划将环珠江口地区作为区域核心，实施经济发展与环境保护并重的策略，努力建成珠江三角洲重要的新兴产业基地、专业化服务中心和环境优美的新型社区。

2008 年，随着《珠江三角洲改革发展规划纲要（2008—2020）》的发布，粤港澳地区合作发展的国家政策开始出台。《纲要》将珠三角 9 市与港澳的紧密合作纳入规划，目标是到 2020 年形成粤港澳三地分工合作、优势互补、全球最具核心竞争力的大都市圈之一。

2009 年，《环珠江口湾区宜居区域建设重点行动计划》明确“宜居湾区”是建设大珠三角宜居区域的核心和突破口，并将“湾区”作为粤港澳合作重点区域。

2014 年，深圳市《政府工作报告》提出重点打造湾区产业集群，构建“湾区经济”，这是地方政府报告中首次提出“发展湾区经济”。

2015 年《推动共建丝绸之路经济带和 21 世纪海上丝绸之路的愿景与行动》提出，充分发挥深圳前海、广州南沙、珠海横琴、福建平潭等开放合作区作用，深化与港澳台合作，打造粤港澳大湾区。这是“粤港澳大湾区”第一次被明确提出。

2016 年国家“十三五”规划纲要提出“支持港澳在泛珠三角区域合作中发挥重要作用，推动粤港澳大湾区和跨省区重大合作平台建设”。该纲要可以视作“深化‘粤港澳大湾区’平台建设”的纲领性文件。

2016 年，广东省政府在工作报告中提出，开展珠三角城市升级行动，联手港澳打造粤港澳大湾区。

2016 年 3 月《关于深化泛珠三角区域合作的指导意见》辟出专门章节陈述“打造粤港澳大湾区”，提出“构建以粤港澳大湾区为龙头，以珠江—西江经济带为腹地，带动中南、西南地区发展，辐射东南亚、南亚的重要经济支撑带”。

2016年11月，广东省“十三五”规划纲要提出建设世界级城市群、推进粤港澳跨境基础设施对接，加强粤港澳科技创新合作，地方开始谋划“粤港澳大湾区”建设。

2017年全国“两会”《政府工作报告》研究制定粤港澳大湾区城市群发展规划，标志着“粤港澳大湾区”被纳入顶层设计。

2017年10月，广东省人民政府颁布《广东省沿海经济带综合发展规划（2017—2030年）》，在第十一章第三节专门提出“建设粤港澳大湾区”，提出把沿海经济带作为粤港澳大湾区的重要拓展区域。深化粤港澳合作，推进粤港澳大湾区建设，形成充满活力的世界级经济区、具有全球影响力的国际科技创新中心、重要的国际开放枢纽门户、内地与港澳深度合作示范区和宜居宜业宜游的优质生活圈，打造富有活力和国际竞争力的一流湾区和世界级城市群。

2018年，李克强总理在《政府工作报告》中再次提出，出台实施粤港澳大湾区发展规划，全面推进内地同香港、澳门互利合作。相较于2017年，2018年《政府工作报告》的表述有两个变化：一是“粤港澳大湾区城市群发展规划”变为“粤港澳大湾区发展规划”，“城市群”被隐去，“研究编制”变为“出台实施”；二是首次放在区域战略部分表述，与“京津冀区域一体化”和“长江经济带”并列。

至此，经过长期的酝酿和论证，此时的粤港澳区域发展已经上升为国家战略，媲美世界三大湾区纽约湾区、旧金山湾区以及东京湾区的第四大湾区——粤港澳大湾区作为中国经济新引擎令世界瞩目。

二 对标世界湾区，粤港澳大湾区优势明显

如前所述，世界顶级城市群大多分布在湾区，全球沿海地区的经济总量和人口主要集中在湾区。从城市竞争的角度，全球城市竞争力最强的一定是大城市群，大城市群的竞争力看湾区。尤其是各国

沿海湾区，如美国旧金山湾区，由 103 个城市形成一个城市群，各个城市间是平等的，依托各城市自身优势，使整个湾区城市群成为科技经济的创新中心。

世界级城市群都有共同特点，即高聚集度，对内联系紧密，对外高度开放。在中国，粤港澳大湾区最为成熟，具备建成世界一流湾区的潜质。我国大陆海岸线中符合上述特征的是“两江一海”，即环渤海经济圈、长江三角洲城市群和粤港澳大湾区。粤港澳大湾区，是由一个海湾或相连的若干个海湾、港湾、邻近岛屿共同组成的区域，相比较而言，更具竞争力。

2016 年，粤港澳大湾区经济总量近 1.4 万亿美元。2015 年、2016 年两年，广东的经济总量直逼西班牙，在全球约居第 15 位，在中国各省区市中经济总量持续排名第 1 位。2015 年数据显示，从世界角度看广东各城市 GDP 发现：广州 GDP 追赶新加坡，深圳 GDP 赶超香港，佛山 GDP 直追欧洲名城阿姆斯特丹，东莞 GDP 超越“赌城”拉斯维加斯。经济总量方面，中山与日内瓦、江门与爱丁堡并驾齐驱，弯道超车的肇庆与“工业革命重镇”利物浦相当。

截至 2016 年底，广东省公路通车总里程 21.8 万公里，高速公路通车里程 7673 公里，位居全国第一；港口码头泊位 2811 个，其中万吨级及以上泊位 304 个；全省港口货物年通过能力达到 16.7 亿吨，位居全国第二，其中集装箱年通过能力达到 5948.1 万标箱，位居全国第一。

“十三五”期间，广东省港口将集群化。将整合优化粤港澳大湾区内铁路、公路、水路、民航等基础设施，形成粤港澳大湾区互联互通、辐射国内外的综合交通运输网，成为“21 世纪海上丝绸之路”国家门户。至 2030 年，珠江口东西两岸将建设 12 条公路和铁路跨江通道。加快高速出省通道和粤东西北地区连通珠江三角洲的高速公路建设。规划 33 条出省高速公路，其中通香港 4 条、通澳门 2 条。随着深中通道贯通、港珠澳大桥落成，深茂铁路和广佛江珠城际轨道通车，整个珠江三角洲将形成像旧金山湾大湾区一样的城市群，对周边城市区域的人流、物流、资金流辐射力大幅提升。

“广州—深圳—香港”是粤港澳大湾区世界级城市群的脊梁，而广佛同城、深莞惠一体化、深汕合作、港珠澳的联通，都是围绕这个湾区展开。广州是华南区域中心，拥有厚重的岭南文化；香港是世界金融中心之一，代表先进文明；深圳是中国金融科创中心，加之其民营、制造和高创能力突出，连接周边东莞、惠州、中山、江门湾区制造业等基地，将引领湾区起飞。

成 就 篇

第六章

广东货物贸易四十年

40年前，中国的改革开放事业正式拉开序幕。作为中国南大门的广东，以其地处沿海、毗邻港澳的优势，成为中国改革开放的试验田。40年来，作为我国改革开放的领头羊，广东抓住了历史的机遇，积极承接海外产业资本的转移，创造了一个又一个的经济奇迹，取得了举世瞩目的成绩。作为我国外贸进出口的排头兵，自1986年以来，广东货物贸易总值连续32年稳居全国各省（自治区、直辖市）之首，广东的经济发展已经全面融入世界经济的体系中。

庞大的加工规模和进出口规模，不仅为社会提供了大量的就业岗位，激发了千千万万劳动者“要致富，到广东”的理想，还为广东赢得了“世界加工中心”的美誉，为广东社会经济的全面发展奠定了宝贵的物质基础。40年来，外贸进出口对广东经济的影响日益突出，在国民经济增长中的作用越发重要。

40年来，广东外贸呈现明显的加速增长态势。广东年度进出口总值从1978年起至突破1000亿美元用了17年，其后从1000亿到2000亿美元用了7年，而从2000亿到3000亿美元则只用了短短的2年。1995年，广东外贸进出口总额首次突破1000亿美元关口，达到1039.72亿美元。2001年的“入世”使得我国对外开放的广度和深度都跃上了一个新的高度，这为广东对外贸易提供了更为广阔的舞台，广东外贸进出口不断迈上新台阶，实现了“月超百亿，年超千亿”的历史性突破。“入世”后广东对外贸易进入了加速发展的轨道，外贸进出口总额几乎每年都跨上一个新的千亿美元台阶：2002 年首度跃升至 2211 亿美元，突破 2000 亿美元关口；2013 年首度突破万亿美元大关，达到 10918 亿美元，也创造了改革开放以来广东省对外贸易总额的新纪录。

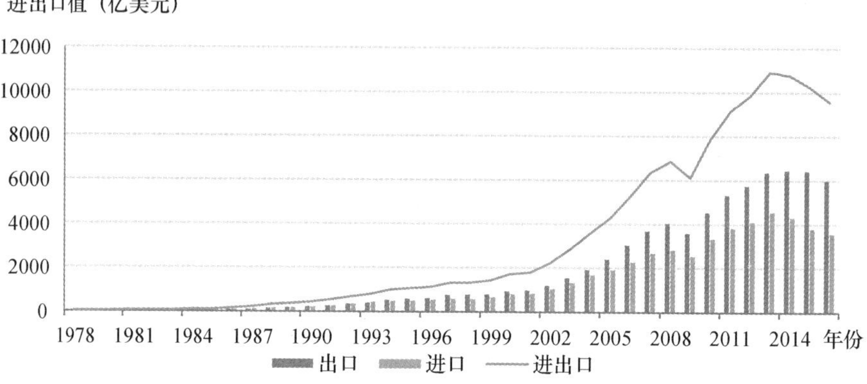

图 6—1　1978—2016 年广东进出口值统计图

加工贸易是推动广东经济贸易发展的主导力量之一，是广东充分利用国内国外两个市场，在全球范围内更加合理有效地获取和配置资源，推动经济贸易持续快速发展的一种有效模式。广东是全国加工贸易发展最早的地区之一，是我国加工贸易发展的一个缩影。1981 年，广东加工贸易进出口值为 16.9 亿美元，占当年外贸进出口值的 34.6%；1991 年，广东加工贸易进出口占当年进出口比重已超过 70%，1998 年这一比重达到历史峰值 75.5%。此后，随着广东多元化经济的快速发展，产业结构的转型升级，加工贸易比重有所回落，2013 年这一比重首次跌落至 50% 以下，2016 年进一步跌落至 38.8%。

改革开放使得广东外贸企业国际竞争力不断提高。40 年来，广东从事外贸进出口的企业不断增多，经营主体实现多元化，国有企业进出口份额下降，外商投资企业份额稳步提升，民营企业逐渐崛起，个体工商户从事进出口贸易从无到有。改革开放初期，国有企业在外贸交易中处于主导地位，其进出口值占全省外贸交易总额的 80% 以上。

随着市场经济体制的完善，国有企业的主导地位不断被削弱，至2016年，广东国有企业进出口值占全省外贸进出口值的比重降至7.2%。同时，外商投资企业和民营企业的外贸规模不断扩大。2006年，广东外商投资企业进出口3452.3亿美元，占全省外贸进出口值的比重为65.5%，比10年前高出10个百分点，创下了改革开放以来的最高纪录。1993年，包括集体企业和私营企业在内的民营企业进出口值为7.7亿美元，仅占全省外贸进出口值的1%。经过短短20多年的时间，2016年广东民营企业的进出口值已达到4148.7亿美元，占全省外贸进出口值的比重达43.4%，几乎与外商投资企业处于同等重要的地位。2004年我国新《对外贸易法》实施，个体工商户开始从事进出口交易，当年广东个体工商户进出口值仅为131.3万美元，2007年已经飙升至15.8亿美元，发展势头迅猛。

40年来，广东外贸市场朝着多元化的方向发展，广东与中国香港、美国、欧盟、东南亚等国家和地区的贸易合作日益紧密，在开拓新兴国际市场方面也取得了明显成效。香港由于特殊的地理位置和历史渊源，长期占据广东第一大贸易伙伴的位置，粤港经贸交流是广东对外贸易中最璀璨夺目的部分。2001年，中国香港、美国和日本分别是广东前三大贸易伙伴。“入世”后，欧美根据“入世”承诺相应降低了中国产品的准入门槛。2005年起，欧盟借助东扩的东风，一举超越日本，成为广东第三大贸易伙伴。广东对欧美市场出口强势的一个重要原因是由于跨国公司将原来在本国或者其他国家的生产环节移至广东，而中日之间“政冷经热”局面也逐步转向“政冷经冷”，使得日本在广东外贸中的地位不断下降。2010年中国—东盟自由贸易区的建立极大地促进了广东与东盟国家之间的经贸交流，当年广东对东盟的进出口额达806.3亿美元，同比增长27.4%。2013年，广东与东盟的贸易额首次破千亿美元，东盟取代欧盟成为广东第三大贸易伙伴。与此同时，广东与非洲、拉丁美洲等新兴市场的贸易规模也不断扩大，外贸市场正向着多元化的方向深入发展。

第一节　日益多样的贸易方式

改革开放前，广东的对外贸易方式以一般贸易为主，兼有少量易货贸易和边境贸易。1978 年我国改革开放的序幕拉开，广东成为全国两个最早实行对外开放的省份之一。伴随着我国对外经济贸易政策和体制的变革与发展，援助及捐赠物资、“三来一补”（来料加工、来样加工、来件装配和补偿贸易）、进料加工、外商投资设备、保税仓储转口贸易等具有鲜明时代特征的新型贸易方式，逐渐登上广东对外贸易的历史舞台。

改革开放初期，广东经济基础薄弱，用于发展的物资十分匮乏。国际组织、华人华侨以及港澳台同胞为支持新中国建设，积极筹集物资援助及捐赠，其进口在广东外贸进口值中的比重逐步扩大，为广东经济建设积累了最初的发展资金，在广东经济起飞过程中发挥了重要的基础性作用。

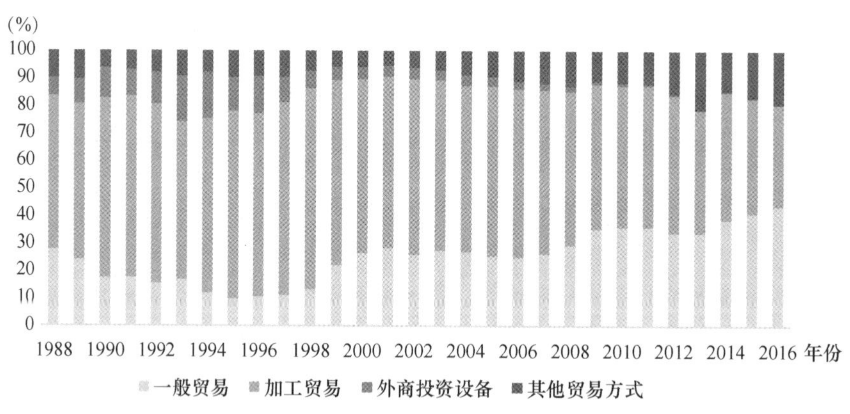

图 6—2　1988—2016 年广东各类型贸易方式进口比重统计图

加工贸易是我国对外贸易体制改革结出的硕果，随着改革开放的深化推进，广东省的加工贸易取得了长足的发展。1978 年 8 月，广东签订了第一份毛纺织品的来料加工协议，在珠海创办了我国第一家加工贸易企业——珠海县香洲毛纺厂，加工贸易由此拉开序幕。40 年来，广东成功地把握住了三次国际制造业转移的重大机遇，成为中国乃至世界的加工制造业基地。

根据海关最早的统计记录，1981 年广东加工贸易进出口值为 16.9 亿美元，1987 年突破 100 亿美元，1999 年突破 1000 亿美元，2016 年达到 3705.8 亿美元。加工贸易进出口值在广东外贸进出口值中的比重也逐步扩大，1998 年这一比重达到历史峰值 75.5%。此后，随着广东产业结构的转型升级，加工贸易比重有所回落。2013 年这一比重首次跌落至 50% 以下，2016 年进一步跌落至 38.8%。与此同时，越来越多的加工贸易企业在广东落户也带动了外商投资设备物品和加工贸易设备进口的快速增长，成为广东产业技术升级和先进设备引进的重要途径之一。

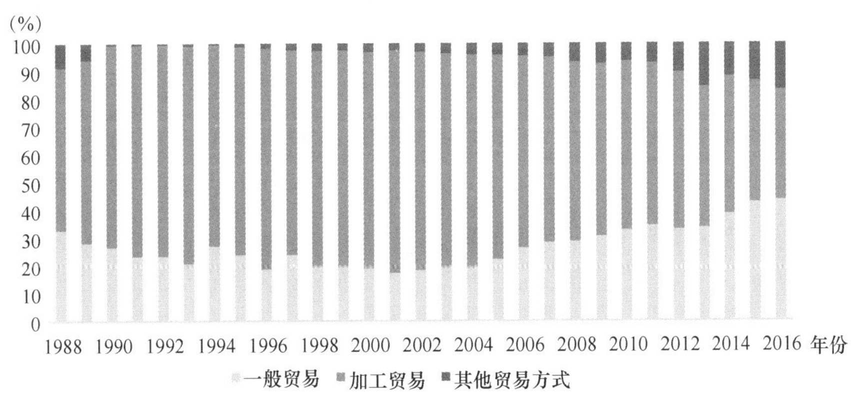

图 6—3　1988—2016 年广东各类型贸易方式出口比重统计图

一般贸易则亲历从国有企业改革阵痛到焕发生机的过程。改革开放初期，一般贸易在广东外贸中占据主导地位，随着开放程度的进一步加深，外资进入广东的速度和规模不断增长，从 1986 年开始一般贸易进出口增速明显不及加工贸易。伴随着我国国有体制改革取得阶段性胜利和加工贸易的“溢出效应”带动，广东一般贸易进出口恢复良好增长势头。特别是 2004 年 7 月 1 日新《对外贸易法》全面放开外贸经营权后，广东民营企业异军突起，为广东一般贸易的发展注入了新的活力。2005 年广东一般贸易进出口突破千亿美元大关，近年来的进出口值保持在 4000 亿美元以上，已形成与加工贸易齐头并进的良好局面。

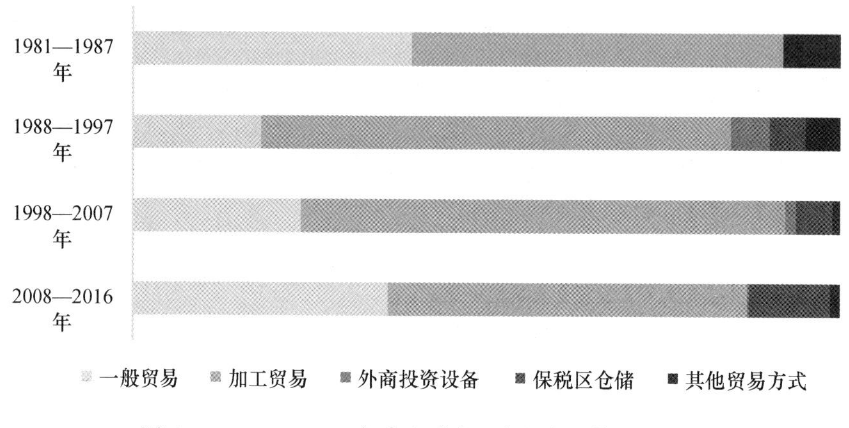

图 6—4　1981—2016 年广东进出口贸易方式构成统计图

20 世纪 90 年代末期，广东良好的现代物流基础条件，吸引了众多国际知名物流公司的进入。21 世纪，广东现代物流业的迅猛发展直接带动了保税仓储转口货物进出口规模的扩大。2002 年，保税区仓储进出口额仅为 77.5 亿美元，十年后已突破千亿美元大关。2016 年保税区仓储进出口额达 1231.7 亿美元，占全省外贸进出口值的 12.9%。

一　一般贸易

改革开放之初，一般贸易一度是广东对外贸易的第一大贸易方式。1981 年，广东一般贸易进出口 31.6 亿美元，占当年广东外贸进出口值的 64.8%。其中一般贸易出口 21.6 亿美元，进口 10 亿美元，实现贸易顺差 11.6 亿美元。1994 年广东一般贸易出口首次突破百亿美元，达到 136.6 亿美元。改革开放 30 年，广东一般贸易出口迈上了千亿美元的新台阶，达到 1050 亿美元。2015 年，广东一般贸易出口值创下了改革开放以来的新纪录，达到 2760.7 亿美元，比上年同期增长 10.5%。

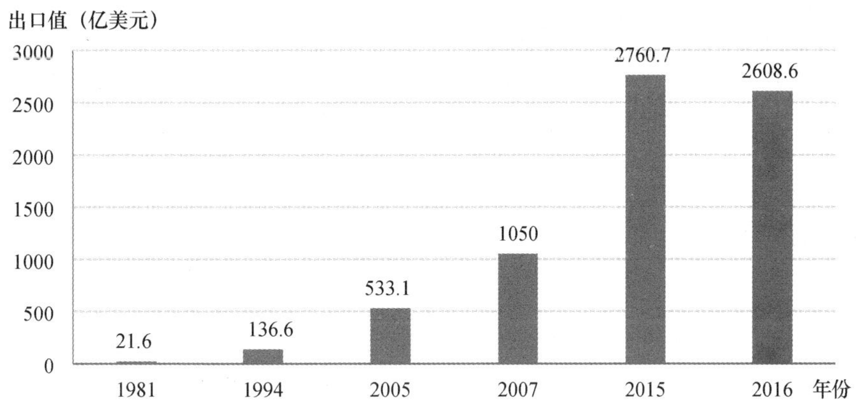

图 6—5　1981—2016 年广东一般贸易出口跨越发展图

1988 年以后，受外资进入对内资发展的挤压效应以及国有体制改革相对滞后等影响，在广东一般贸易进出口中开始显现：一般贸易进出口增长缓慢，在外贸进出口中所占比重不断下降，至 1996 年，这一比重跌至谷底，仅为 14. 9%。

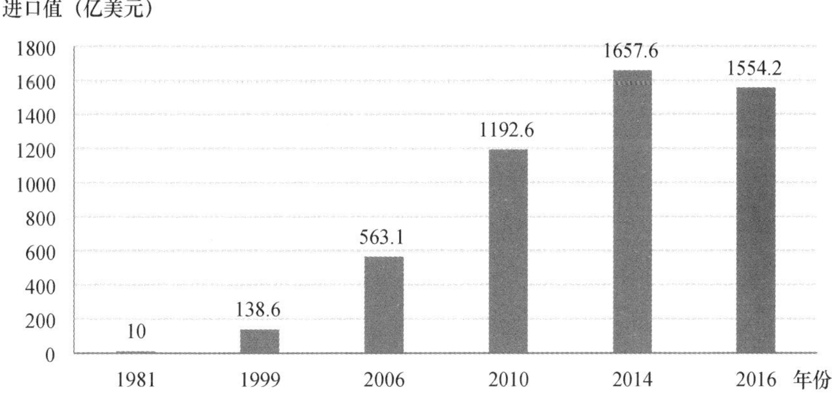

图 6—6　1981—2016 年广东一般贸易进口跨越发展图

进入 21 世纪，我国成功加入世贸组织、新《对外贸易法》出台、国有体制改革取得阶段性胜利等因素推动广东一般贸易步入新的发展阶段，一般贸易进出口增长强劲，其中民营企业的快速崛起对广东一般贸易进出口起到了显著的推动作用。

2016 年，广东一般贸易进出口值达 4162.8 亿美元，比 1981 年增长 130.7 倍，年均增速高达 15%。其中，进口 1554.2 亿美元，占同期广东外贸进口值的 43.6%；出口 2608.6 亿美元，占同期广东外贸出口值的 43.4%。

二　加工贸易

改革开放以来，广东省的加工贸易经历了高速发展和平缓回落两个阶段。1983—1987 年，广东省的加工贸易刚刚起步，进出口值仅为 317.6 亿美元。从 1988 年起，广东省的加工贸易进入高速发展阶段，每五年都会上一个新的台阶。到 2012 年，广东加工贸易实现进出口 5299.1 亿美元，比 1983 年的 28.1 亿美元增长 187.6 倍，年均增速达 19.8%，创造了改革开放以来的最高纪录。2012 年之后，随着广东多元化经济的快速发展，产业结构的转型升级，加工贸易进出口值逐年降低，进入了平缓回落阶段。2016 年，广东加工贸易进出口 3705.8 亿美元，较上年降低 15.8%，21 世纪以来首次低于一般贸易进出口额。

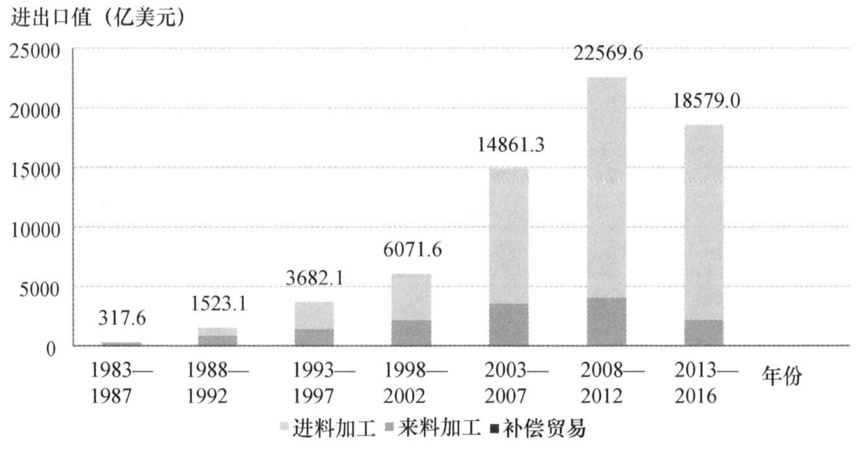

图 6—7　1983—2016 年广东加工贸易进出口统计图

改革开放以来，广东加工贸易的发展表现出鲜明的时代特征，这集中体现在加工贸易进出口方式的变迁上。在改革开放初期，加工贸易以“三来一补”起步，来料加工厂作为当时国内最早遵循市场经济规律运作的企业形式，如雨后春笋般在广东各地涌现，到80年代中期已形成一定的规模。1988年，广东来料加工装配贸易进出口突破100亿美元，当年进出口值达到126亿美元，比1981年的14.6亿美元增长7.6倍。补偿贸易则为广东解决了缺少资金进行设备技术引进更新的难题，1988年，广东补偿贸易进出口突破2亿美元，比1981年的0.28亿美元增长6.9倍。相对于来料加工，这一时期的进料加工发展则相对缓慢。1988年广东进料加工进出口值为48亿美元，仅为来料加工贸易规模的三成左右。

20世纪80年代中后期，国家开始实施“沿海外向型经济发展战略”，加工贸易发展步入进料加工主导阶段。随着外商投资企业参与到加工贸易经营主体当中，外资来源不断扩大，广东的进料加工业务实现了飞速发展。1993年，广东进料加工贸易进出口值为281.2亿美元，超越当年来料加工装配贸易的244.7亿美元，成为加工贸易进出口最主要的形式。

20世纪90年代中期，环境资源制约矛盾开始凸显，在有关政策的影响下，多数劳动密集型的来料加工装配业务增长放缓，这一时期来料加工装配贸易出口虽然继续保持增长势头，但增速明显回落。

进入21世纪后，新一轮世界制造业转移，有力带动了广东加工贸易出口产品结构的优化，促进了加工贸易的转型升级，至2012年，广东加工贸易进出口值达到5299.1亿美元，其中来料加工进出口680.5亿美元，进料加工4618.6亿美元，达到了改革开放以来的峰值。同时，补偿贸易也逐渐淡出历史舞台，自2008年起没有进出口数据记录。

三　外商投资设备进口

改革开放40年，广东是我国吸引外商投资最多的地区。外商投资企业引进的境外先进设备、技术，给广东带来了新产业、新信息，提高了广东的科学技术水平，极大地推动了广东产业结构的调整升级。

改革开放以来，国家出台多项政策鼓励外商投资设备进口。1988年，广东进口“外商投资企业作为投资进口的设备物品”（以下简称：外商投资设备）10.2亿美元，占广东外贸进口值的6.4%。1994年，广东外商投资设备进口扩大到77.8亿美元，占广东当年进口值的比重升至16.8%，达到了广东外商投资设备进口的一个峰值。此后，随着广东产业结构的调整，外商投资设备进口有所下滑，1999年降至30.5亿美元。进入21世纪后，新一轮世界制造业转移，特别是广东大力发展装备制造业，带动了高技术含量设备的进口，广东外商投资设备进口又开始逐步回升，2004年恢复至65.5亿美元。2009年，受全球金融危机的影响，广东外商投资设备进口急剧下滑，比上年同期下降53%。随着我国人口红利逐渐消失，劳动力成本上升迫使大量外资企业撤离广东，外商投资设备进口不断下降，至2015年，广东外商投资设备进口已降至7.5亿美元，仅占全省外贸进口值的0.2%。总体来说，广东外商投资设备的进口奠定了广东外贸高速发展的坚实基础，为广东外向型经济的迅猛发展做出了积极的贡献。

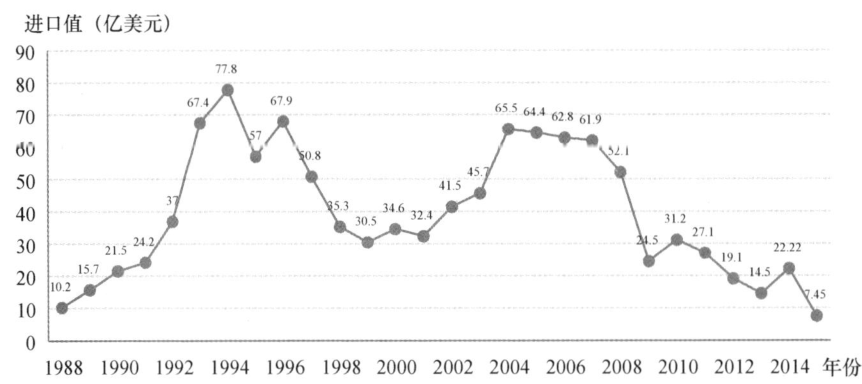

图6—8 1988—2015年广东外商投资设备进口统计图

四　援助及捐赠物资进口

援助及捐赠物资进口既包括境外捐赠人（如华人华侨、港澳台同胞）的捐赠物资，还包括国家间、国际组织无偿援助和赠送的物资。华人华侨、港澳台同胞的捐赠在广东改革开放初期发挥了重要作用，为广东外向型经济的发展奠定了一定的基础。1981 年，广东援助及捐赠物资进口 2268 万美元，占当年广东外贸进口值的 1.2%。此后，援助及捐赠物资进口不断扩大，1988 年首次超过 2 亿美元，1993 年增长到 5.8 亿美元。1993 年以后，随着广东经济的快速发展，援助及捐赠物资进口开始逐年下降，1996 年进口 1.8 亿美元，1997 年大幅降至 2935 万美元。2016 年，广东援助及捐赠物资进口仅为 100 万美元。

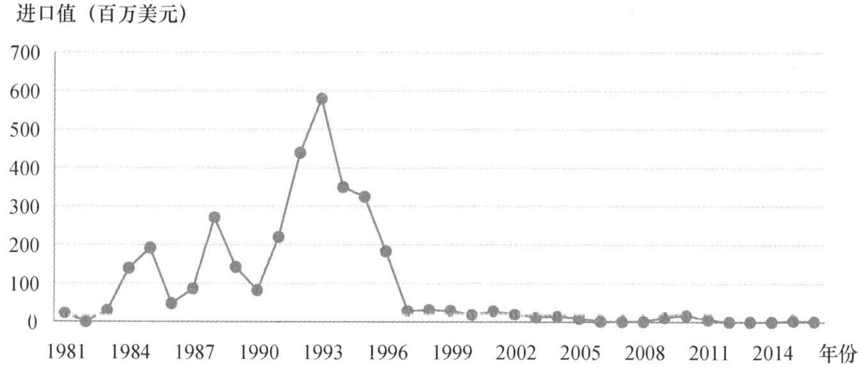

图 6—9　1981—2016 年广东援助及捐赠物资进口统计图

第二节　多元发展的贸易伙伴

改革开放 40 年来，广东作为我国对外经济贸易交往的重要窗口，在曲折和挑战中破浪前行，克服了发展过程中的种种困难，对各主要贸易伙伴的进出口值在稳定中求发展，与其他新兴市场的经贸往来也更加密切，经受住了世界经济波动的各种考验。

2001 年我国加入世界贸易组织后，广东对外经济贸易进入了有史以来发展最快、最稳定的黄金时期。广东冷静应对新时期的各项挑战，准确把握对外经济贸易的动向，在更大范围和更深程度上积极参与国际经济竞争与合作。凭借较为完善的政策措施、逐渐成熟的产业配套和不断提高的自我创新能力，广东吸引了全世界投资者的目光，不仅与主要贸易伙伴的进出口增势良好，对新兴市场的贸易也保持着蓬勃的发展势头。从 2002 年开始，广东外贸进出口几乎每年都跨上一个新的千亿美元台阶。

改革开放以来，香港一直是广东的第一大贸易伙伴，是广东最重要的出口市场和中转地。美国长期占据广东第二大贸易伙伴的位置，对美贸易保持稳定增长。2005 年之前，中日经贸来往密切，日本成为广东第三大贸易伙伴。此后，受两国政治因素的影响，中日经贸增长乏力。与此同时，广东与欧盟的贸易规模增长迅速，2005 年欧盟取代日本成为广东第三大贸易伙伴。2010 年，中国—东盟自由贸易区的建立极大地促进了广东与东盟之间的经贸交流，双方进出口值增长强劲。2013 年，东盟超越欧盟成为广东第三大贸易伙伴。与此同时，广东与非洲、拉丁美洲等新兴市场的贸易规模也不断扩大，外贸市场正向着多元化的方向深入发展。

图 6—10　主要年份广东对六大洲进出口比重图

一　亚洲

亚洲各国作为中国的友好近邻，自古以来就与我国有着密切的经济贸易往来。进入新时代后，广东与亚洲各国（地区）的经贸往来更加频繁，亚洲已成为广东最主要的贸易伙伴。广东对亚洲的进出口额占全省外贸进出口值的六成以上，并保持稳定发展的势头。

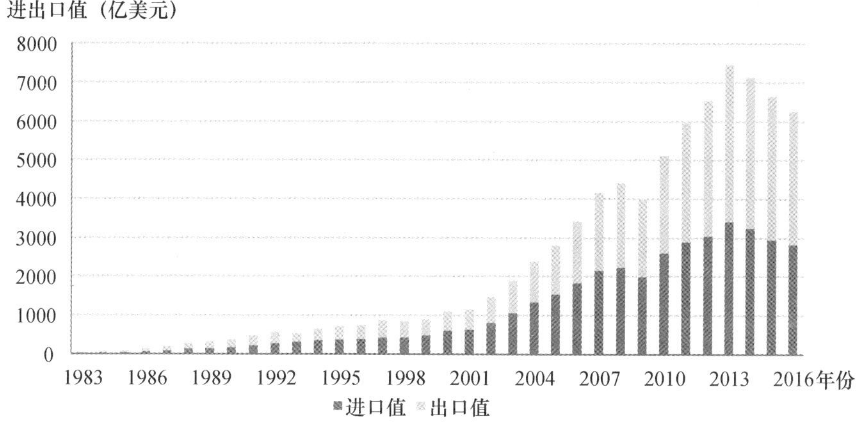

图6—11　1983—2016年广东对亚洲进出口统计图

1983年，广东对亚洲的进出口值仅为45.5亿美元，到2016年，这一数值已达6259.2亿美元，年均增长率超过16%。2000年，广东对亚洲贸易规模首次突破千亿美元，达到1093.5亿美元。2001年，受我国“入世”观望情绪影响，广东贸易增幅有所回落。但随着2003年我国“入世”成功，广东与亚洲各国的贸易合作有了突飞猛进的发展，贸易总额连续三年维持20%以上的强劲增长，并在2004年、2006年和2007年实现“三级跳”，分别突破了2000亿、3000亿和4000亿美元大关。2009年，受全球金融危机的影响，广东对亚洲的进出口额出现了负增长。但经过短暂的调整之后，广东对亚洲的贸易总额又恢复了强劲增长，并在2013年突破了7000亿美元大关，创造了改革开放以来的最高纪录。2014年之后，全球经济增长乏力，广东面临劳动力成本上升的问题，大批外资企业将工厂迁至亚洲的其他国家，广东对亚洲的进出口额出现了缓慢下滑的趋势。

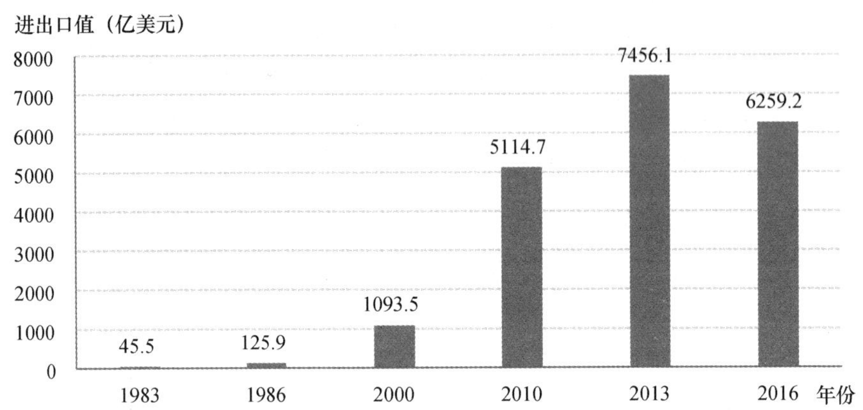

图6—12　1983—2016年广东对亚洲进出口跨越发展图

香港由于特殊的地理位置和历史渊源，自改革开放以来一直是广东第一大贸易伙伴，粤港经贸交流是广东对外贸易中最璀璨夺目的部分。

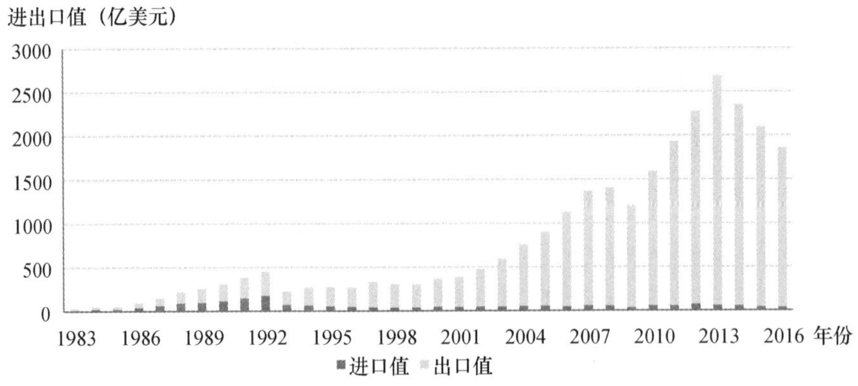

图6—13　1983—2016年广东对香港进出口统计图

广东对香港的进出口值整体呈增长态势，且出口商品的价值远高于进口。1983 年粤港贸易总额仅为 33.2 亿美元，占广东对亚洲进出口总额的 73%。经过了短短 30 年的时间，广东对香港的进出口值已达 2687.7 亿美元，年均增幅为 15.7%。1993 年，由于海关对贸易国别（地区）申报进行了规范，粤港贸易总额有所下降，之后又恢复良好增长态势。2009 年，受全球金融危机的影响，广东对香港的进出口额下降了 14.3%。2013 年之后，受劳动力成本上升和产业结构转型升级的影响，广东整体的对外贸易呈下降趋势，对香港的进出口额出现下滑。至 2016 年，粤港贸易总额为 1856.8 亿美元，同比下降 11.5%。

改革开放 40 年来，广东与日本的经贸关系取得了长足的发展。改革开放初期，日本凭借地理位置优势一直为广东第二大贸易伙伴。随着中美经贸关系的进一步发展，1997 年，美国取代了日本在广东外贸中的地位。受中日政治关系的影响，广东对日本的进出口增长不及其他市场，日本在广东外贸中的地位不断下降。2005 年，欧盟取代日本成为广东第三大贸易伙伴。至 2016 年，日本已降为广东第六大贸易伙伴。

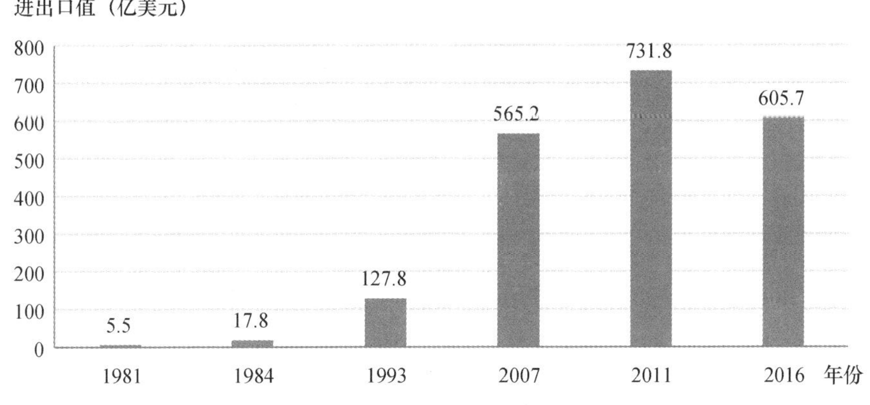

图 6—14　1981—2016 年广东对日本进出口跨越发展图

东盟各国一直是我国的友好邦邻，广东与东盟的贸易往来古已有之。20 世纪 90 年代，广东与东盟的经贸关系日新月异。进入 21 世纪后，双方的进出口贸易更是取得了令人瞩目的成就。2003 年，东盟超越中国台湾跻身广东前五大贸易伙伴之列。2008 年，东盟超越日本成为广东第四大贸易伙伴。2010 年中国—东盟自由贸易区的建立极大地促进了广东与东盟国家之间的经贸交流，当年广东对东盟的进出口额达 806. 3 亿美元，同比增长 27. 4%。2013 年，广东与东盟的贸易额首次破千亿美元，东盟取代欧盟成为广东第三大贸易伙伴。2016 年，广东与东盟之间的进出口额已达 1157. 1 亿美元，并保持着稳定的增长势头。

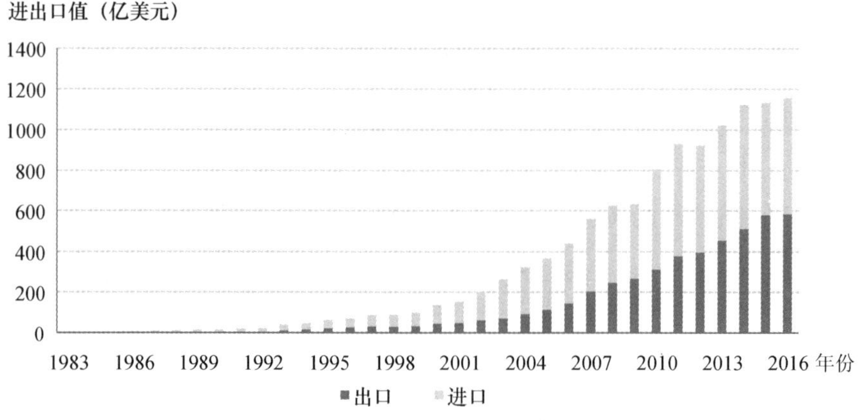

图 6—15　1983—2016 年广东对东盟进出口统计图

祖国大陆与台湾唇齿相依，一水相隔。40 年来，粤台经贸合作持续升温，台资已成为广东外来投资中仅次于香港的第二大资金来源。1984 年，广东对台湾的进出口额仅为 0. 37 亿美元，占广东对外贸易总额的比例不足 1%。2013 年，粤台贸易总额已突破 700 亿美元，占广东对外贸易总额的 6. 9%。2013 年之后，广东整体对外贸易额出现回落，对台进出口值也出现了缓慢的下滑趋势。2016 年，粤台之间的贸易总额为 597. 5 亿美元，台湾成为广东第七大贸易伙伴。

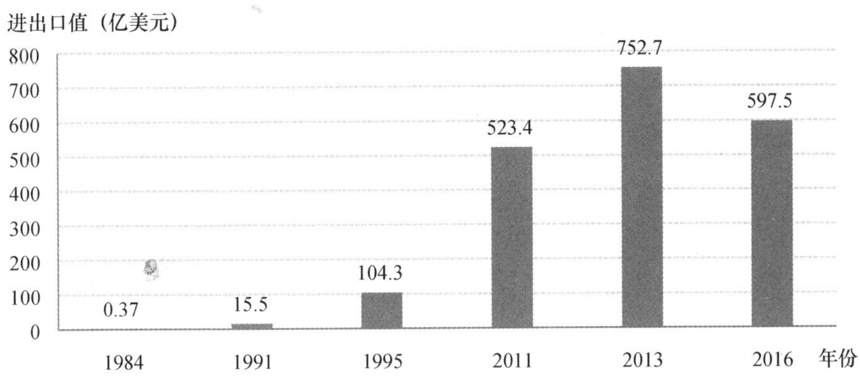

图 6—16　1984—2016 年广东对台湾地区进出口跨越发展图

二　非洲

非洲一直以来与我国保持着良好的经贸合作关系，广东是我国对非贸易的主要省份之一。虽然广东对非的贸易规模较小，但其增长速度却十分惊人。从 1992 年起，广东对非贸易连续四年保持 20% 以上的增幅，其中 1993 年的增长高达 207.9%，非洲成为广东发展最快的贸易伙伴。进入 21 世纪，广东对非洲的进出口持续保持高速增长，2007 年突破百亿美元大关，达到 119.6 亿美元。2014 年，广东对非贸易额达到 493.3 亿美元，是改革开放以来的最高纪录。2014 年之后，

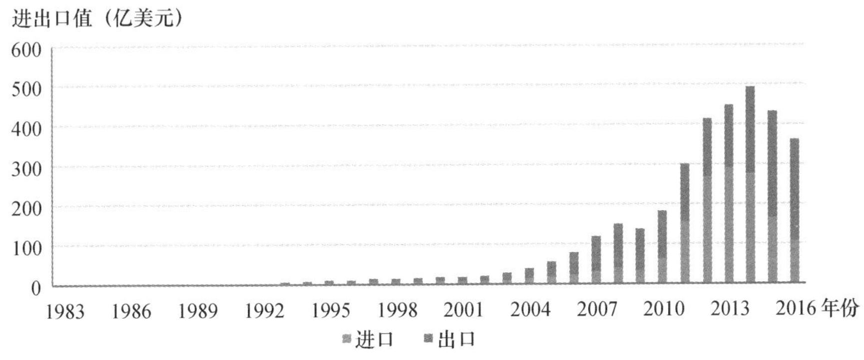

图 6—17　1983—2016 年广东对非洲进出口统计图

广东对非贸易出现下降趋势。从进出口结构来看，广东对非贸易在多数年份为出超，贸易顺差不断扩大。仅在2011—2014年间，广东对非进口值超过出口值，表现为入超。

三 欧洲

2000年以前，广东对欧洲贸易呈现波浪式的发展趋势，增长幅度时升时降。进入21世纪后，广东对欧洲贸易保持快速增长，2003—2007年五年间，广东对欧洲贸易规模保持100亿美元左右的增量，尤其是2004年欧盟第五次扩容更进一步开拓了广东与欧洲经贸发展的空间，对广东与欧洲贸易规模的大幅增加起到了巨大的推动作用。2008年，广东对欧洲进出口值已突破900亿美元，达到975.3亿美元。受全球金融危机的影响，2009年广东对欧洲的贸易规模下降了15.3%，但在2010年又恢复强劲增长并突破千亿美元大关，达到1041.9亿美元。2010年之后，广东对欧洲的贸易规模基本维持在1200亿美元左右。从进出口结构上来看，1993年之前，广东从欧洲的进口大于出口，表现为贸易逆差。1993年之后，对欧洲的出口超过进口，贸易顺差不断增大。

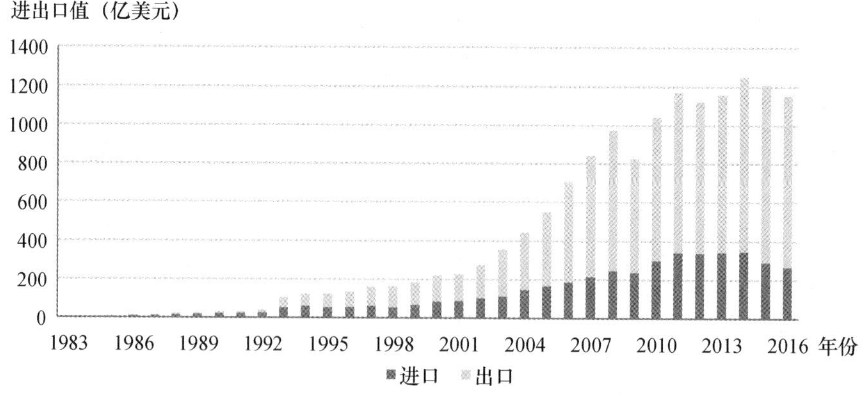

图6—18 1983—2016年广东对欧洲进出口统计图

欧盟一直是广东在欧洲最主要的贸易伙伴。在20世纪90年代，广东同欧盟的贸易规模保持稳定增长。2003年中国加入世贸组织后，欧盟按照“入世”承诺相应降低了中国产品的准入门槛，双方贸易往来开始步入高速发展的阶段。2003—2007年，广东对欧盟的进出口额每年保持20%左右的增长，两地经贸合作愈加紧密。2005年，欧盟一举超越日本，成为广东第三大贸易伙伴。2009年，受全球金融危机的影响，广东对欧盟的进出口额首次出现了负增长，较上年同期下降13.9%。经过短暂的调整，两地之间的贸易规模又恢复正向增长，并在2011年突破1000亿美元大关。近年来，广东与欧盟之间的贸易规模基本保持稳定，维持在1100亿美元左右。从进出口的结构上看，广东对欧盟的出口值大于进口值，2016年实现净出口580亿美元。

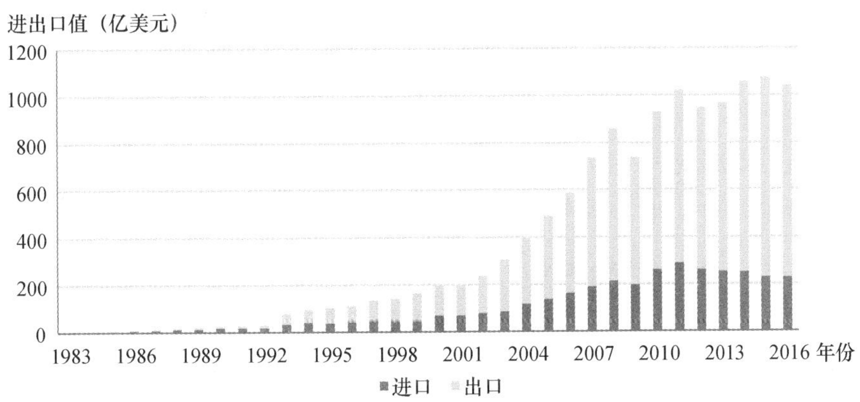

图6—19　1983—2016年广东对欧盟进出口统计图

四　拉丁美洲

拉丁美洲拥有丰富的自然资源，是广东重要的贸易合作伙伴，双方经贸合作日益密切。特别是2002年以来，广东与拉丁美洲的贸易规模迅速扩大，增长率连续七年超过20%。2008年，广东对拉丁美洲的进出口值已突破200亿美元，达到237.5亿美元。2009年，受全球金融危机的影响，广东对拉丁美洲的进出口额有所回落，同比降低15.3%。随着全球经济的复苏，广东对拉丁美洲的进出口出现回暖，

2014 年增至 390 亿美元。近年来，广东整体对外贸易规模有所下降，对拉丁美洲的进出口值也出现小幅下滑。从进出口结构来看，广东对拉丁美洲的出口额大于进口额，贸易顺差呈现先增大后保持稳定的变化趋势。

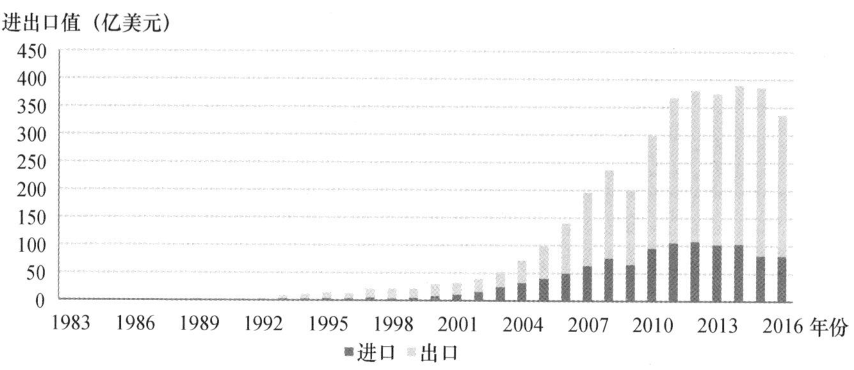

图 6—20 1983—2016 年广东对拉丁美洲进出口统计图

五 北美洲

改革开放以来，广东对北美洲经贸往来保持着良好发展的势头，但在 1995 年和 2001 年增幅出现明显回落。20 世纪 90 年代末期，广东对北美洲贸易总量的增长主要体现在出口值的增加上，进口值一直维持在较低水平。2000 年，广东对北美洲贸易首次突破 300 亿美元，达到 307 亿美元。“入世”之后，广东与北美的贸易迎来了新的春天，自 2003 年起，连续四年涨幅超过 20%。2009 年，受全球金融危机的影响，广东对北美洲的进出口值下降了 11%，这也是 21 世纪以来的首次负增长。在金融危机之后，广东对北美洲的贸易又恢复了生机，2010 年突破 1000 亿美元大关，达到 1064.6 亿美元。2015 年再创新高，突破 1380 亿美元，其中出口 1151 亿美元，进口 229.7 亿美元，实现净出口 921.3 亿美元。

作为世界第一大经济体，美国一直是广东非常重要的贸易伙伴。1993 年之前，广东与美国的贸易规模较小，双方市场都有很大的发展

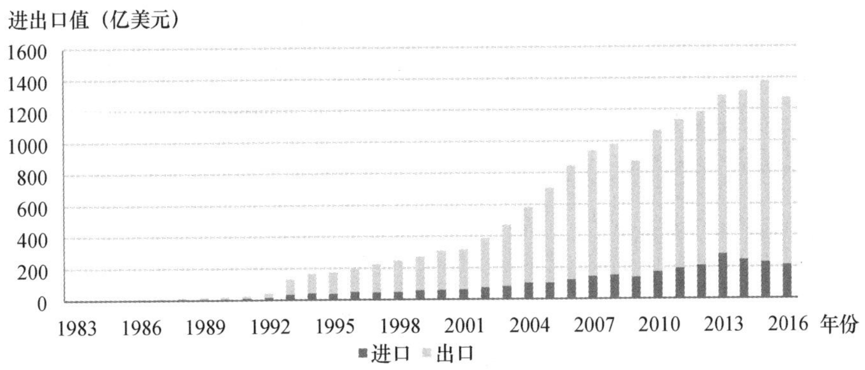

图 6—21　1983—2016 年广东对北美洲进出口统计图

潜力。1993 年，海关对贸易国别（地区）申报进行了规范，粤港贸易总额有了较大幅度的提升。2003 年，中国成功“入世”，美国遵循承诺降低了中国产品的准入标准，粤美贸易进入了高速增长的阶段。从 2003 年到 2008 年，广东与美国的贸易规模每年都踏上一个新的百亿美元台阶。2009 年，美国经济遭受重创，对广东的进出口额也出现了大幅下滑。之后随着全球经济的复苏，粤美贸易进入了稳步增长的阶段。2015 年广东对美国的进出口额达到 1283.9 亿美元，占广东对外贸易总额的 13.4%。从进出口结构上来看，广东对美国的出口值大于进口值，贸易顺差呈现逐步扩大的趋势，2016 年实现净出口 803.9 亿美元。

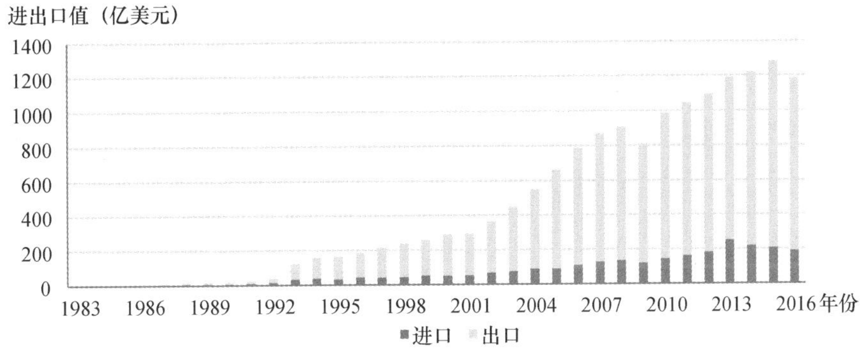

图 6—22　1983—2016 年广东对美国进出口统计图

六　大洋洲

大洋洲是世界上重要的农产品、矿产品生产和出口地区，同我国长期保持着密切的经贸交往。2001 年以前，广东对大洋洲的进出口额保持缓慢的上升趋势。2001 年后，双方贸易往来进入快速发展的阶段。到 2011 年，广东对大洋洲的进出口额达到 205.4 亿美元，是改革开放以来的最高水平。2012 年后，双方贸易规模稳定在 170 亿美元左右。从进出口结构上来看，广东对大洋洲的进出口额基本持平，双方达到了贸易平衡的良好状态。大洋洲拥有丰富的矿产资源，而广东在经济快速发展的过程中需要足够的资源性产品作为补充，双方的经贸合作将会朝着更加深入的方向发展。

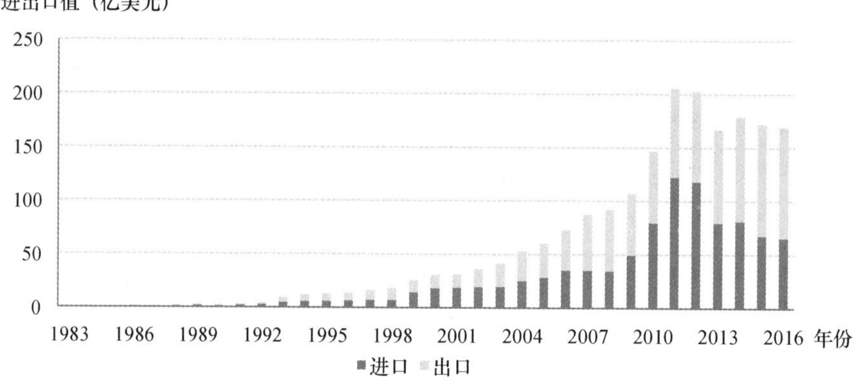

图 6—23　1983—2016 年广东对大洋洲进出口统计图

改革开放以来，广东经济飞速发展，对澳大利亚的自然资源有着较大的需求。从 1983 年到 2011 年，广东与澳大利亚的贸易规模基本保持快速上升趋势。1983 年，广东对澳大利亚的进出口额仅为 0.25 亿美元，到 2011 年这一数值已达 135.5 亿美元，年均增幅高达 25.2%。2011 年之后，广东与澳大利亚的贸易额呈现波动发展的趋势，在 140 亿美元上下浮动。从进出口结构来看，在 2007 年之前，广东对澳大利亚的进出口额基本持平，双方保持贸易平衡的良好状态。

2007 年后，除 2010 年外，广东对澳大利亚的出口超过进口，表现为贸易顺差，并且差额有进一步扩大的趋势。

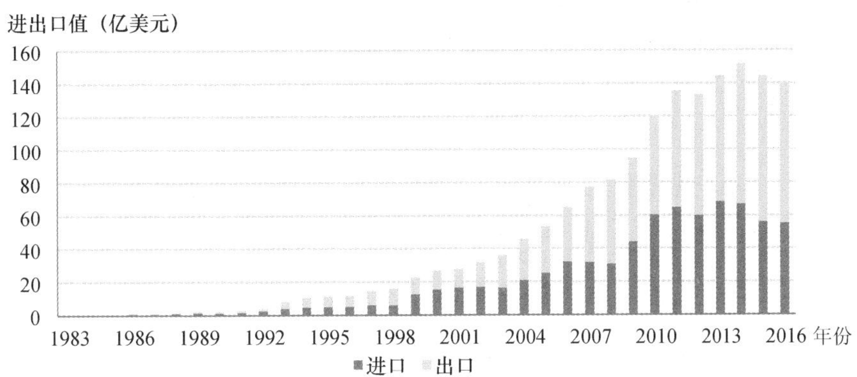

图 6—24　1983—2016 年广东对澳大利亚进出口统计图

第三节　逐渐壮大的进出口企业

对外贸易进出口的主体是企业，改革开放 40 年来，广东外贸的快速发展离不开蓬勃发展的进出口企业的推动。40 年风云变幻，大浪淘沙，进出口企业的变迁映射出广东对外贸易历程的三大变化。

变化之一：经营主体实现多元化，大经贸格局逐步形成。1978 年，广东的对外贸易主要由少数几家专业外贸公司经营。1979—1988 年，广东充分利用中央给予的“特殊政策、灵活措施”，提出了“对外更加开放、对内更加放宽、对下更加放权”的方针，进行了下放外贸经营权、调整进出口主体结构等一系列改革探索。从 1992 年到 1999 年，外贸体制按照党的十四大确定的“统一政策、放开经营、平等竞争”的方向持续发展，出口经营范围和主体加快了改革和统一的步伐。2000 年，广东有进出口实绩的企业为 22006 家，其中外商投资企业 17842 家，占比为 81.1%；之后，国家不断放开外贸经营许可条件，特别是 2004 年 7 月 1 日后，进出口经营权实行备案登记制，外贸经营准入彻底放开，越来越多的企业开始从事进出口业务，近年来已经形成了多种所有制并存、共同经营、相互竞争的对外贸易经营体制。

变化之二：国有企业进出口份额下降，外商投资企业进出口份额稳步提升。为改变我国长期以来实行的以统一经营、统负盈亏为主要特征的对外贸易体制，改革开放初期，国家开始逐渐放开外贸经营权，实行指令性计划、指导性计划和市场调节相结合的外贸管理体制。这一时期，以专业外贸公司为代表的国有企业是广东省从事外贸交易的主体。为调动地方、部门和企业扩大出口的积极性，国家从 1988 年开始实行外贸承包经营责任制，并从 1999 年起，调整和改革汇率机制，实行汇率双轨制。1994 年后进一步调整并完善出口退税政策和出口信贷政策，设立进出口银行、出口商品发展基金和风险基金，并实行单一的、有管理的浮动汇率制。在这一系列政策的支持下，广东的外商投资企业获得了快速发展。广东省统计局资料显示，2000 年底，广东工商登记注册的实有外商投资企业 5 万家，至 2016 年底上升到 11. 96 万家，比 2000 年增长了 139. 2%。从外贸进出口看，2016 年广东外商投资企业进出口值为 4702. 4 亿美元，占全省外贸进出口总值的比重为 49. 2%，比 40 年前提升 37 个百分点。同期，广东国有企业进出口值为 690. 5 亿美元，占广东对外贸易总值的比重为 7. 23%，比 40 年前降低 80 个百分点。

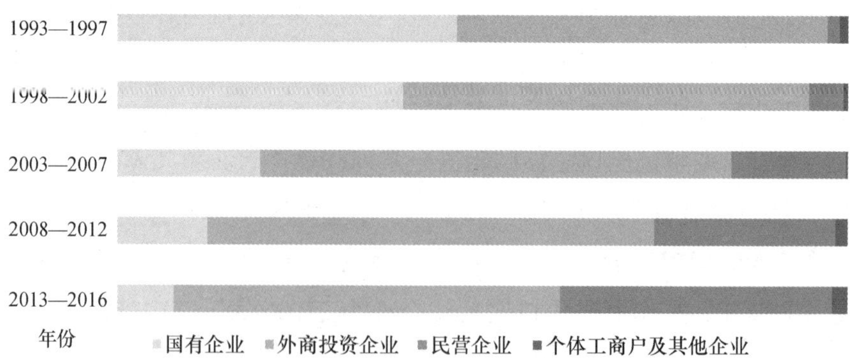

图 6—25　1993—2016 年广东各类型企业进出口统计图

一　国有企业

改革开放初期，国有企业一直是广东外贸最重要的主体。随着国家进出口体制的深入发展，国有企业进出口额占广东对外贸易总值的比重不断降低，经历了从占绝对主导地位到占次要补充地位的变化过程。

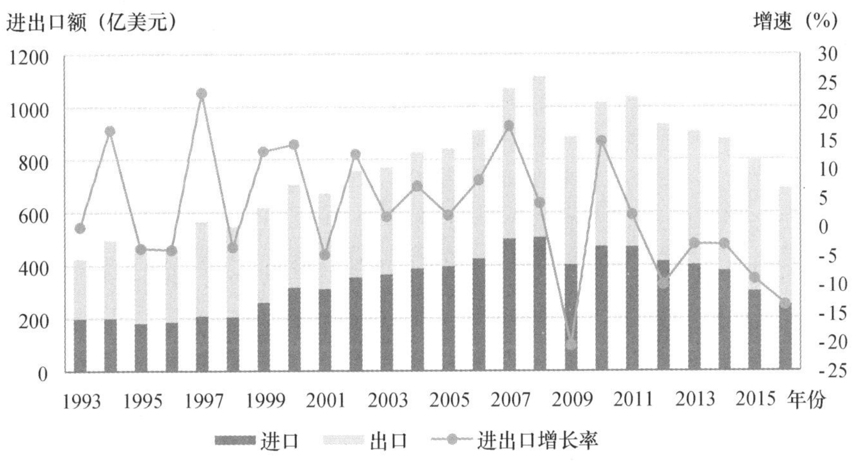

图 6—26　1993—2016 年广东国有企业进出口统计图

20 世纪 80 年代初，对外贸易在经济发展中的作用被限定为调剂余缺，进出口业务由国有外贸专业公司垄断经营。80 年代中期以后，进出口贸易体制开始改革，外贸经营权的下放使得国内出口能力得到释放，国家允许企业自主使用 50% 的留成外汇。1991 年，国家通过《外商投资企业和外国企业所得税法》，实行分阶段减免税政策，全面实行出口承包责任制，外商投资企业、乡镇企业均可参与加工贸易。特别是 1992 年邓小平同志发表南方谈话，极大地推动了加工贸易的全面发展。这一时期，国有企业虽然在外贸中占据主导地位，但所占比重逐年降低。1987 年，广东国有企业进出口 183. 8 亿美元，占当年广东进出口值的比重为 87. 4%；1995 年，广东外商投资企业进出口值达 532 亿美元，已超过国有企业成为广东第一大进出口经营主体。当年广东国有企业进出口值为 477.3 亿美元，占全省对外贸易总额的 45.9%，首次跌破五成。2008 年之前，虽然国有企业不再是广东省对外贸易的主力军，但其进出口规模不断上升。2008 年，广东国有企业进出口值突破 1000 亿美元，达到 1113.9 亿美元，创造了改革开放以来的最高纪录。2009 年之后，广东国有企业进出口规模经历了短暂的回升，之后进入平稳下降阶段。2016 年，广东国有企业进出口额为 690.5 亿美元，其中进口 251.4 亿美元，出口 439.1 亿美元，仅占广东对外贸易总额的 7.2%。

二　外商投资企业

改革开放以来，广东凭借毗邻港澳、靠近东盟国家的地缘优势，率先承接了国际产业大转移，广东外商投资企业的规模迅速壮大。

1978 年 8 月，广东签订了第一份毛纺织品的来料加工协议，在珠海创办了我国第一家加工贸易企业——珠海县香洲毛纺厂，广东加工贸易由此拉开序幕。1978—1986 年，国有企业是广东进出口贸易的主体，外商投资规模呈渐进式低速增长。中外合作企业作为低风险的“契约式”合营企业，迅速成为改革开放初期外商投资的主要方式。1987—1991 年，广东利用外资的程度进一步加深，外商投资企业生产的产品开始由劳动密集型向资本密集型转变。中外合资企业作为“股权式”合营企业，逐渐成为广东外商投资的主要形式。海关数据显示，1991 年，广东中外合资企业进出口值为 103 亿美元，占当年广东外商投资企业进出口总值的 58.4%。1992 年邓小平同志南巡视察并发表了重要讲话，这一举措有力地推动了我国对外开放进程，增强了海外投资者的信心，越来越多发达国家的跨国公司将成熟的技术和制造工序移至广东，外商投资领域也逐步拓展到资本、技术密集型行业。海关数据显示，1995 年广东外商投资企业进出口值为 532 亿美元，较 1992 年增长 1.2 倍。到 2000 年，这一数值已增至 919.9 亿美元，较 1995 年增长 72.9%。

2001 年中国“入世”后，广东外商投资企业的规模迅速扩大，实际利用外资总额进一步攀升，外商投资方式逐步向“独资化”发展。广东省统计局资料显示，2007 年，广东实际利用外资 196.2 亿美元，占同期全国实际利用外资总额的 26.2%。海关统计数据显示，2007 年广东外商投资企业进出口 4084.3 亿美元，比 2001 年增长 3.1 倍，占广东省对外贸易总额的 64.4%。

2009 年，受全球金融危机的影响，广东外商投资企业进出口首次出现了下滑，同比降低 12.8%。经过短暂调整之后，广东外商投资企业的进出口规模又恢复了上升趋势，但是增长的速度逐渐放缓。近年来，随着我国人口红利逐渐消失，对环境和资源的保护意识加重，一些外资企业纷纷撤离中国。自 2014 年起，广东外商投资企业进出口额逐年降低，占全省外贸进出口总额的比重也随之下降。2016 年，广东外商投资企业进出口额为 4702.4 亿美元，占广东省对外贸易总额的 49.2%，这也是自 1995 年广东外商投资企业成为第一大进出口主体以来，其贸易份额首次跌破 50%。

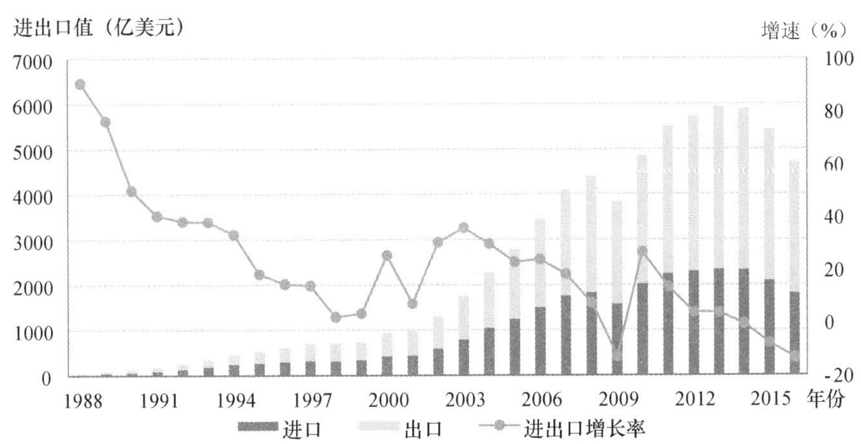

图 6—27　1988—2016 年广东外商投资企业进出口统计图

三　民营企业

在经济社会发展进程中，民营企业依靠自身灵活的经营机制，表现出较强的活力和竞争力。经过改革开放 40 年的发展，民营企业不断发展壮大，竞争实力不断增强，在外贸进出口中扮演着越来越重要的角色。在2002年之前，广东民营企业（包括集体企业和私营企业，下同）每年的进出口值都没有超过100亿美元。“入世”后，民营企业进出口规模经历了一个飞速发展的过程。2003—2007年，广东民营企业进出口额连续五年增幅超过30%。到2007年，民营企业的进出口规模已突破千亿美元大关，达到1157.7亿美元，占同期广东外贸总额的18.3%。2009年，受全球金融危机的影响，国有企业和外商投资企业的进出口额都出现了较大幅度下滑，而民营企业的进出口额却增长了5%，表现出强大的经济活力。金融危机之后，除2014年出现轻微下滑之外，广东民营企业的进出口规模一直保持增长趋势，占广东对外贸易总额的比重也不断提升。2016年，广东民营企业进出口额达到4148.7亿美元，同比增长10.5%，占广东外贸总额的比重为43.4%，与外商投资企业的差距进一步缩小。

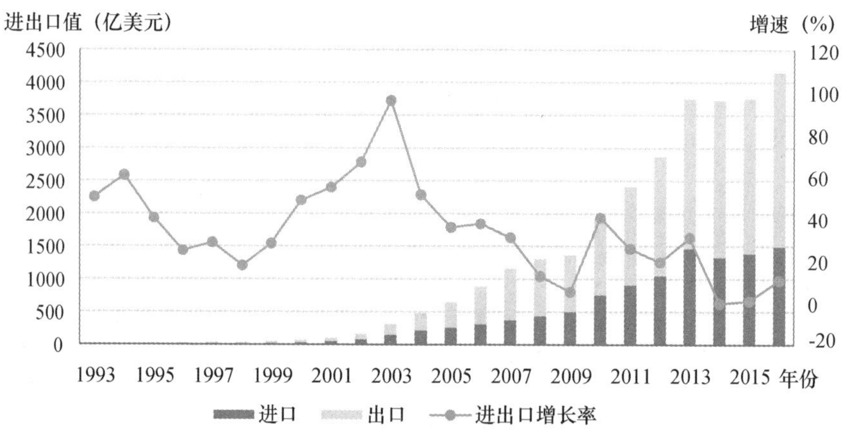

图6—28　1993—2016年广东民营企业进出口统计图

四　个体工商户

2004年7月1日，修订后的《中华人民共和国对外贸易法》正式实施，外贸经营权向所有企业组织和个人开放，中国公民可以个人名义从事外贸经营活动。当年9月，广东的个体工商户开始有实际进出口业务，到2004年底，广东个体工商户及其他企业的进出口值已达4.63亿美元。此后，广东个体工商户的进出口规模不断扩大，连续九年保持上升趋势。2013年，广东个体工商户及其他企业的进出口额达到344.7亿美元，为改革开放以来的最高纪录。受宏观经济环境的影响，自2014年起，广东个体工商户及其他企业的进出口规模开始缩小，2016年则出现了大幅下降，同比降低95.5%，进出口总额跌至11.2亿美元。从进出口结构上来看，2004年以来，广东个体工商户的进口值在大多数年份都大于出口值，贸易逆差不断扩大。但在2015年，广东个体工商户及其他企业的进口值出现大幅下降，出口值大幅上升并超过进口值，实现贸易顺差236.5亿美元。2016年，广东个体工商户及其他企业的进出口额均出现较大幅度的下滑，贸易顺差缩小至4.8亿美元。

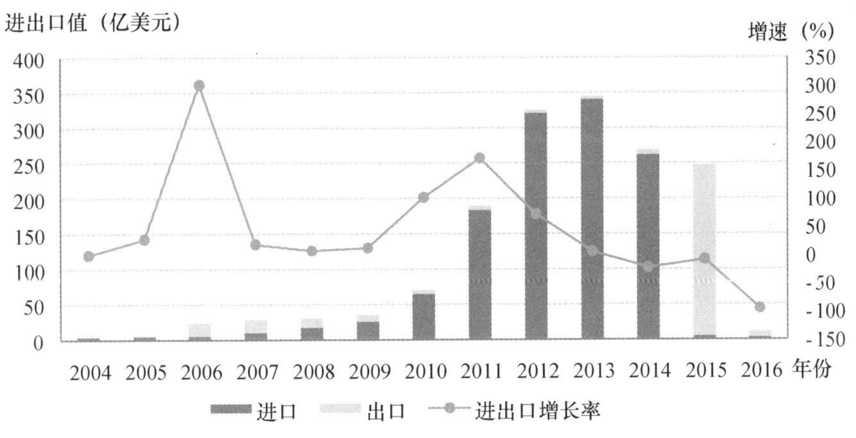

图6—29　2004—2016年广东个体工商户及其他企业进出口统计图

第四节　丰富多彩的进口商品

改革开放以来，为配合并促进经济增长方式转变和产业结构的调整升级，广东进口商品的结构不断优化，充分有效地利用了国际资源和技术推动了广东经济的持续快速发展。

在广东实行以承接国外产业转移推进工业化、以引进国外技术提升竞争力的工业化发展模式下，工业制品一直在广东进口商品中占主导地位。随着工业化的推进和人民生活水平的提高，广东对初级产品的需求也不断扩大。

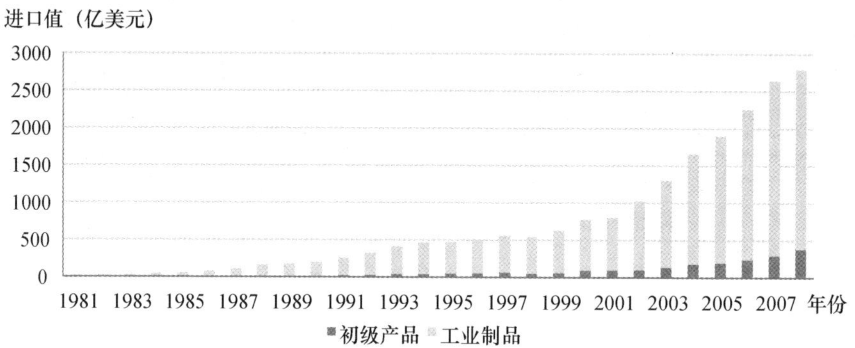

图 6—30　1981—2007 年广东进口初级产品和工业制品统计图

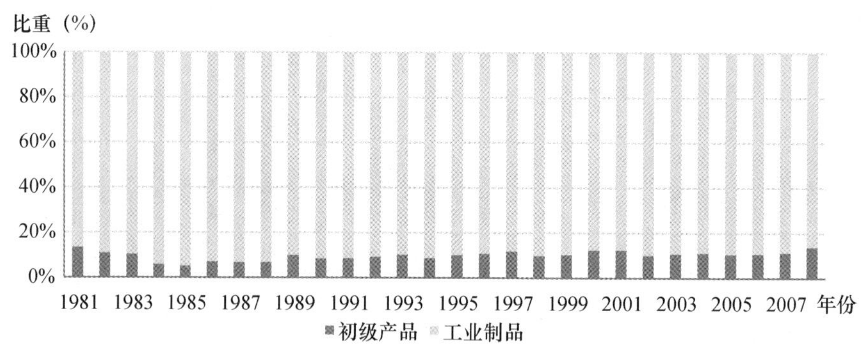

图 6—31　1981—2007 年广东进口初级产品和工业制品所占比重变化图

注：2008 年后，广东省统计局调整了产品分类方法，未公布初级产品和工业制品的进口数额。

自 1981 年以来，工业制品和初级产品进口在整体上都呈现出快速增长的趋势，且保持了相对稳定的进口比例。2008 年，广东工业制品进口 2407.7 亿美元，比 1981 年增长 141 倍，占同期广东进口值的比重为 86.2%。初级产品进口 385.4 亿美元，比 1981 年增长 147 倍，占广东进口值的比重为 13.8%。

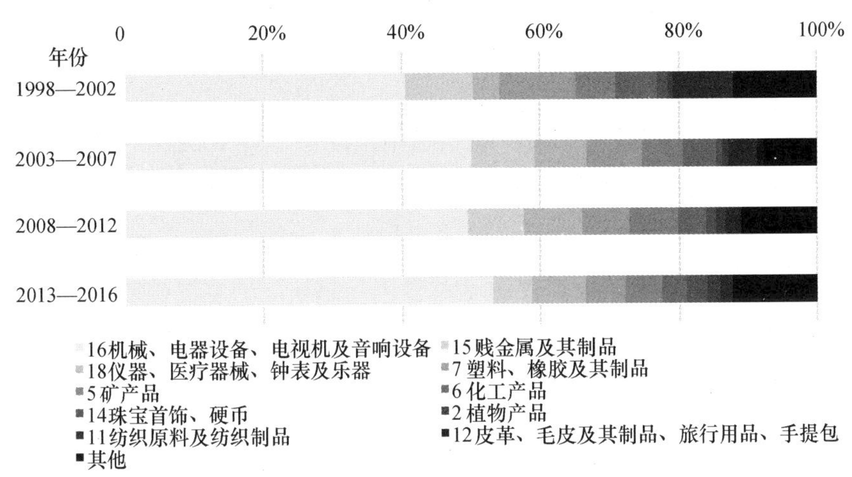

图 6—32　1998—2016 年广东进口主要商品及其份额变化图

在十大类主要进口商品中，机械设备和医疗器械的进口规模都有较大幅度提升。1998 年，广东机械设备（包括机械、电器设备、电视机及音响设备）的进口值为 177.5 亿美元，占全省外贸进口值的 32.8%。2016 年，广东机械设备的进口值已达 2067 亿美元，比 1998 年增长 10.6 倍，占全省外贸进口值的比重为 57.9%；医疗器械（包括仪器、医疗器械、钟表及乐器）的进口值由 1998 年的 20.4 亿美元上升到 2016 年的 259.7 亿美元，年均增幅达 15.2%，占全省外贸进口值的比重也由 1998 年的 3.8% 上升到 2016 年的 7.7%；贱金属及其制品，塑料、橡胶及其制品以及纺织品的进口规模都有较大幅度下降。1998 年，广东进口贱金属 62.5 亿美元，占全省外贸进口值的 11.5%，2016 年这一比例已降至 5.6%。塑料、橡胶及其制品在 1998 年是广东第二大进口产品，占全省外贸进口值的 13.1%，2016 年这一比例已降至 5.7%；21 世纪初，随着广东加工贸易的快速发展，纺织原料及纺织制品在全省进口值中占据 10% 以上的份额，之后随着纺织行业增速的放缓，纺织原料及纺织制品占全省外贸进口值的份额不断降低，到2016年这一比例已降至1.9%。进口产品规模的变化反映了广东省因地制宜、不断调整产业结构实现经济转型升级的过程。

一　能源

在改革开放初期，我国曾经大量出口原油、煤等能源产品以换取外汇，用来购买经济发展所需的设备及物资。广东既是一个耗能大省，也是人均资源储量不及全国平均水平的1/20的资源贫乏大省。在20世纪80年代初，广东所需能源基本靠国内供应。随着国内能源的日益减少，我国逐渐从能源的净出口国转变为净进口国，广东开始较大程度地依赖进口能源。

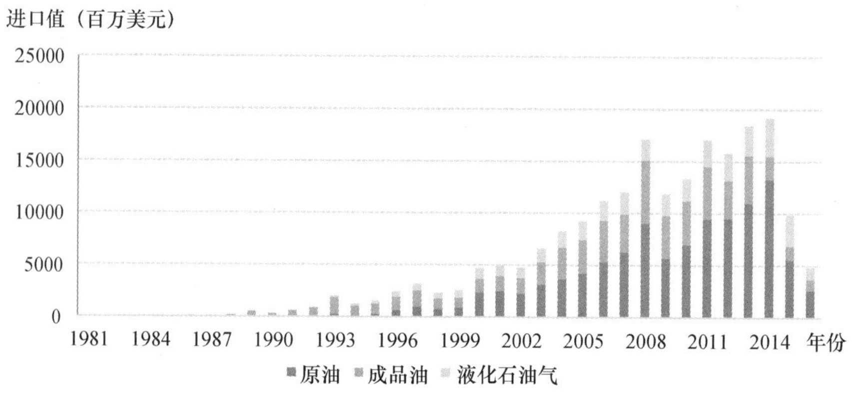

图6—33　1981—2016年广东进口油气类产品统计图

原油、成品油和液化石油气的进口规模自1994年起不断扩大，2008年，广东进口油气类产品171.4亿美元，占全省外贸进口值的6.1%。其中，原油进口量从1986年的220万美元上升到2008年的90.2亿美元；成品油进口量由1981年的560万美元上升到2008年的61亿美元；液化石油气的进口量由1981年的5万美元上升到2008年的20.2亿美元。2009年，受全球金融危机的影响，广东进口油气类产品的规模出现了大幅下滑，同比降低30.7%。随着广东经济复苏，

2010年起，进口油气的规模又开始逐渐回升，到2014年达到改革开放以来的峰值——192亿美元。近年来，国家大力提倡使用清洁能源，天然气的使用量迅速增加，广东进口原油、成品油和液化石油气的规模均出现了大幅下降。2016年，广东进口原油26.6亿美元，较上年同期降低52.2%；进口成品油10.5亿美元，同比降低19.2%；进口液化石油气11.7亿美元，同比降低61%。2000年以来，原油一直是广东进口油气类产品的主要类别，随着广东炼油能力的提升，广东进口原油占进口油气的比重逐渐提高。

二　化工产品

改革开放40年来，广东经济建设在各个领域都取得了举世瞩目的成就，化工产业同样迎来了前所未有的发展机遇。随着我国对外开放程度的进一步加深，广东化工产业不断壮大，对外贸易日趋活跃，进口产品不断丰富。1981年，广东化工产品的进口规模为0.9亿美元，占全省外贸进口值的4.6%。1981—2008年，广东化工产品进口规模不断扩大，2007年首次突破100亿美元大关，2008年进一步增至115.7亿美元。2009年，受全球金融危机的影响，广东化工产品的进口值有所回落。经过短暂调整，2010年广东化工产品的进口额又恢复强势增长，规模超过金融危机前的水平。2011　2014年，广东化工产品的进口规模趋于稳定，维持在150亿美元左右。近年来，随着广东整体进口规模的缩小，化工产品的进口额出现了小幅下滑，但其规模占全省外贸进口总额的比例保持稳定，维持在3.5%左右。化工产品的进口带动了广东省高新技术产业的崛起，为广东经济快速发展做出了积极贡献。

三　机械设备

改革开放初期，广东以“三来一补”为特色的简单加工型经济为主。随着资金、技术不断积累，在20世纪90年代，广东经济实现了从加工型向制造型的转变。在经济转型的过程中，广东不断优

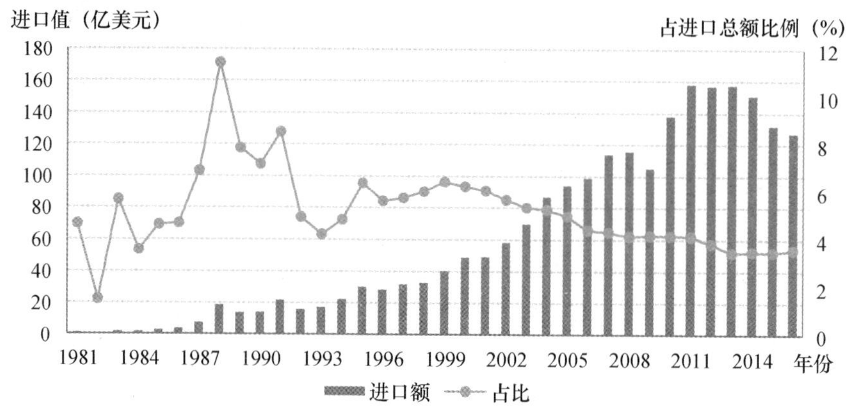

图 6—34　1981—2016 年广东化工产品进口统计图

化进口产品结构，紧跟世界经济和科技发展的潮流，进口机械设备规模不断扩大。一部分企业通过引进先进设备，吸收国外技术和经验，使得自身创新能力不断提升。先进机械设备进口对广东产业结构的转型升级以及综合经济实力的提升起到了重要推动作用。

1981 年，广东进口机械设备 1.1 亿美元，占全省外贸进口总值的 5.7%。1985 年和 1992 年广东机械设备进口值分别突破了 10 亿美元和 50 亿美元。在经过 20 世纪 90 年代中后期产业结构的调整后，广东经济进入以重型化工业为主导的新一轮快速增长期。2000 年，广东机械设备进口值突破 100 亿美元，达到 105.4 亿美元，2008 年进一步增至 344.5 亿美元，较 1981 年增长 312 倍，在全省进口值中的比重也提升至 12.3%。2009 年，受全球金融危机的影响，广东省机械设备的进口值有所回落。2010—2012 年，广东经济的复苏带动了机械设备进口值的增长，2012 年创下了改革开放以来的最高纪录——460 亿美元。2013 年后，受宏观经济环境的影响，广东机械设备的进口值出现了缓慢下滑的趋势。由于广东省整体的进口规模也逐渐缩小，机械设备占进口总值的份额保持稳定，维持在 10% 左右。

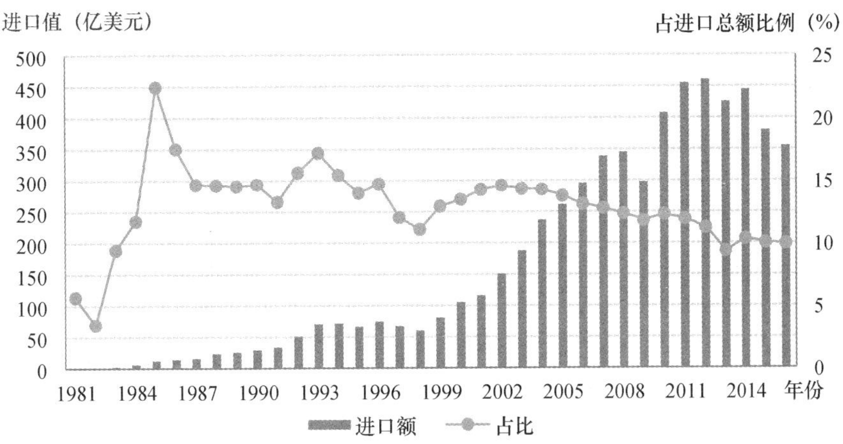

图 6—35　1981—2016 年广东机械设备进口统计图

四　高新技术产品

1986 年，面对世界高新技术蓬勃发展、国际竞争日趋激烈的严峻挑战，我国实施了“高技术研究发展计划”，旨在提高我国高新技术的研发能力，带动国民经济整体的发展。广东省积极响应国家的政策号召，在高新技术领域的投入不断增加，进口高新技术产品的规模不断扩大。2000—2008 年，广东高新技术产品进口值的增长幅度均超过 15%，占全省外贸进口值的比重不断提高。2007 年，广东高新技术产品进口值突破 1000 亿美元，2008 年进一步增至 1243.1 亿美元，占全省外贸进口总额的 38.1%。2009 年，受全球金融危机的影响，高新技术产品的进口规模有所下降。随着经济环境的改善，2010 年后，广东高新技术产品进口又恢复增长趋势。2013 年，广东高新技术进口值突破 2000 亿美元，达到 2186.6 亿美元，创下了改革开放以来的最高纪录。近年来，受贸易保护主义的影响，广东高新技术产品的进口规模出现了小幅下降，跌落至 2000 亿美元以下。由于广东整体进口规模下降幅度更大，因此高新技术产品占进口总额的比重依旧保持上升趋势。2015 年，广东高新技术产品的进口值占全省外贸进口总额的比例超过 50%，2016 年进一步增至 53.2%，成为广东省第一大进口产品。高新技术产品的进口不仅提高了本土企业的科技创新能力，而且有力地促进了广东省产业结构的转型升级。

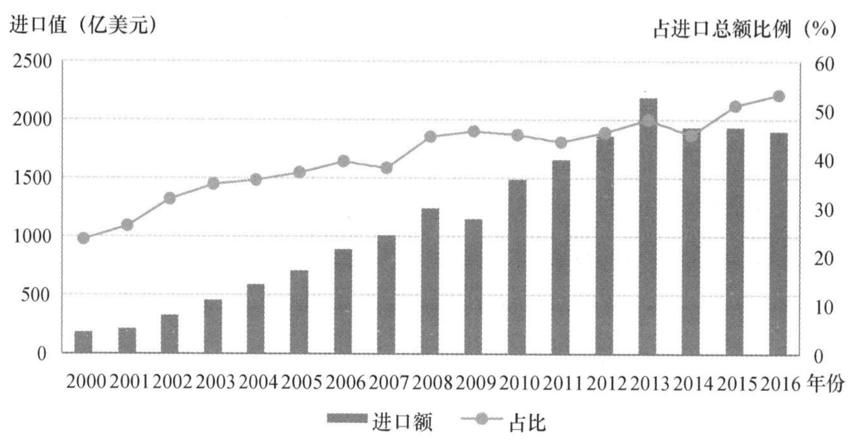

图6—36　2000—2016年广东高新技术产品进口统计图

五　农产品

农业作为我国国民经济发展的基础产业，随着改革开放的推进，对外开放程度不断提高。加入世界贸易组织后，我国逐年下调农产品的进口关税，增加进口农产品配额，不断降低市场进入门槛。同时，国内旺盛的需求也直接加快了农产品进口规模的增长速度。国外进口的农产品进入了寻常百姓家，一方面满足了广东人民消费升级的需要，另一方面也为省内食品加工、服装行业等提供了充足的原材料。

改革开放以来，广东农产品的进口规模整体呈上升趋势。1992年，广东进口农产品13.9亿美元，占全省进口总额的比重为4.3%。2011年，广东农产品进口额首次突破100亿美元，达到119.8亿美元。2016年，广东农产品的进口规模已达到176.6亿美元，较1992年增长11.7倍。农产品进口值占全省外贸进口总额的比例呈先下降后上升的趋势：2005年之前，由于农产品进口增速低于广东省进口总额的增速，农产品在进口总额中的比重不断降低。2005年后，农产品进口的增速已超过进口总额的增长，农产品在进口总额中的比重不断提升。

2016 年，农产品进口额占全省外贸进口总额的 5%，略高于 1992 年的水平。

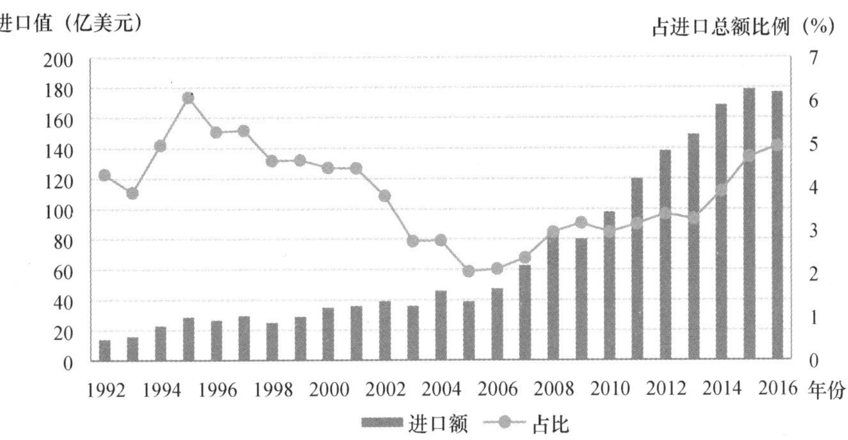

图 6—37　1992—2016 年广东农产品进口统计图

21 世纪以前，广东进口稻谷和大米的规模较小，粮食供应基本自给自足。“入世”后，广东进口稻谷和大米的数额迅速增加，2016 年已达 8.7 亿美元，较 1981 年增长 630 倍，占农产品进口总额的 4.9%。

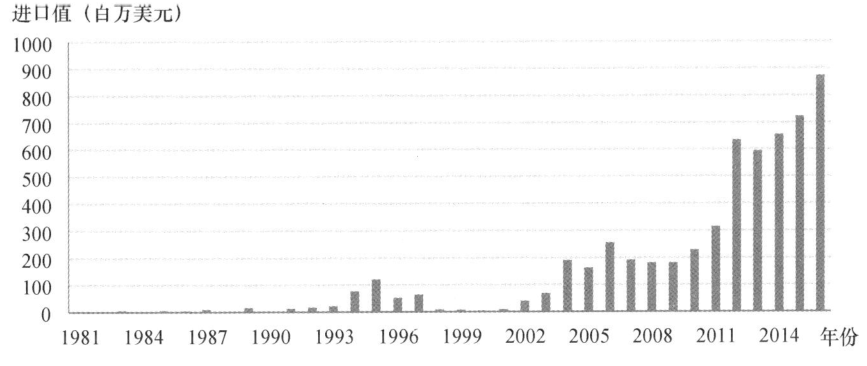

图 6—38　1981—2016 年广东进口稻谷和大米统计图

在农产品的进口中，水果的规模增长得最快。1992 年，广东进口水果0.21亿美元，仅占农产品进口总额的1.5%；2016年，广东进口水果的规模已达26.3亿美元，比1992年增长124倍，年均增幅达22.2%，占农产品进口总额的比例也上升至14.9%。

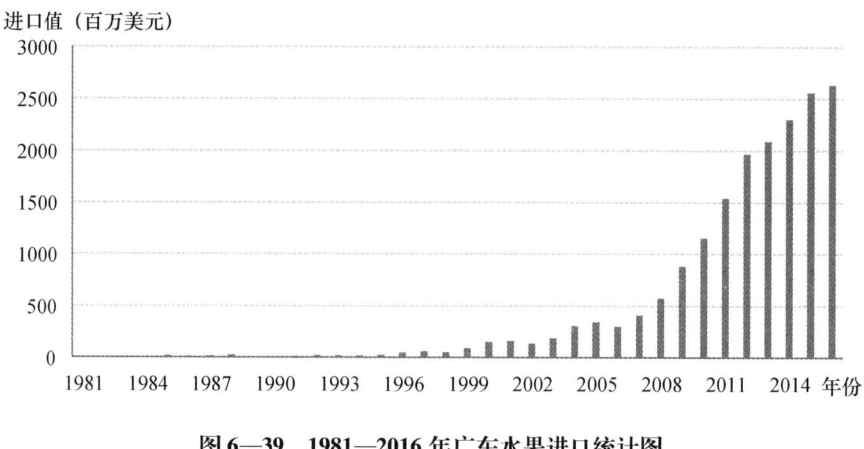

图6—39 1981—2016年广东水果进口统计图

第五节 快速优化的出口商品

广东产业结构的升级主导着出口商品结构的变化，而出口规模的扩大和出口商品结构的优化又推动省内产业结构不断由低级向高级转变。改革开放以来，随着广东工业生产的增长和技术进步，工业制成品出口实现了长足发展，出口商品结构也不断优化。特别是最近十年，广东积极参与国际竞争，不断扩大出口规模，“广东制造”出现在世界的各个角落，深受世界各国消费者的喜爱。

1981年，广东初级产品出口额为11.4亿美元，占同期广东外贸出口总额的38.2%；工业制品出口额为18.4亿美元，占出口总额的61.8%。此后，广东工业制品的出口规模不断扩大，带动了出口总额的迅速增长，工业制品占出口总额的比重节节攀升，逐渐占据了广东出口商品的绝对主导地位。自1986年起，工业制品的出口比重已超过80%，广东出口商品结构的初步升级已经完成。2008年，广东出口总值为4041.9亿美元，其中工业制品出口额为3941.5亿美元，占出口总额的97.5%，工业制品出口占据着绝对主导的地位。

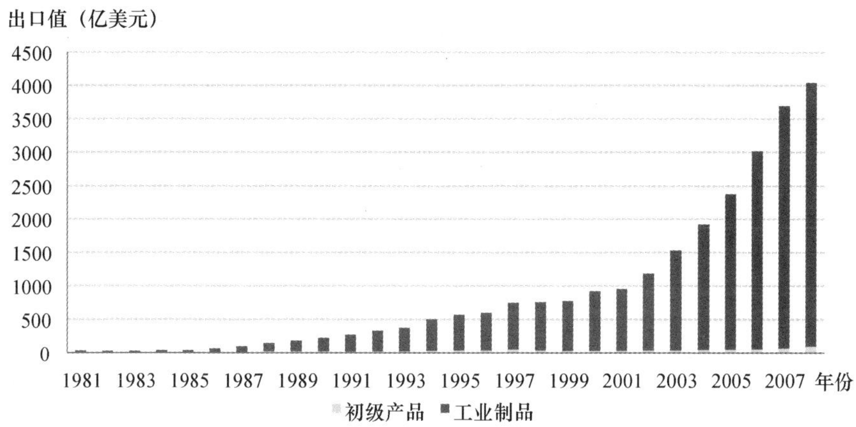

图6—40　1981—2008年广东出口初级产品和工业制品统计图

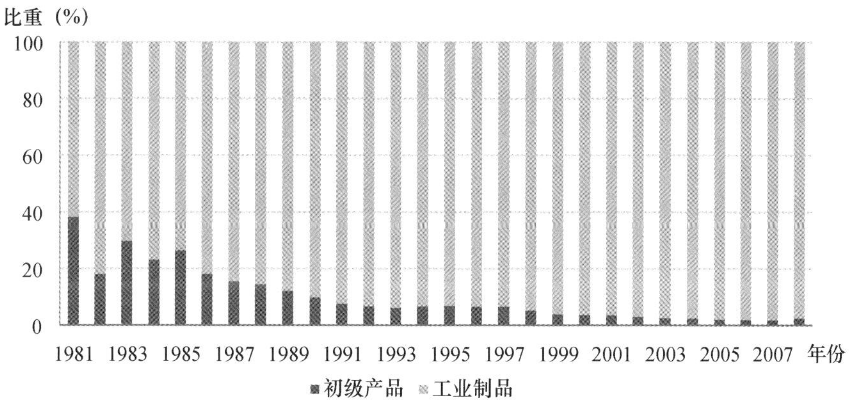

图6—41　1981—2008年广东出口初级产品和工业制品所占比重变化图

注：2008年后，广东省统计局调整了产品分类方法，未公布初级产品和工业制品的出口数额。

在十大类主要出口商品中，机械设备的出口增长最为显著。1998年，广东出口机械设备241.7亿美元，占广东外贸出口总额的32%。经过短短18年的时间，广东机械设备的出口额已增至3211.6亿美元，占据了广东出口商品的半壁江山。珠宝首饰的出口额由1998年的11.7亿美元增至2016年的149.9亿美元，年均增幅达15.2%，占广东外贸出口总额的比重也由1998年的1.5%上升到2016年的2.5%。杂项制品、纺织原料及纺织制品以及鞋帽等传统商品的出口比重都出现了较大幅度的下降。1998年，广东出口玩具、照明装置等杂项制品82.4亿美元，占广东外贸出口总额的10.9%，到2016年这一比重已降至9.5%。21世纪初期，加工贸易的蓬勃发展使得纺织原料及纺织制品成为广东主要的出口商品，占外贸出口总额的10%以上。近年来，随着人工成本和物料成本的上涨，纺织行业的利润受到侵蚀，广东纺织品的出口比重逐年降低。2016年，广东出口纺织原料及纺织制品480.5亿美元，占全省外贸出口总额的8%。20世纪末，广东的鞋帽伞杖等商品在国际市场上具有很强的竞争力，出口额占全省外贸出口总额的7%左右。随着广东产业结构的转型升级，传统产业在全省经济中的地位有所下降。2016年广东出口鞋帽伞杖等商品164亿美元，占全省出口总额的2.7%。出口商品结构的变化反映了广东根据自身优势不断调整产业结构，实现经济转型升级的过程。

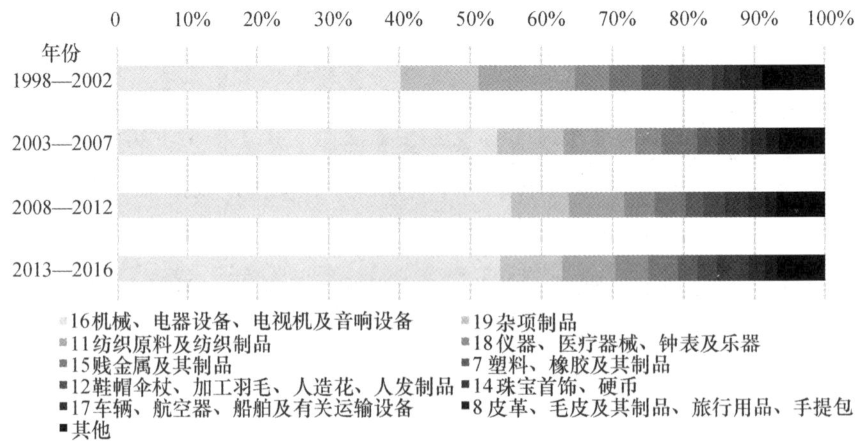

图6—42 1998—2016年广东出口主要商品及其份额变化图

一　传统商品

经过改革开放 40 年的发展，广东已形成配套门类齐全、具有庞大规模和较强竞争力的传统产业体系，以纺织品服装、鞋类、家具、箱包、玩具等产品为主的轻工业在工业总产值中占据一半的份额。经历了 40 年的风风雨雨，广东传统商品在国际市场上依然保持着较强的竞争优势。2016 年，广东出口传统大宗商品（包括纺织品、服装、鞋类、家具、玩具、旅游用品及箱包，下同）1053.9 亿美元，占广东外贸出口总额的 17.6%。

在出口的传统大宗商品中，服装、衣着类附件等产品占据超过三分之一的份额，是广东最主要的出口商品之一。纺织品和鞋类产品分别占据 15% 左右的份额。1992 年以来，随着纺织品行业竞争的加剧，利润空间受到挤压，服装、纺织品和鞋类产品的出口份额均出现了一定程度下降。而广东出口的家具类产品日益受到国际消费者的青睐，出口份额不断提升，在传统大宗商品中的比重仅次于服装类产品。玩具、旅行用品和箱包的出口额均占 1/10 左右的份额，在传统大宗商品出口中的比重基本保持稳定。

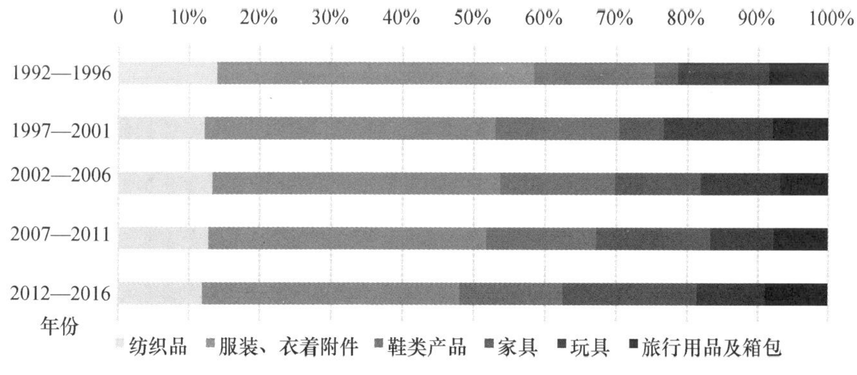

图 6—43　1992—2016 年广东部分传统大宗商品出口比重变化图

除 2008—2009 年受金融危机影响外，纺织品服装的出口规模整体呈增长趋势。1981 年，广东出口纺织品、服装及衣着附件 6.8 亿美元，占当年广东出口总额的 23.1%。2016 年，广东纺织品、服装及衣着附件的出口额已达 495.9 亿美元，比 1981 年增长 72 倍。由于广东整体的出口规模增长较快，纺织品服装在出口总额中的比重降至 8.3%。

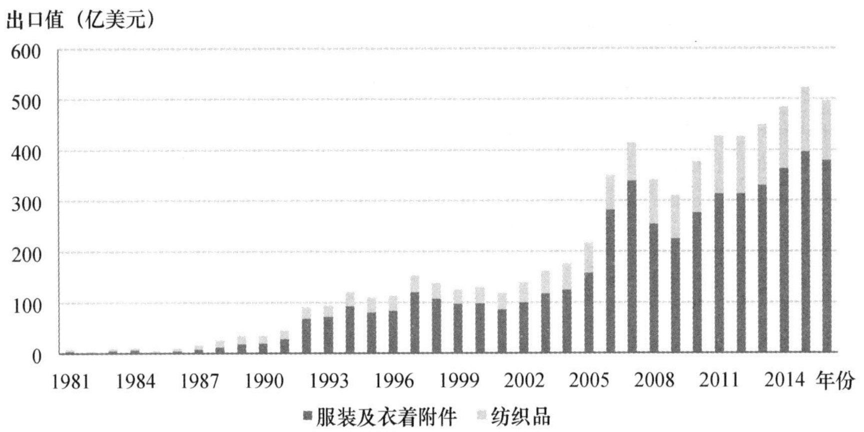

图 6—44　1981—2016 年广东纺织品服装出口统计图

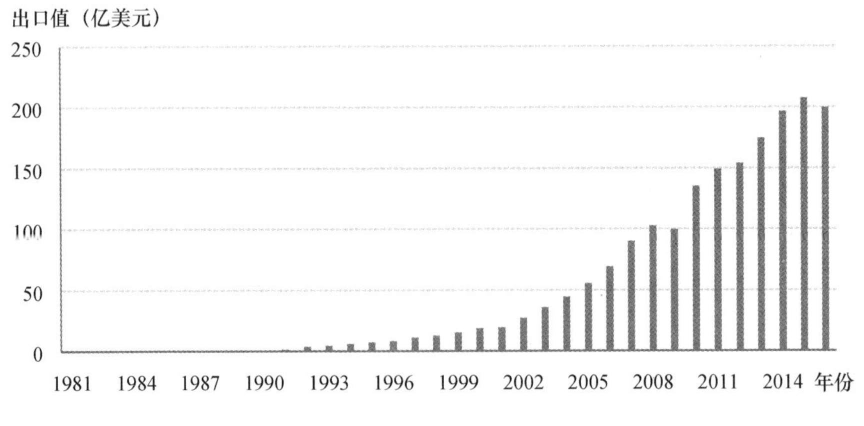

图 6—45　1981—2016 年广东家具出口统计图

在传统大宗商品中，家具类产品的出口规模增长最快。1981 年，广东出口家具 0.3 亿美元，占当年全省外贸出口值的份额仅为 1%。

2016年，广东家具类产品的出口规模已达199.5亿美元，较1981年增长664倍，占广东外贸出口总额的比重也增至3.3%。

二　机电产品

改革开放以来，广东在引进国外先进技术和设备的基础上，不断提高自身在机电行业的科技创新能力，机电产品的出口得到了长足发展，广东也成为全国最重要的机电产品出口基地。1981年，广东出口机电产品3.3亿美元，占同期广东外贸出口总额的11.2%。此后，机电产品的出口规模和所占份额不断增大。2000年，广东出口机电产品494.9亿美元，占广东外贸出口总额的比例首次超过50%；2016年，广东机电产品的出口额已达4064.8亿美元，占全省外贸出口总额的比重上升至67.9%。机电产品已经连续18年占据广东第一大出口商品的地位，成为广东对外贸易快速发展的重要支撑力量。

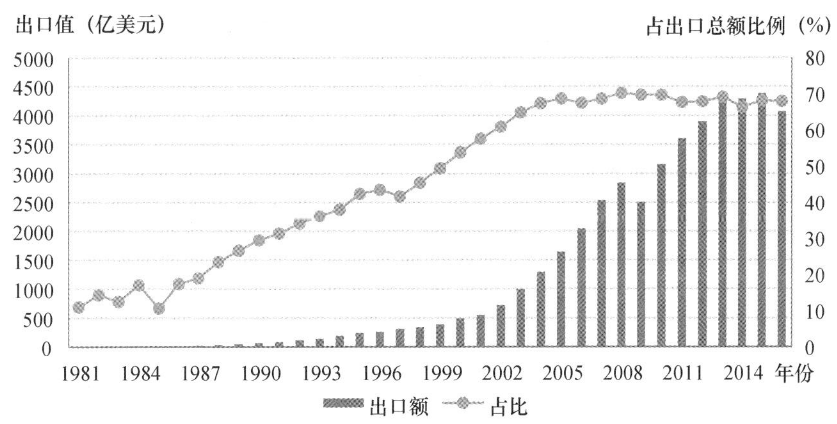

图6—46　1981—2016年广东机电产品出口统计图

在广东机电产品的出口中，电器及电子产品所占份额最大并且保持增长趋势。1981年，广东出口电器及电子产品1.13亿美元，占机电产品出口总额的34.8%；2016年，电器及电子产品的出口规模已增至2327.9亿美元，比1981年增长2059倍，占机电产品出口总额的比重也增至57.3%，已经占据了机电产品出口的半壁江山。机械设备的出口比重呈现先扩大后缩小的趋势。2003年之前，机械设备的出口规模不断增长，占机电产品出口的份额也不断攀升，2003年已占据机电产品出口总额的1/3以上，成为仅次于电器及电子产品的第二大出口机电产品。2003年之后，机械设备的出口比重不断下降，到2016年已降至21.7%。仪器仪表的出口规模虽然不大，但增长速度十分显著。1981年，广东仪器仪表的出口额仅为0.03亿美元，占机电产品出口总额的比重不到1%；2016年，仪器仪表的出口规模已达到235.9亿美元，占机电产品出口总额的比重增至5.8%。在这期间，金属制品、运输工具和其他机电产品的出口比重都出现了不同程度下滑。

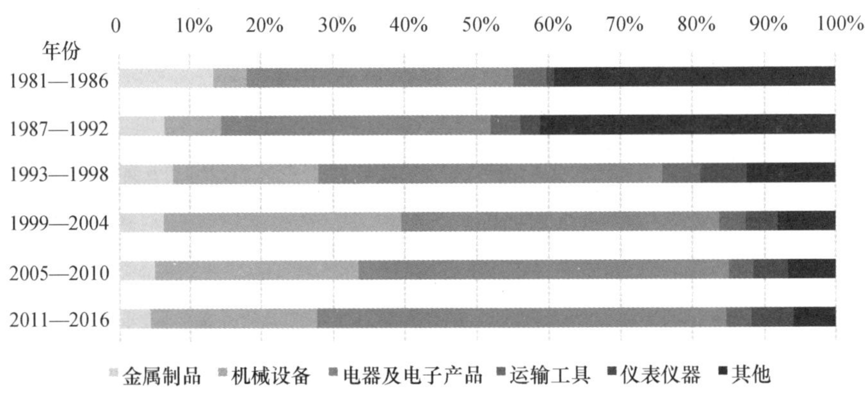

图6—47 1981—2016年广东各类机电产品出口份额变化图

三 高新技术产品

改革开放以来，特别是20世纪90年代后期以来，广东大力实施科技兴贸战略，出台了一系列促进高新技术行业发展的政策，广东高新技术产品的出口规模迅速增长，有效推动了广东出口商品结构的升级优化。1992年，广东出口高新技术产品13.4亿美元（与机电产品有交叉），仅占当年全省出口总额的4%。之后，广东高新技术产品的出口规模和所占比重不断增大。2006年，广东高新技术产品的出口额突破1000亿美元大关，2013年进一步增至2564.1亿美元，占全省外贸出口总额的比重也由2000年的18.5%上升至2013年的40.3%。近年来，受全球贸易保护主义的影响，广东高新技术产品的出口规模开始出现缓慢下滑的趋势，占全省外贸出口总额的比重也回落至35%左右。

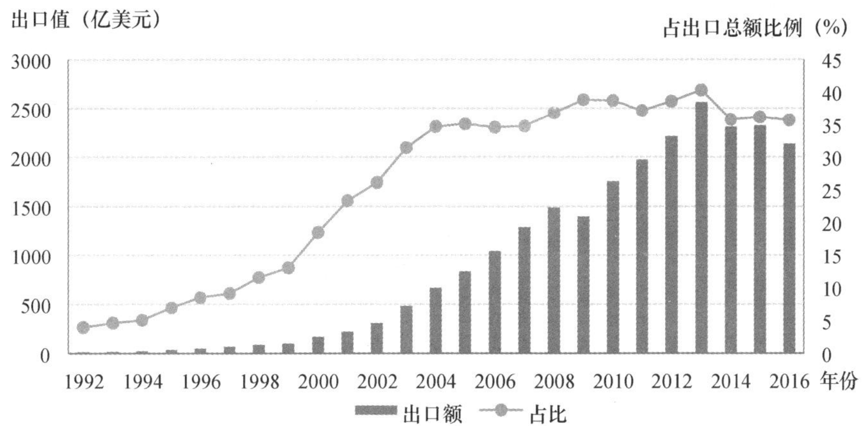

图6—48　1992—2016年广东高新技术产品出口统计图

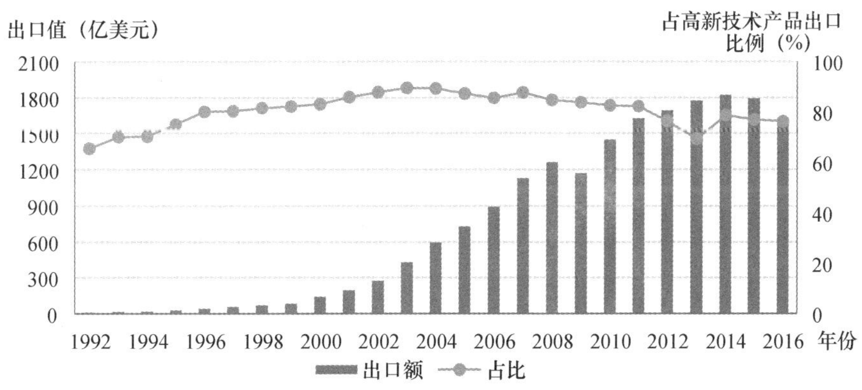

图6—49　1992—2016年广东计算机与通信技术产品出口统计图

在高新技术产品的出口中，计算机与通信技术产品所占份额最大。伴随着高新技术产品出口规模的扩大，计算机与通信技术产品的出口额也呈现稳步增长的趋势。1992年，广东计算机与通信技术产品的出口额为8.8亿美元，占高新技术产品出口总额的65.5%。2016年，计算机与通信技术产品的出口规模已达1629.5亿美元，占高新技术产品出口总额的比重上升至76.3%。可以看出，伴随着出口规模的日益扩大，广东高新技术产品的出口结构呈现不断优化的趋势，在国际市场上的竞争力也逐渐增强。

四　农产品

改革开放以来，广东进行了三次农业和农村经济结构调整。20世纪70年代末至80年代初，广东进行了第一次农业改革，实行家庭联产承包责任制，对计划经济体制下形成的“以粮为纲”的农业结构进行调整，积极发展多种经营模式，农业和农村经济实现了前所未有的发展。第二次改革发生在20世纪80年代中后期至90年代初，广东以发展“三高”农业为重点进行了经济结构调整，大力支持乡镇企业的发展，农业经济结构和农村社会面貌发生了深刻变化。第三次改革发生在20世纪90年代末，广东实行了以全面提高农村经济运行效益为中心的战略性调整，大力推进农业产业化经营，加快农业现代化建设的步伐。近年来，广东大力推进农业和农村经济结构调整，不断提升农业经营效益和竞争力，农业外向型经济呈现平稳发展的良好态势。

广东农产品的出口规模经历了两个阶段的变化：2005年之前，广东农产品的出口额基本保持稳定，维持在25亿美元左右。随着广东整体出口规模的增长，农产品占出口总额的比重不断下降，2005年农产品的出口份额仅为1%。2006年开始，广东农产品的出口规模不断增长，占全省外贸出口总额的比重也有所回升。近年来，虽然国外市场农产品准入标准不断提高，但广东农产品出口企业依然能够克服种种困难，确保农产品出口的稳定增长。2016年，广东农产品出口额达92亿美元，比1992年增长3.8倍，占全省外贸出口总额的1.5%。

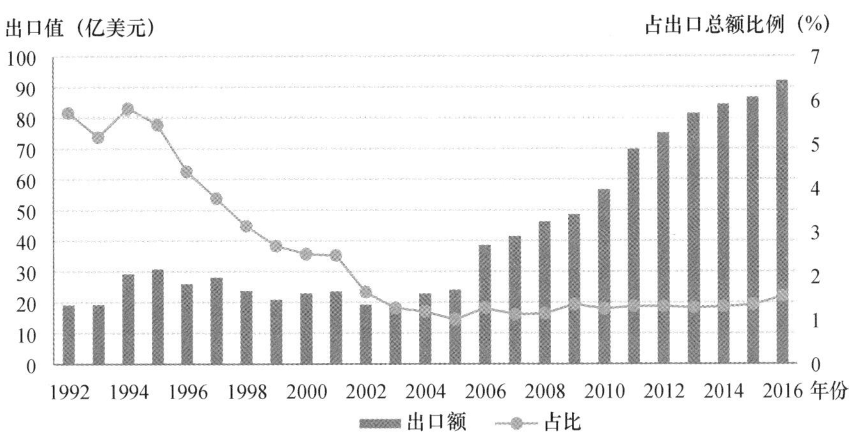

图 6—50　1992—2016 年广东农产品出口统计图

在农产品出口中，水产品占有较大比例。2011 年之前，广东水产品的出口规模较小并呈现波动变化的趋势。2012 年，广东水产品的出口规模增长了一倍多，由 10. 1 亿美元猛增至 24. 4 亿美元，2013 年进一步增至 30. 3 亿美元。近年来，广东水产品的出口规模基本保持稳定，2016 年的出口额为 29. 3 亿美元，占农产品出口总额的 31. 8%。

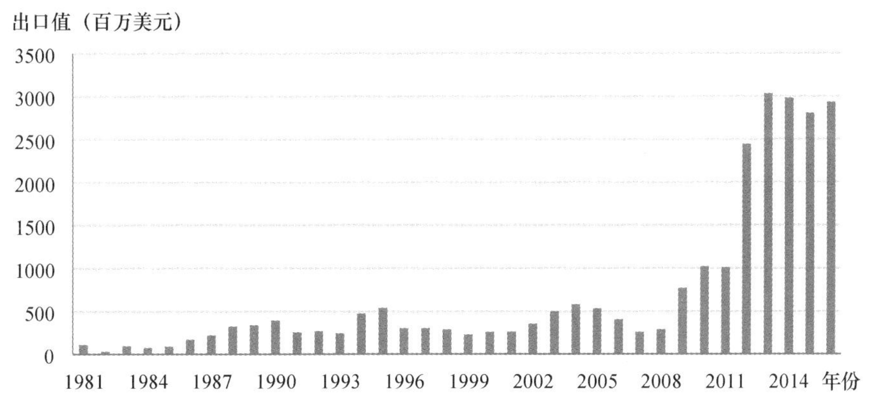

图 6—51　1981—2016 年广东水产品出口统计图

蔬菜和水果的出口规模整体呈波动增长的趋势。2016 年，广东出口蔬菜 4. 3 亿美元，占农产品出口总额的 4. 7%，比 1981 年增长 4. 2

倍；出口水果1.5亿美元，占农产品出口总额的1.6%，比1981年增长3.2倍。

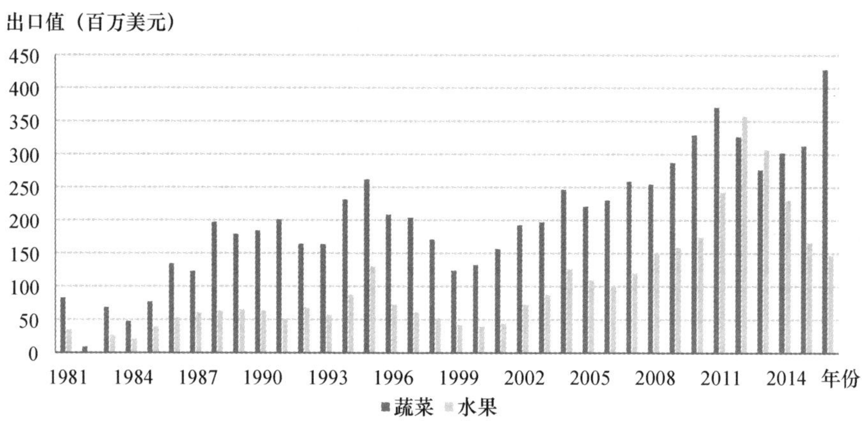

图6—52　1981—2016年广东蔬菜水果出口统计图

第六节　蓬勃发展的地市外贸

广东濒临南海，是华南、中南、西南地区对外联系的主要通道和我国的南大门。广东省下设21个地级市，土地面积为18万平方公里，北回归线横贯全境，光照充足，雨量充沛，物产丰富。1979年7月，党中央根据广东省委的要求和邓小平同志的意见，决定在广东和福建实行特殊政策和灵活措施，在改革开放进程中先行一步。

40年来，凭着"敢为天下先"的勇气和精神，广东锐意进取、开拓创新，已成为我国经济发展最快的地区，同时也是我国第一大外贸省份。包括广州、深圳、珠海、佛山、中山、江门、东莞、惠州、肇庆九个地级市在内的珠江三角洲地区，在改革开放初期，凭借毗邻港澳的区位优势，以"三来一补"的加工贸易起步，不断吸引海外资本涌入，迅速成为中国经济国际化和外向化程度最高的地区。随着经济规模的不断扩大，珠江三角洲在广东外贸进出口中的地位日益提高。

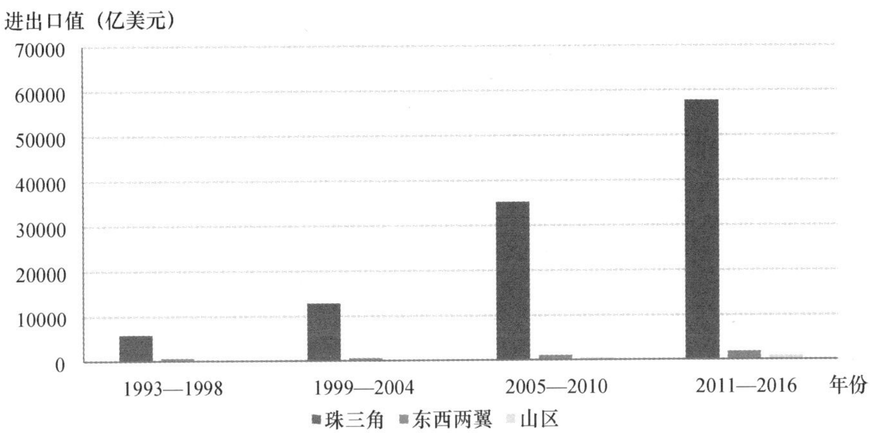

图6—53　1993—2016年广东三大区域进出口统计图

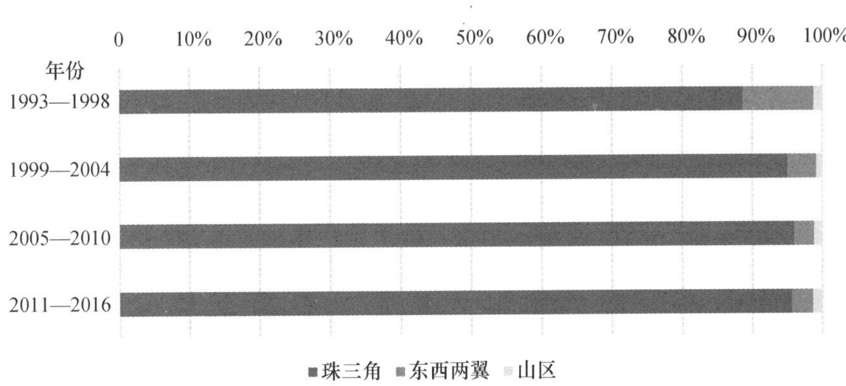

图6—54　1993—2016年广东三大区域进出口比重变化图

注：珠江三角洲地区包括广州、深圳、珠海、佛山、中山、江门、东莞、惠州、肇庆9个地级市；东翼地区包括汕头、潮州、揭阳、梅州、汕尾5个地级市；西翼地区包括湛江、茂名、阳江3个地级市；山区地区包括韶关、梅州、河源、清远、云浮5个地级市。

2011—2016年，珠江三角洲的进出口值占广东外贸进出口总值的比重达95.6%，比1993—1998年所占份额提高7个百分点。2016年，珠江三角洲进出口值达9101.8亿美元，占当年广东外贸进出口值的95.3%，占同期全国进出口总额的24.7%；贸易顺差达2200亿美元，占当年广东贸易顺差的91%，占同期全国贸易顺差的43.1%，充分体现了珠江三角洲在广东乃至全国对外贸易中举足轻重的地位，是广东经济发展最主要的动力来源。

改革开放以来，珠江三角洲九个城市的外贸进出口均保持良好的发展势头。其中，深圳市的出口增速和外贸规模在所有城市中表现最为亮眼。2016 年，深圳市进出口值达 3984.4 亿美元，占全省外贸进出口总值的 41.7%，比 1987 年提高了 19.7 个百分点。

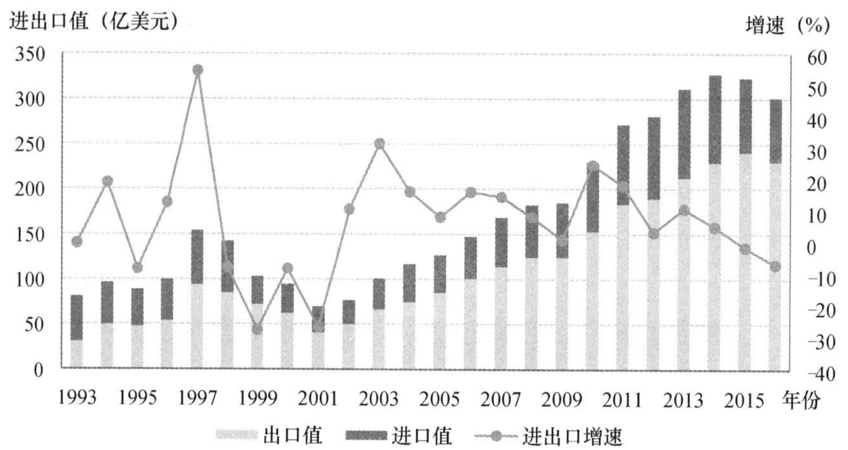

图 6—55　1993—2016 年广东东西两翼进出口统计图

粤东地区 5 个地级市（包括汕头、潮州、揭阳、梅州、汕尾）、粤西地区 3 个地级市（包括湛江、茂名和阳江）共有面积约 6.3 万平方公里，这里坐落着最早对外开放的汕头市，拥有全国最大的核电项目和天然深水港——湛江港。改革开放以来，广东东西两翼充分发挥临海优势，积极进行招商引资，外贸进出口规模实现了快速的增长。特别是“入世”后，广东将加快东西两翼和山区发展作为区域协调发展工作的重点，在资金和政策上加大了支持力度，积极推进东西两翼特色产业的发展，使得各市的进出口交易日趋活跃，外贸发展逐步驶入快车道。近年来，随着广东整体进出口规模的缩减，东西两翼的进出口增速逐渐放缓，外贸规模渐趋稳定。2016 年，广东东西两翼的进出口值为 301.4 亿美元，占同期广东对外贸易总额的 3.2%。从东翼和西翼的进出口规模来看，东翼占据绝对主导地位，其进出口额占东西两翼外贸总额的比重超过70%。

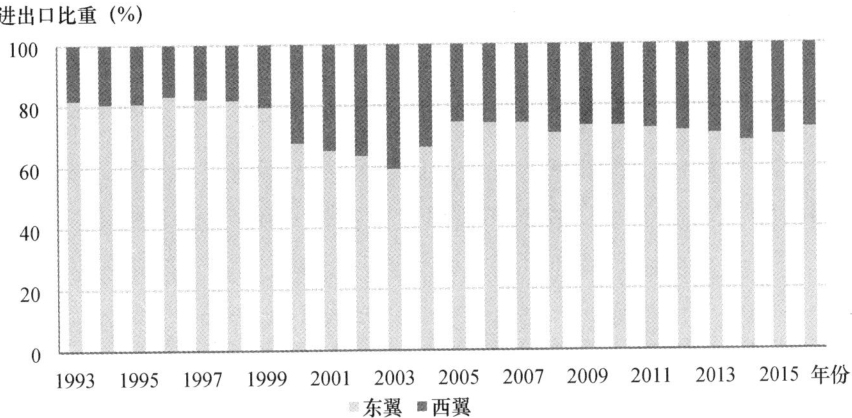

图6—56 1993—2016年广东东西两翼进出口比重变化图

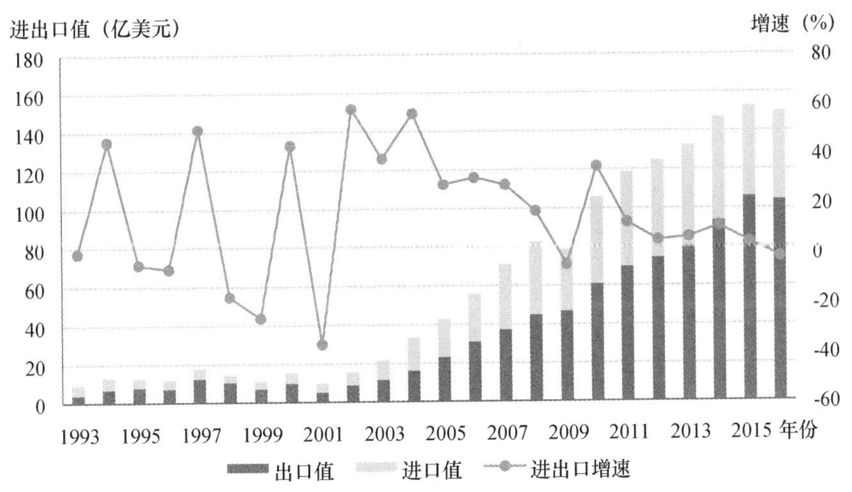

图6—57 1993—2016年广东山区五市进出口统计图

广东山区五个地级市（包括韶关、梅州、河源、清远、云浮）在地理位置、基础设施建设和投资环境等方面与珠江三角洲存在较大差距。改革开放40年来，广东山区五个地级市的外贸进出口水平明显低于沿海城市。但随着区域协调发展政策的逐步落实，广东山区的外贸增长潜力得到释放，山区五市的进出口规模不断扩大。2015 年，山区五市的进出口额达 152.8 亿美元，较 1993 年的 9.1 亿美元增长 15.8 倍，占广东外贸进出口总值的比重也由 1993 年的 1.16% 上升至 2015 年的 1.49%。近年来，随着广东整体外贸规模的缩减，山区五市的进出口增速逐渐放缓，进出口总额渐趋稳定。

从各市的出口比重上来看，清远市所占份额最大，是拉动广东山区外贸增长的主力军。改革开放以来，河源市的外贸规模增长较快，占山区五市进出口总额的比重不断提高，与清远市的差距也逐渐缩小。韶关市的进出口份额基本保持稳定，维持在 15% 左右。云浮市和梅州市的进出口增速不及其他三市，占广东山区外贸进出口总值的比重逐渐降低。

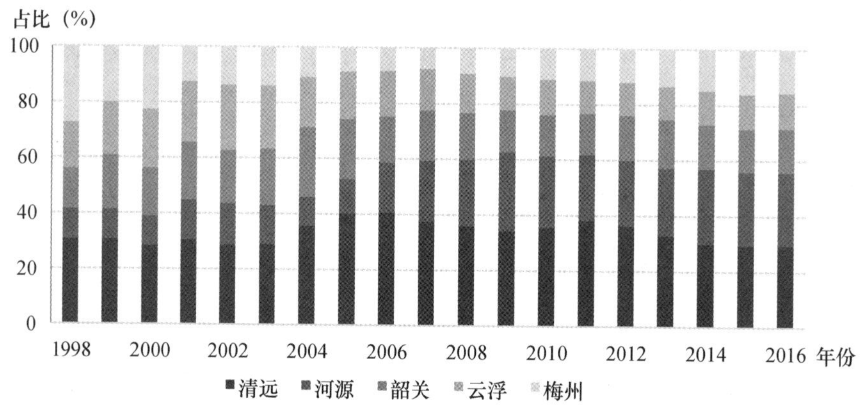

图 6—58　1998—2016 年广东山区五市进出口比重变化图

一　广州

作为广东政治、经济和文化中心，广州既是我国改革开放的前沿阵地，又是重要的对外贸易口岸。改革开放 40 年来，广州积极实施“外向带动”战略，大力调整对外经贸结构，充分利用“广交会”这一平台，向世界各国展现自身的风采。随着开放程度的加深，广州参与国际竞争与合作的力度进一步加强，对外贸易的发展稳中向好，取得了一系列可喜的成就。1993 年，广州外贸进出口值首次突破 100 亿美元，达到 130.9 亿美元，占广东外贸进出口总额的 16.7%。2003 年，广州外贸进出口值跃上 300 亿美元，此后连续五年每年跨上一个百亿美元台阶。2009 年，受全球金融危机的影响，广州外贸进出口值首次出现了下滑，同比降低 6.4%。金融危机后，广州经济表现出了强大的生机与活力，2010 年外贸进出口值增长 35.2%，首次突破 1000 亿美元大关，达到 1037.6 亿美元。近年来，随着广东整体经济增速的放缓，广州对外贸易的规模逐渐趋于稳定，维持在 1300 亿美元左右。从进出口结构上来看，大多数年份广州的出口值大于进口值，表现为贸易顺差。2012 年以来，广州的出口增速超过进口增速，贸易顺差呈现进一步扩大的趋势。

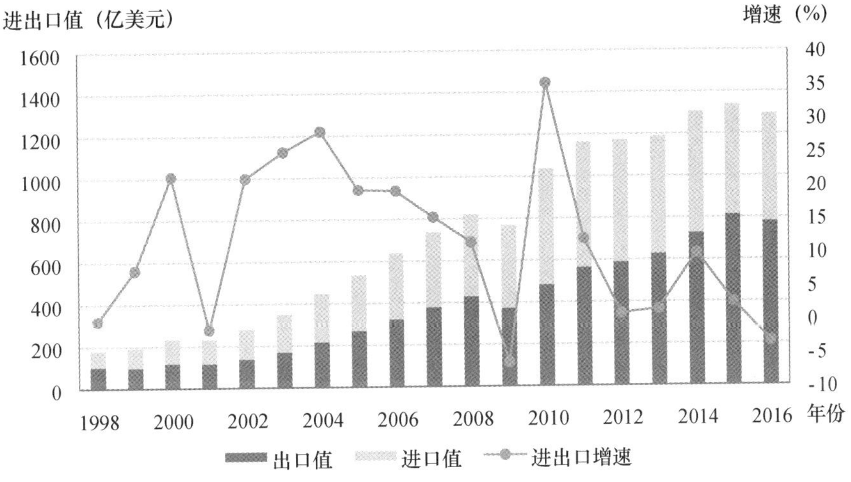

图 6—59　1998—2016 年广州进出口统计图

二　深圳

作为改革开放的“试验场”和对外交流的“窗口”，40 年来，深圳以“敢为天下先”的气魄和精神，大胆尝试，勇于创新，创造了我国经济特区发展史上一个又一个奇迹。多年来，深圳借助毗邻香港的区位优势和特区优惠的经贸政策，大力引进外来资金和技术，以进口带动出口，实现了对外贸易的飞速发展。1998 年，深圳进出口规模仅为452. 8 亿美元，占广东外贸进出口总额的 34. 9%。进入 21 世纪后，深圳对外贸易规模迅速扩大，自 2002 年起，连续六年进出口增速超过 20%。2008 年，深圳外贸进出口值突破 3000 亿美元关口，较 10 年前增长 5. 6 倍。与此同时，技术含量低、劳动密集的“三来一补”贸易逐渐丧失主导地位，对外贸易结构逐渐优化。2009 年，受全球金融危机的影响，深圳的进出口值同比下降了 10%。经过了短暂的调整之后，深圳对外贸易又恢复了往日的活力。2010—2013 年，深圳进出口规模连续四年以超过 10% 的速度增长，到 2013 年已经突破 5000 亿美元大关，达到 5374. 8 亿美元，占全省外贸进出口总额的比重也上升至 49. 2%。近年来，随着我国人口红利逐渐消失，大批外资企业撤离中国，深圳的对外贸易规模已经连续三年出现下滑，2016 年的进出口值已跌至 3984. 4 亿美元。从进出口结构上来看，1998 年以来，深圳的出口值一直高于进口值，贸易差额呈现先扩大后保持稳定的趋势，2016 年实现净出口 762. 4 亿美元，是广东省贸易顺差最主要的来源。

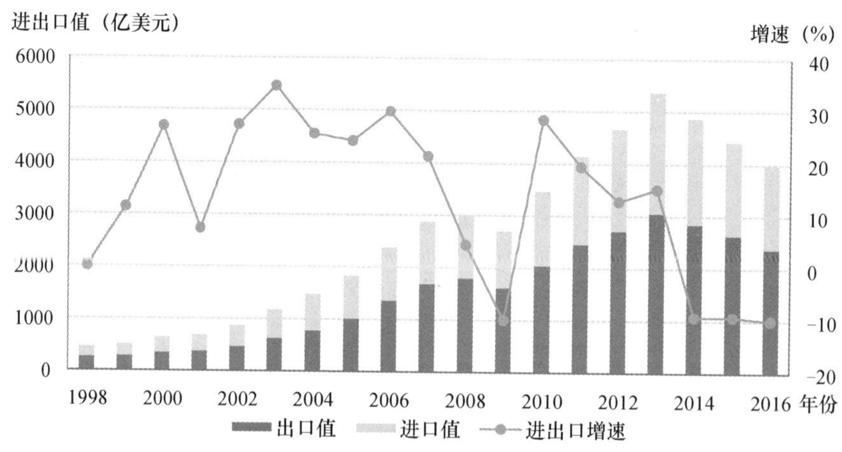

图 6—60　1998—2016 年深圳进出口统计图

目前，深圳拥有我国第二大集装箱海港、国际货运发达的空港、三个保税区和六大物流园区，为进出口贸易的发展创造了良好的条件。同时，深港两地唇齿相依，贸易便利化程度不断提高，深圳的对外贸易将会向着更好的方向发展。

三　珠海

珠海位于珠江出海口西岸，濒临南海，邻接澳门，水连香港，是中国最早成立的四个经济特区之一，这里曾经诞生了中国第一家加工贸易企业——珠海县香洲毛纺厂。改革开放40年来，珠海坚持实施“外向带动”战略，将吸收外资与促进产业升级、区域协调发展结合起来，大力发展高科技和旅游产业，形成了初具规模的外向型经济格局。目前，珠海拥有中国第二大陆路口岸——拱北口岸和中国最大水路客运口岸——九洲口岸，为进出口交易创造了良好的条件，对外贸易规模不断扩大。1996年，珠海外贸进出口值突破50亿美元，达到55.9亿美元；2002年跃上100亿美元台阶，达到128.3亿美元。此后，珠海进出口值不断增长，到2008年已达468.3亿美元，占全省外贸进出口总额的6.9%。2009年，受全球金融危机的影响，珠海的进出口值下降了20.1%。2010年后，珠海的外贸规模呈现先增加后减小

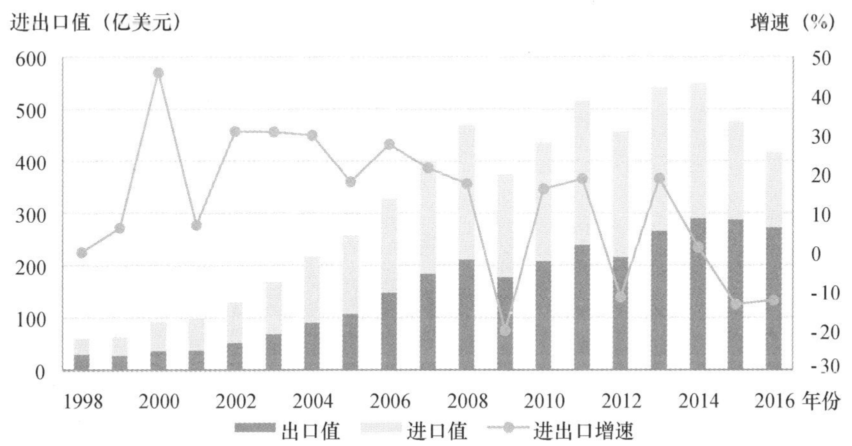

图6—61　1998—2016年珠海进出口统计图

的倒“U”形走势，2014 年达到改革开放以来的峰值 549.6 亿美元，2016 年跌落至 417.1 亿美元。从进出口结构上来看，大多数年份珠海的进口值略微超过出口值，表现为轻微“入超”。

四 汕头

汕头是我国最早成立的经济特区之一，地处东南沿海，地理条件优越，拥有众多的天然良港，其中汕头港是我国沿海主枢纽港之一。在改革开放的前二十年，汕头充分发挥其海外侨胞众多的优势，吸引外商投资办厂，大力发展加工贸易，外贸进出口实现快速增长。1998 年，受出口骗税风波的影响，汕头对外贸易的发展进入低谷，进出口值连续四年下滑，2001 年已跌至 27.3 亿美元。此后，汕头紧紧抓住我国“入世”的良机，及时调整市场经济秩序，积极挖掘港口潜能，利用现有优势形成机电产品、玩具、家具、服装等产业集群，以生产促外贸，带动汕头进出口贸易迅速增长。2002—2014 年，汕头的外贸规模始终保持良好的增长态势，在金融危机期间也仅降低了 4.3%。2015 年以来，受宏观经济环境的影响，汕头的进出口值出现了轻微下滑，2016 年实现进出口 85.3 亿美元，比 1998 年增长 29%。从进出口

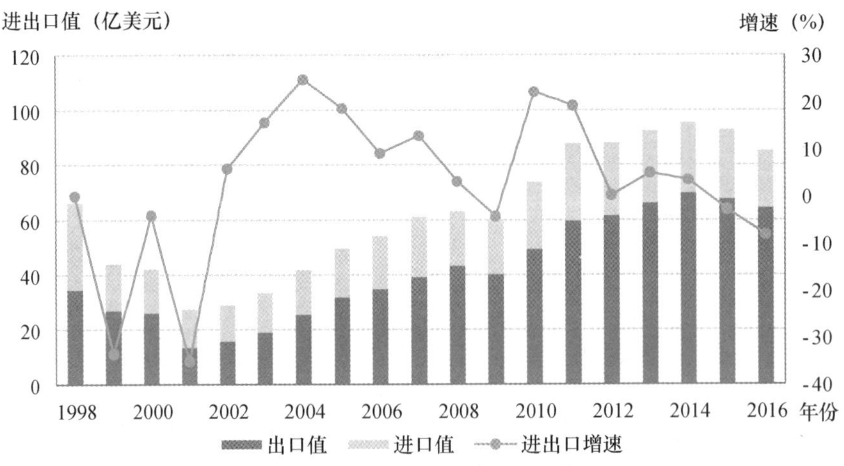

图 6—62 1998—2016 年汕头进出口统计图

结构上来看，汕头的出口值大于进口值，贸易顺差的规模呈逐步扩大的趋势。

五　东莞

东莞为直属广东省管辖的地级市，南接深圳，北靠广州，东与博罗隔江而立，西与番禺隔海相望，扼东江和广州水道出海的咽喉，前人称之为“雄镇东南，以固省会，诚岩邑也”。东莞借改革开放的东风，以“三来一补”为发端，开启了我国利用外资发展对外贸易的先河。1993 年，东莞进出口首次突破 100 亿美元，达到 102. 8 亿美元，占同期广东进出口总额的 13. 2%；2007 年，东莞的外贸规模迈上千亿美元台阶，达到 1068. 1 亿美元，较上年同期增长 26. 8%，占全省外贸进出口总额的比重上升至 16. 8%。除 2009 年受金融危机影响外，东莞的进出口值一直保持稳定的增长势头。特别是 2014 年以来，在广东整体进出口缩减的情况下，东莞的外贸规模仍保持着年均 4% 的增速，展现出了强大的经济活力。从进出口结构上来看，东莞的出口规模一直高于进口规模，贸易顺差呈现不断扩大的趋势。

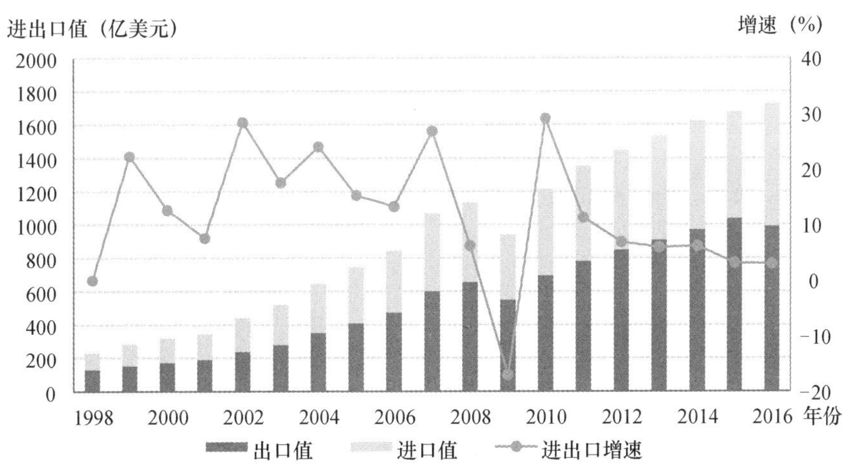

图 6—63　1998—2016 年东莞进出口统计图

四十年弹指一挥间，东莞人抢抓机遇，筑巢引凤，将一个名不见经传的农业县打造为世界知名的“加工贸易之都”，在中国改革开放的历史上写下了辉煌的篇章。

六　佛山

佛山市位于广东中南部、珠江三角洲腹地，东倚广州，西接肇庆，南连中山、江门，北通清远，地理位置十分优越。自古以来，佛山就有“广纱中心”、“南国陶都”、“岭南药材发祥地”的美誉。改革开放以来，佛山致力于提高产业竞争力和优化贸易结构，充分利用国内外资源，在提升传统产业发展水平的基础上，大力发展家电、电子和高新技术产业，构建富有竞争力的产业体系，同时也培育出一批优秀的民营企业。就外贸发展来看，佛山市的进出口经历了快速增长和渐趋稳定两个阶段。2011 年之前，除 2009 年受金融危机影响外，佛山的外贸规模每年均以超过 10% 的幅度增长，几乎每年都跨上一个新的百亿美元台阶。2011 年后，受国内外经济环境的影响，佛山的进出口规模渐趋稳定，维持在 630 亿美元左右。2016 年的外贸进出口值为 621.8 亿美元，较 1998 年增长 7.7 倍，占广东省对外贸易总额的 6.5%。

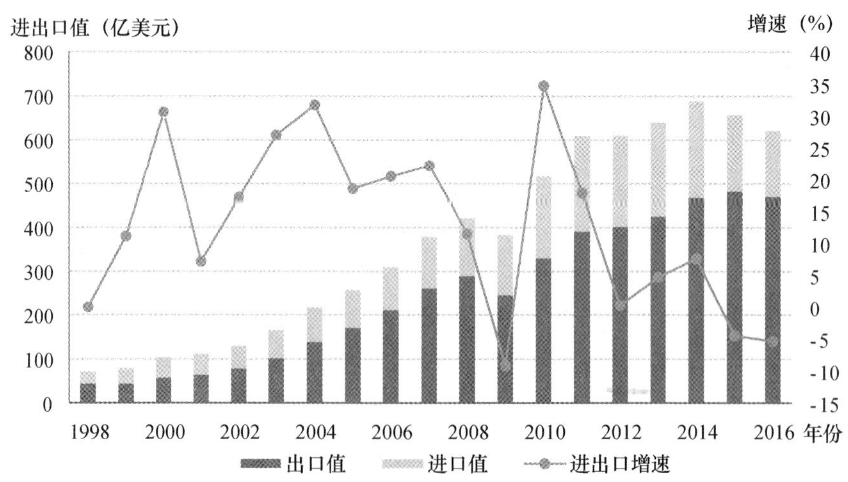

图 6—64　1998—2016 年佛山进出口统计图

从进出口结构上来看，佛山的出口规模大于进口规模，贸易顺差呈现不断扩大的趋势。

佛山，这座曾经在明清时代与北京、苏州、汉口并称为全国“四大聚”的城市，凭借着锐意进取、开拓创新的勇气和精神，以崭新的面貌出现在世人面前，为广东经济的发展注入了新的活力。

第七章

广东省服务业对外开放四十年

作为我国的经济大省和改革开放的排头兵，广东的发展一直走在全国的前列。服务业是国民经济的重要维度，改革开放四十年来，广东在服务业对外开放方面取得了巨大成就。和其他省市对比，广东无论是服务贸易还是服务业利用外资，都显著优于全国其他省市。当前，广东正步入“服务经济”发展阶段，扩大服务业开放不仅是广东适应产业转移新趋势与保持经济较好增长的重要方式，也是广东继续发挥引领示范作用的重要途径。

某一国家或者某一地区服务业的对外开放水平的重要衡量指标主要有两个：服务贸易以及服务业外商直接投资（Foreign Direct Investment，FDI），因此本章也将从服务贸易和服务业 FDI 两个角度充分探究改革开放四十年来广东省服务业对外发展的成就。然后重点分析在广东国民经济中占比较高的餐饮业和批发零售业的对外开放情况。

第一节　广东服务业对外开放的格局

一　服务贸易稳步增长

1992 年起，我国颁布了《中共中央、国务院关于加快发展第三产业的决定》（中发〔1992〕5 号）。以此为起点，我国的服务业开始获得较快发展，图 7—1 展示了自 1982 年至 2016 年中国服务贸易进出口总额的变化趋势，由此可以看出改革开放之后中国的服务贸易一直呈现出稳步上升的发展状态。

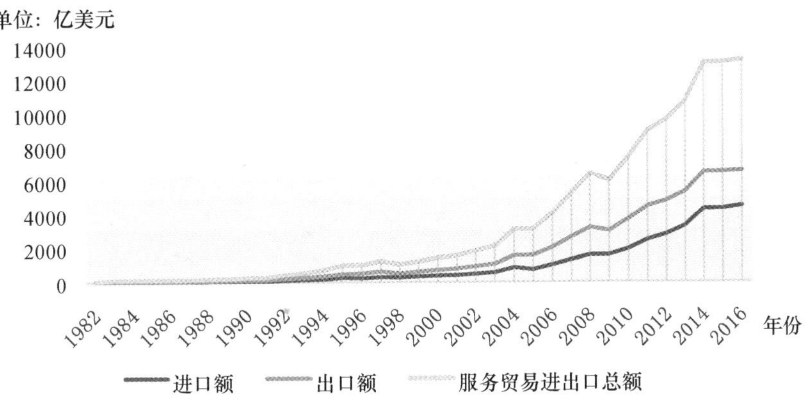

图 7—1　1982—2016 年中国服务贸易进出口总额变化

数据来源：《广东省统计年鉴》。

而对于处在沿海地带正值改革开放前沿的广东省，更是在先天优势的支持下加快了服务业对外开放的步伐。在改革开放的初期——1979 年，广东省货物与服务进出口额为 12. 47 亿美元，随后呈现出小幅度的正向波动趋势。而真正意义上的井喷增长状态开始于 90 年代初期，1990 年广东省货物与服务进出口总额为 100. 61 亿美元，1995 年为 174. 89 亿美元。而在 2000 年，该项数据便首次突破了千亿元大关，该年的净出口额达到了 1175. 99 亿美元，2005 年广东省的货物与服务进出口总额高达 2866. 68 亿美元，2008 年更是达到了历年的高峰值 7336. 63 亿美元。从上述数据可以看出，拥有得天独厚地理优势的广东省的服务贸易自改革开放以来都呈现出稳步增长的态势。

二　服务业 FDI 占比超过一半

除了贸易发展带来的服务业对外开放步伐的加速，改革开放后，大批外商的涌入也是服务业发展重要的推动力。有数据表明，我国服务业投资中外商所占据的比重正在逐渐增大。因此，本章从广东省服务业吸引外商投资的变化情况来分析广东的服务业对外开放情况。

表7—1是广东省服务业外商直接投资实际利用外资额在2005—2016年的大致情况。其中可以看到广东省服务业FDI的总量在2005年为257178万美元，而在2016年已经达到了1529696万美元，这中间的十年时间，服务业外商直接投资利用外资额一直处于稳定增长的状态。同时，表中计算了服务业FDI总量占FDI总量的比例，可以看到在2005年服务业占比仅为0.2080，但是截至2016年，占比已经增长到0.5692，超过了FDI总投资量的一半。

表7—1　　　　广东省服务业FDI行业细分数据　　　　单位：万美元

行业	2005	2007	2009	2011	2012	2014	2016
总计	1236391	1712603	1953460	2179836	2354911	2687144	2334921
农、林、牧、渔业	7720	18295	23922	15871	15264	16888	11135
采矿业	8692	2373	1974	2146	2053	348	1255
制造业	939406	1044892	1109713	1249445	1320742	1295374	577628
电力、燃气及水的生产和供应业	19382	9712	44578	52136	51984	85713	82146
建筑业	4013	14089	15397	11948	19273	8669	53941
服务业FDI总量	257178	623242	757876	848290	945595	1280152	1529696
服务业FDI总量占FDI总量比例	0.2080	0.3639	0.3880	0.3892	0.4015	0.4764	0.5692
交通运输、仓储和邮政业	37439	52654	42787	73455	78595	42954	52667
信息传输、计算机服务和软件业	21078	21207	23582	51166	26005	37072	341084
批发和零售业	19522	67574	194527	210378	278573	319439	185361
住宿和餐饮业	8285	21408	16969	21534	10594	13492	6388
金融业	3533	2307	4344	16014	21773	180426	196424
房地产业	84437	351265	295304	285077	287405	434438	362282
租赁和商务服务业	52633	53403	94664	116014	133582	176532	404981

续表

行业	2005	2007	2009	2011	2012	2014	2016
科学研究、技术服务和地质勘查业	11942	29735	66764	53381	53155	48871	42830
水利、环境和公共设施管理业	924	1157	5304	4478	6511	6606	5612
居民服务和其他服务业	12600	4932	4359	6248	14676	10453	2994
教育	165	136	67	13	16	NA	1416
卫生、社会保障和社会福利业	225	538	447	2167	2355	544	187
文化、体育和娱乐业	4395	16926	8758	8350	32355	1067	6590
公共管理和社会组织	NA	NA	NA	NA	NA	8258	NA

数据来源：历年《广东省统计年鉴》。

从具体的服务业 FDI 的细分行业来看，外商的投资较集中于交通运输、仓储和邮政业、批发和零售业、房地产业、租赁以及商务服务业、科学研究技术服务业和地质勘查业等行业。

三　广东省服务业对外开放度不断提升

为了更加具体地量化广东省服务业的对外发展趋势，本书测算了广东省的服务业开放度，并将其分为服务业外资开放度以及服务贸易开放度。表 7—2 反映了广东省服务业服务产品出口数据以及实际利用外资的情况。

从表中可以看出，1990 年时，广东省服务业的外资开放度仅为 1.28%，而自 1992 年开始，出现了大幅度增长，并且这样的增长速度一直持续到 1994 年，开放度达到了 6.31%。而在之后的时间里，广东省服务业的外资开放度出现持续下滑的阶段，直到 2000 年开始稳定在 2% 左右。而后在 2004 年再次出现较大幅度下滑，跌至自 1990 年以来的最低点，仅为 0.94%。2006 年至 2016 年，出现小幅度的回升以及小范围的波动，维持在 1.06%—1.3% 之间。而从服务贸易的角度来看，1990 年广东省服务贸易对外开放度为 2.20%，1995 年则升至 3.37%，由于 1997 年所发生的亚洲金融危机，该数据自 1996 年呈现出较为明显的下滑趋势。而在 2000 年以后，广东省服务贸易开放度基本维持在 2.3% 左右，发展相对稳定。2008 年再次由于金融危机的影响，出现了自 2000 年以来的首次下滑，同时也跌至 1994 年对外开放以来的该项数据最低点。在之后的时间里，直到 2016 年都保持了小幅度的下滑趋势，跌至 1.55%。两项数据变化都表明，金融危机等重大经济危机的存在会严重影响以对外经济为主导的广东省的发展步伐，如何增强应对能力值得关注。

表 7—2　　广东省服务业对外开放度　　单位：亿美元

年份	实际利用外资	服务产品出口	广东省 GDP	服务业外资开放度（%）	服务贸易开放度（%）
1990	4.16	7.17	325.94	1.28	2.20
1991	4.18	8.2	355.66	1.18	2.31
1992	11.46	11.23	443.83	2.58	2.53
1993	28.81	11.11	602.1	4.78	1.85
1994	33.83	20.13	535.93	6.31	3.76
1995	36.1	23.94	710.46	5.08	3.37
1996	37.75	26.38	822.08	4.59	3.21
1997	35.37	28.01	937.84	3.77	2.99
1998	41.66	29.42	1030.41	4.04	2.86
1999	33.68	32.72	1117.46	3.01	2.93
2000	34.8	41.12	1297.5	2.68	3.17
2001	30.34	44.51	1454.54	2.09	3.06
2002	36.55	50.91	1631.32	2.24	3.12
2003	45.08	42.68	1914.3	2.35	2.23
2004	21.52	53.8	2279.22	0.94	2.36
2005	25.72	63.97	2753.69	0.93	2.32
2006	35.41	75.33	3335.23	1.06	2.26
2007	62.32	87.04	4178.99	1.49	2.08

续表

年份	实际利用外资	服务产品出口	广东省 GDP	服务业外资开放度（%）	服务贸易开放度（%）
2008	73.08	91.78	5298.23	1.38	1.73
2009	75.79	100.28	5779.91	1.31	1.73
2010	79.71	124.32	6797.11	1.17	1.83
2011	84.83	139.06	8238.42	1.03	1.69
2012	130.91	156.23	9040.46	1.45	1.73
2013	112.56	156.58	9655.93	1.17	1.62
2014	128.02	162.99	10532.91	1.22	1.55
2015	152.97	171.51	11309.98	1.35	1.52
2016	160.88	191.60	12350.62	1.30	1.55

数据来源：《广东省统计年鉴》。

第二节　广东省服务业的对外开放的特点

一　服务业行业发展不平衡

如表 7—3 所示，本章节统计了 2008—2016 年，第三产业中不同行业的增加值占比。可以看出，其中批发和零售业增加值占比最大，比重稳定在 0.2 左右，值得注意的是，由于从 2013 年开始，三次产业分类依据国家统计局 2012 年制定的《三次产业划分规定》发生了更改，将餐饮业数据计入批发和零售业增加值来统计，因此与 2013 年相比统计方式有所更改，但可以看出批发和零售业仍然占比最多。排名第二的为房地产行业增加值，并且此项占比自 2008 年一直处于较为稳定的增长阶段。而排名第三的行业为交通运输、仓储和邮政业，与前两者不同的是，该行业在第三产业增加值的占比自 2008 年以来一直呈现出较为显著的下降趋势，直到 2016 年统计截止，该项占比已经降至 0.0767。

表 7—3　　**广东省第三产业增加值的分行业数据**　　单位:亿元

指标	2008	2010	2011	2012	2013	2014	2015	2016
地区生产总值	36796. 71	46013. 06	53210. 28	57067. 92	62474. 79	67809. 85	72812. 55	79512. 05
第三产业增加值	16321. 46	20711. 55	24097. 7	26519. 69	30503. 44	33223. 28	36853. 47	41816. 37
交通运输、仓储和邮政业增加值	1634. 45	1825. 29	2090. 36	2367. 46	2450. 51	2740. 76	2928. 9	3208. 35
占比	0. 1001	0. 0881	0. 0867	0. 0893	0. 0803	0. 0825	0. 0795	0. 0767
批发和零售业增加值	3476. 44	4647. 76	5681. 17	6333. 62	7323. 55	7778. 82	7625. 98	8382. 48
占比	0. 2130	0. 2244	0. 2358	0. 2388	0. 2401	0. 2341	0. 2069	0. 2005
住宿和餐饮业增加值	848. 4	1074. 85	1192. 28	1308. 4	NA	NA	NA	NA
占比	0. 0520	0. 0519	0. 0495	0. 0493	NA	NA	NA	NA
金融业增加值	1972. 4	2658. 76	2916. 13	3171. 96	4122. 81	4447. 43	5757. 08	6127. 05
占比	0. 1208	0. 1284	0. 1210	0. 1196	0. 1352	0. 1339	0. 1562	0. 1465
房地产业增加值	2057. 45	2813. 95	3321. 31	3643. 87	4207. 46	4486. 92	5117. 95	6229. 5
占比	0. 1261	0. 1359	0. 1378	0. 1374	0. 1379	0. 1351	0. 1389	0. 1490
其他行业增加值	6332. 32	7690. 94	8896. 45	9694. 37	12399. 11	13769. 35	15423. 56	17868. 99
占比	0. 3880	0. 3713	0. 3692	0. 3656	0. 4065	0. 4144	0. 4185	0. 4273

注:1. 2004 年及以前年份第一产业不包括农林牧渔服务业,交通运输仓储和邮政业包括电信业,但不包括城市公共交通业,批发与零售业包括餐饮业（以下相关表同）;2. 2013 年起,三次产业分类依据国家统计局 2012 年制定的《三次产业划分规定》执行。

数据来源:《广东省年鉴》、《广东省服务业对外开放报告》。

与上述行业相比，金融业增加值以及住宿和餐饮业增加值占比相对较小，2008—2012 年间，占据第三产业增加值的比重持续呈现下降趋势，占比仅为 0.05 左右。而从 2013 年起，餐饮业数据开始计入批发和零售业增加值，因此 2013 年后的统计数据未显示该项数值。

综合上述数据结果，可以发现即便是在广东省内部，第三产业中不同行业间的产值贡献度也相差甚远，同时发展趋势也有所不同，行业间的不平衡是目前广东省服务业对外开放发展中的一个问题。

二　省内区域差异明显

虽然广东省的对外发展因为占据独特的地理优势，一直处于领头羊的地位，但由于地理环境以及省内资源的差异，广东省内部的区域发展也呈现出不平衡的状态。从地理位置上来看，经济发达的市县大多集中于广东省的珠三角地区。包括广州、深圳、珠海、佛山、江门以及中山等。而处于东部地区的汕头、潮州以及揭阳等地和西部地区的湛江、茂名、阳江等地则相对落后。

为了更直观地展示广东省不同区域之间服务业发展的差异，本文计算了 2015 年广东省内各地区的服务业占比，如图 7—2 所示。

在广东省 2015 年的服务业总产值中，珠江三角洲地区的服务业产值占据了总额的 83%，西翼以及山区服务业产值均占据 6% 左右，东翼所占据的比重最少，仅为 5%。可以看出，广东省境内不同地区由于地理条件以及省内资源分配的不平衡，导致服务业发展水平相距甚远，全省绝大部分地区的服务业产值均来自珠三角地区，这样的事实也提醒我们在关注经济增长的同时，更要注重如何保证经济平衡发展。

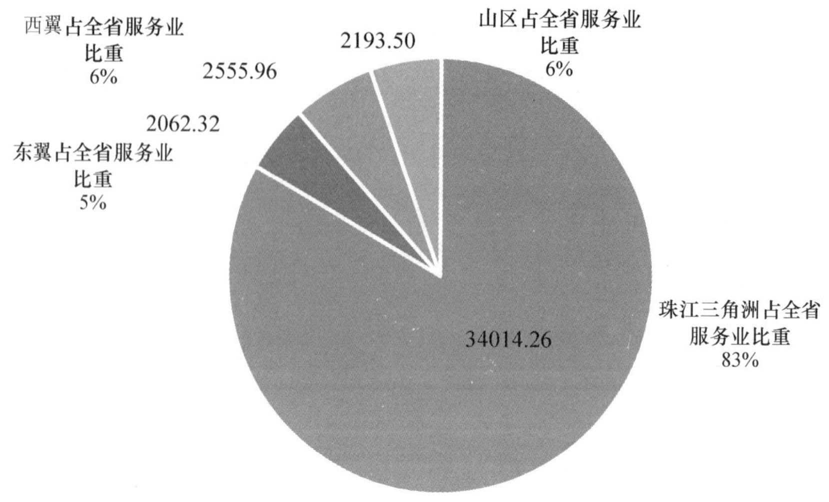

图 7—2 广东省区域服务业发展差异对比（以 2015 年服务业产值为例）

数据来源：《广东省统计年鉴》（2016）。

三 服务业 FDI 投资结构

关于服务业 FDI 投资的产业结构，本节从签订项目个数、合同外资额以及实际利用外资额三个角度进行分析，各行业的占比如表 7—4 所示。

首先，从签订项目个数来看，在 2010 年时，服务业中签订项目最多的行业，为批发和零售行业，签订项目为 1961 个。排名第二的为租赁与商务行业，签订项目为 569 个，差距相对较大。签订项目较少的行业为卫生、社会保障和社会福利业以及公共管理和社会组织，均仅签订了一个项目。直到 2016 年，批发与零售业的签订项目已经增长至 2967 个，紧随其后的则是近几年发展速度非常快的金融行业，为 1297 个。可以看出，随着广东省对外经济的发展，以金融业为首的新型服务业不断获得优势，发展迅速。

其次，从合同外资额来看，2008 年，合同外资额的金额最高的是房地产行业，为 455976 万美元，批发和零售行业则排名第二，金额为 268325 万美元。教育业则仅有 39 万美元，排名倒数第一，金融业则

表 7—4　**广东省服务业投资结构**　单位：个、万美元

年份	2010			2012			2014			2016		
类型	签订项目	合同外资额	实际利用外资	签订项目	合同外资额	实际利用外资	签订项目	合同外资额	实际利用外资	签订项目	合同外资额	实际利用外资
总计	5641	2460075	2026098	6043	3499424	2354911	6016	4305905	2687144	8078	8667477	2334921
农、林、牧、渔业	84	27770	14327	127	66417	15264	150	76376	16888	78	88783	11135
采矿业	5	1541	1961	1	877	2053	4	1715	348	4	61787	1255
制造业	2285	1236413	1136217	2498	2079175	1320742	1167	1769828	1295374	804	1049935	577628
电力、燃气及水的生产和供应业	16	16757	65804	18	32749	51984	21	88271	85713	24	294615	82146
建筑业	37	16785	10723	32	11095	19273	97	14353	8669	61	82989	53941
交通运输、仓储和邮政业	67	71605	56318	54	90584	78595	81	66338	42954	116	83959	52667
信息传输、计算器服务和软件业	144	69885	42206	121	54425	26005	166	126365	37072	466	526377	341084
批发和零售业	1961	285578	198940	2055	315122	278573	2466	511438	319439	2967	619097	185361
住宿和餐饮业	85	16823	15366	85	50512	10594	106	19534	13492	129	65279	6388
金融业	9	11647	6863	48	111872	21773	283	766751	180426	1297	4197851	196424
房地产业	103	422749	329023	64	338236	287405	85	486487	434438	138	354918	362282
租赁和商务服务业	569	162422	91077	691	186468	133582	1017	247689	176532	1304	910846	404981

续表

年份	2010			2012			2014			2016		
类型	签订项目	合同外资额	实际利用外资	签订项目	合同外资额	实际利用外资	签订项目	合同外资额	实际利用外资	签订项目	合同外资额	实际利用外资
科学研究、技术服务和地质勘察业	203	83856	42574	169	73988	53155	277	96130	48871	488	226812	42830
水利、环境和公共设施管理业	6	8209	2851	8	12338	6511	11	8383	6606	9	612	5612
居民服务和其他服务业	44	3953	3169	48	33942	14676	55	4516	10453	80	-2352	2994
教育	2	31	17	4	1233	16	NA	NA	NA	24	3787	1416
卫生、社会保障和社会福利业	1	86	178	4	733	2355	2	789	544	16	38666	187
文化、体育和娱乐业	19	23939	8484	16	39658	32355	2	460	1067	73	63516	6590
公共管理和社会组织	1	26	NA	NA	NA	NA	26	20482	8258	NA	NA	NA

数据来源:《广东省统计年鉴》。

以 1594 万美元排名倒数第二。房地产行业在这项数据上的优势，仅仅持续到 2014 年便被排名第二的批发和零售行业反超，但批发和零售行业以 511438 万美元的金额仅排名第二；通过表中数据可以发现，在 2008 年还位居倒数第二的金融行业，通过几年的高速发展已经超过其他服务行业，以 766751 万美元的新高排名第一。

第三，从实际利用外资额来进行分析，2012 年，房地产行业的实际外资利用额虽然略有下降，但是仍然高达 287405 万美元，位居服务行业的榜首。而教育行业的实际外资利用额则仅为 16 万美元，位居倒数第一。而房地产业的优势仅维持到 2014 年，在 2016 年广东省各行业的实际利用外资数据中显示，租赁和商务服务业已经超过房地产业占据了实际利用外资额的榜首，金额为 404981 万美元。

综上所述，广东省内不同行业之间的投资情况相差甚远，大多集中于短期能够有明显经济效益的行业，例如房地产业以及近几年崛起的金融行业。而对于教育等需要前期较大投入同时回收期较慢的行业，则明显 FDI 力度不足。

第三节　广东省服务业对外开放的溢出效应

一　开放是服务业产值增长的主引擎

表 7—5 统计了广东省服务业产值相关数据。从中可以发现，2006 年广东省的第三产业增加值创造新高，首次突破了 10000 亿元大关，为 11585. 82 亿元。在之后的几年中，广东省服务业的第三产业增加值仍然呈现出明显的递增趋势，截至 2016 年，已达 41816. 37 亿元。

从纵向对比的角度来看产值数据，2003 年，广东省服务业产值占国民生产总值的 45. 31%，第二产业产值所占据的比重为 47. 92%，第一产业仅为 6. 77%。而截至 2016 年，第三产业增加值占比已经超过 50%，达到 52. 6%，第三产业在过去十几年的发展中无论是绝对产值还是所占比重都呈现出良好发展态势。

表7—5　　广东省服务业产值相关数据一览

年份＼指标	地区生产总值（亿元）	第一产业增加值（亿元）	第二产业增加值（亿元）	第三产业增加值（亿元）	第三产业增加值环比增长率（%）
2003	15844. 64	1072. 91	7592. 78	7178. 94	
2004	18864. 62	1248. 59	9280. 73	8335. 30	16. 11
2005	22557. 37	1428. 27	11356. 60	9772. 50	17. 24
2006	26587. 76	1532. 17	13469. 77	11585. 82	18. 56
2007	31777. 01	1695. 57	16004. 61	14076. 83	21. 50
2008	36796. 71	1973. 05	18502. 20	16321. 46	15. 95
2009	39482. 56	2010. 27	19419. 70	18052. 59	10. 61
2010	46013. 06	2286. 98	23014. 53	20711. 55	14. 73
2011	53210. 28	2665. 20	26447. 38	24097. 70	16. 35
2012	57067. 92	2847. 26	27700. 97	26519. 69	10. 05
2013	62474. 79	2977. 13	28994. 22	30503. 44	15. 02
2014	67809. 85	3166. 82	31419. 75	33223. 28	8. 92
2015	72812. 55	3345. 54	32613. 54	36853. 47	10. 93
2016	79512. 05	3694. 37	34001. 31	41816. 37	13. 47
均值	45057. 941	1876. 027	21415. 578	21360. 639	14. 57

注：2004 年及以后年份地区生产总值数据执行《国民经济行业分类》，2004 年以前地区生产总值数据执行《国民经济行业分类》。

数据来源：《广东省统计年鉴》。

为了进一步研究服务业对外开放对广东省第三产业产值的影响，本书将衡量广东省服务业对外开放程度的两个指标——服务贸易开放度和服务业投资开放度走势图和广东省服务业增加值环比增长率走势图进行对比研究。

从图 7—3 中可以看出，在 2004 年到 2016 年之间，广东省服务业的产值的绝对值虽然在数量上保持了增加的趋势，但是环比增长率却呈现出下降趋势。相比之下，在此期间广东省的对外开放度指标：服务贸易开放度以及服务业外资开放度也同样呈现出明显的下降趋势。上述三者的变化趋势呈现出了趋同性。

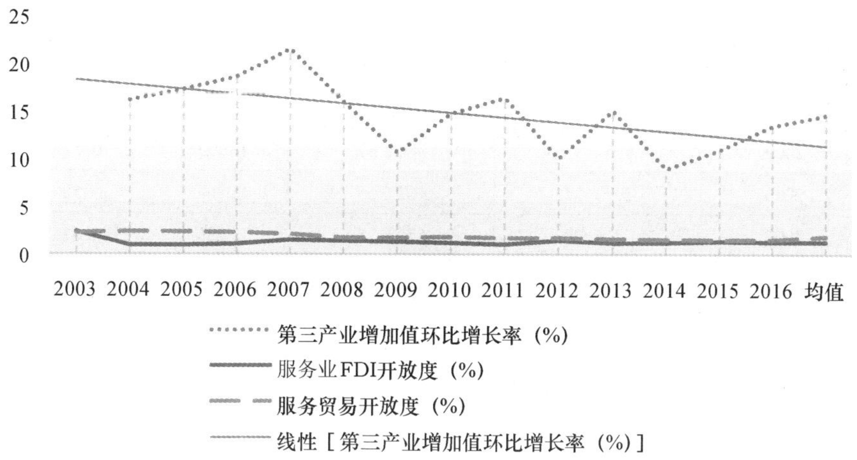

图7—3 广东省服务业产值环比增长率与贸易开放和FDI开放度走势

数据来源：《广东省统计年鉴》。

因此，我们可以发现：即便是对于广东省服务业而言，对外开放也是促进产值变化的一个重要原因，呈现出正相关关系。

二 服务业开放激发固定资产投资

从固定资产投资的角度来看，2003 年，广东省服务业全社会固定资产投资为3085. 93 亿元，服务业固定资产总投资占到同期的全社会固定资产投资的64. 11% 。而在 2005 年，该项数据达到了近些年的最低点——54. 83% 左右，之后在经历短暂的波动期后维持在 65% 左右，这种趋势一直延续到 2016 年。也就是说对外开放后，服务业固定资产投资占全社会固定资产投资的比重相对较大且较为稳定。

表7—6 广东省服务业固定资产投资相关数据

指标 年份	全社会固定资产投资（亿元）	服务业全社会固定资产投资（亿元）	服务业环比增长率	服务业占比
2003	4813. 20	3085. 93	NA	0. 6411
2004	5870. 02	3550. 48	0. 1505	0. 6048

续表

年份＼指标	全社会固定资产投资（亿元）	服务业全社会固定资产投资（亿元）	服务业环比增长率	服务业占比
2005	6977.93	3825.97	0.0776	0.5483
2006	7973.37	4628.59	0.2098	0.5805
2007	9294.26	5723.25	0.2365	0.6158
2008	10868.67	6834.03	0.1941	0.6288
2009	12933.12	8313.36	0.2165	0.6428
2010	15623.70	10150.10	0.2209	0.6497
2011	17069.20	11216.02	0.1050	0.6571
2012	18751.47	12347.97	0.1009	0.6585
2013	22828.65	15051.40	0.2189	0.6593
2014	25928.09	17224.18	0.1444	0.6643
2015	30031.20	19426.31	0.1279	0.6469
2016	33008.86	21475.25	0.1055	0.6506
均值	15855.124	10203.775	0.1622	0.6320

注：1. NA 表示当年数据缺失；2. 从 2011 年起，城镇固定资产投资数据发布口径改为固定资产投资（不含农户），固定资产投资（不含农户）等于原口径的城镇固定资产投资加上农村企事业组织的项目投资。

数据来源：《广东省统计年鉴》。

为了研究服务业对外开放对广东服务业固定资产投资的可能影响，与之前研究对外开放对产值的影响时方法相同，我们将衡量广东省服务业对外开放度的两个指标——服务业贸易开放度以及服务业对外投资开放度与服务业固定资产投资环比增长率的走势图放在一起观察，如图 7—4 所示。

可以明显看出，在此期间，广东省服务贸易开放度和服务业外资开放度皆呈现出明显的下降趋势，而相比之下，服务业固定资产投资增长率虽然在走势上呈现出了倒“U”形的发展形态，但就其趋势线来看，同样呈现出下降的趋势，三者的发展趋势彼此吻合。

上述结论说明，即对于广东省的服务业而言，对外开放是促使服务业固定投资发生变化的一个重要原因，因此对外开放的水平和程度与固定资产投资的环比增长率呈现出显著的正相关关系。对外开放水平的降低会影响广东省服务业固定资产投资的下降。

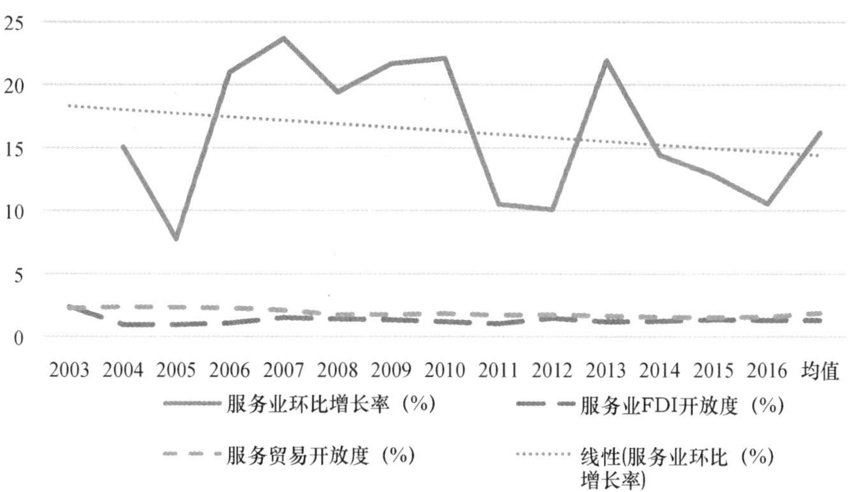

图 7—4　广东省服务业固定资产投资增长率与服务业开放度和 FDI 开放度走势

数据来源：《广东省统计年鉴》。

三　对劳动就业产生冲击

相对于制造业，服务业一般具有更强的吸纳就业的能力。因此，服务业的发展不仅给一个国家带来大量的就业机会同时增加国民收入，而且金融和电信等许多服务业作为重要的投入要素，提高了其他商品和服务的产值。本节从劳动就业的角度分析近年来广东省服务业的对外开放对广东省内的就业指标的影响。

广东省 2003—2016 年的服务业城镇单位就业人数如表 7—7 所示。2003 年，广东省服务业城镇就业人员总数为 378. 10 万人，城镇单位就业人员数量为 729. 53 万元，比例约为 51. 83%。而在 2008 年，城镇单位就业人员数目超过了 1000 万人，服务业就业占比却略有减少。截至 2016 年，城镇单位就业人员数量已经达到 572. 80 万人，服务业就业占比为 46. 93%。结合上述数据来看，服务业城镇单位就业人员数和城镇单位就业人员总数两个指标呈现出上升趋势，但是从占比数据来看，则呈现出下降趋势。

表 7—7　　　　广东省服务业城镇单位就业人数相关数据

指标 年份	城镇单位就业人员（万人）	服务业城镇单位就业人员（万人）	服务业就业占比（%）	服务业就业环比增长率（%）
2003	729.53	378.10	0.5183	—
2004	778.24	399.82	0.5137	0.0574
2005	830.21	422.80	0.5093	0.0575
2006	885.65	447.09	0.5048	0.0575
2007	944.78	472.78	0.5004	0.0575
2008	1007.87	499.95	0.4960	0.0575
2009	1055.03	517.38	0.4904	0.0349
2010	1118.50	546.40	0.4885	0.0561
2011	1238.22	595.28	0.4808	0.0895
2012	1303.98	624.71	0.4791	0.0494
2013	1966.98	743.37	0.3779	0.1899
2014	1973.28	769.25	0.3898	0.0348
2015	1948.04	786.44	0.4037	0.0223
2016	1957.57	815.77	0.4167	0.0373
均值	1266.99	572.80	0.4693	0.0617

数据来源：《广东省统计年鉴》。

出现上述变化的原因可能在于，自 2004 年起，衡量广东省服务业对外开放度的两个指标：服务贸易和服务外资开放度在走势上均呈现出明显的下降趋势。为了更好地研究开放对服务业就业的影响，与前文相同，我们同样将服务业城镇单位就业人员数的环比增长率数据走势与衡量广东省服务业对外开放度的两个指标放在一起比较，如图 7—5 所示。

可以看出，2004—2016 年，衡量广东省服务业对外开放程度的两个指标都在走势上呈现出下降趋势。但是相比之下，服务业城镇单位就业人员数量的环比增长却呈现出上升趋势，这说明，两者的走势并不互相吻合，呈现出相反的发展趋势。

因此我们可以发现，对于广东省服务业而言，对外开放与服务业城镇就业产生了负相关的关系，原因可能在于对外开放程度的增加代表着外资企业的进入给劳动力市场带来结构性冲击。与内资相比，外资在技术、资金和管理经验上都有着比内资更为显著的优势，其对于劳动力的技术水平要求甚高。也因此导致了对广东省内城镇劳动力市场的冲击。

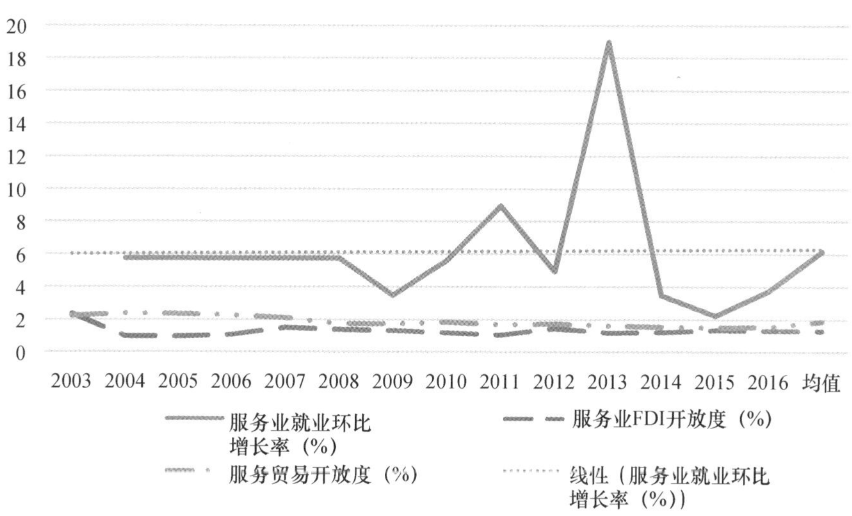

图 7—5　广东省服务业就业人数环比增长率与贸易开放度和 FDI 开放度走势

数据来源：《广东省统计年鉴》。

第四节　广东省住宿和餐饮业的对外开放

一　广东省住宿和餐饮业的发展现状

按照《国民经济行业分类》的标准，在我国的国民经济行业分类中，住宿和餐饮业包括住宿业及餐饮业两个行业，住宿业也称旅游住宿业，是指为旅游者提供住宿、餐饮及多种综合服务的行业。在旅游业的食、住、行、游、购、娱六大要素中，旅游住宿业是一个十分重要的环节，与旅行社业、旅游交通业并称为旅游业的三大支柱，是人们在旅行游览活动中必不可少的“驿站”。而餐饮业根据我国的分类标准指在一定场所，对食物进行现场烹饪、调制，并出售给顾客主要供现场消费的服务活动。因此本章节首先将分别介绍两个行业目前在广东省内的发展情况。

如表 7—8 所示，本章总结了广东省限额以上的住宿企业在 2008—2016 年之间的营业财务重要指标，包括主营业务收入、成本、利润以及税金。观察表中数据可以发现，住宿业的主营业务收入自 2009 年一直呈现出稳定的增长趋势，成本在 2015 年及 2009 年有些许下滑，其他年份也呈现上升趋势。而对于住宿业主营业务税金，浮动范围处于 20—30 之间，但在 2016 年却出现了明显的下降，跌至 13. 36 亿元，原因可能在于政府对于税收政策的更改，也因此在 2016 年广东省住宿业企业的主营业务利润达到近些年来的最大值：303. 08 亿元。税金的下降表明目前广东省在财税支持住宿和餐饮业的发展方面做了积极的工作。

表 7—8　　广东省限额以上住宿企业主要财务指标　　单位：亿元

指标	2008	2009	2010	2011	2012	2013	2014	2015	2016
住宿业企业主营业务收入	339. 3	332. 8	395. 5	445. 2	458. 4	471. 5	487. 89	497. 62	518. 61
住宿业企业主营业务成本	107. 5	105. 3	126. 3	142. 5	145. 8	165. 98	188. 11	186. 05	202. 17
住宿业企业主营业务税金及附加	20	19. 3	22. 3	26. 4	26	26. 9	27. 14	26. 57	13. 36
住宿业企业主营业务利润	211	206. 1	246. 9	276. 3	286. 6	278. 62	272. 64	285	303. 08

数据来源：《广东省统计年鉴》。

此外，我们可以从住宿业企业的基本情况进一步分析。如表 7—9

所示，2004 年时，广东省限额以上的住宿业企业的法人企业数仅为 912 个，当年的住宿业企业从业人数为 175808 人。与此同时，该年的住宿业企业营业额为 169. 7 亿元，住宿业企业客房收入为 70. 9 亿元，住宿行业企业餐费收入为 69. 2 亿元。而在之后的年份里，除去 2009 年出现了短暂的波动，其他年份里限额以上住宿业企业的数量以及营业额都处于稳定增长的状态。企业数量在 2005 年首次突破 1000 个关口，2013 年则突破了 2000 个关口，截至 2016 年企业数为 2566 个。关于企业营业额则分为了三个：企业总的营业数、住宿业企业客房收入、住宿业企业餐费收入。在 2004 年的统计数据里，住宿业企业客房收入与餐费收入相差较远，而截至 2016 年，住宿业企业客房收入为 300. 3 亿元，远远高于餐费收入 180. 5 亿元。可以发现对外开放带来了旅游住宿业营业收入的稳定增长，其中增长更为迅速的则是客房收入部分。

表 7—9　　广东省限额以上住宿业企业基本情况　　单位：个、亿元

指标	住宿业法人企业数	住宿业企业营业额	住宿业企业客房收入	住宿业企业餐费收入
2004	912	169. 7	70. 9	69. 2
2005	1042	201. 9	90. 2	81. 4
2006	1126	236. 3	102. 3	97. 1
2007	1170	273. 9	119. 1	113. 3
2008	1487	333. 6	150. 7	133. 1
2009	1512	332. 3	145. 6	135. 4
2010	1618	398	179. 9	163. 1
2011	1731	452	207. 1	180. 1
2012	1861	471. 1	217. 6	187. 1
2013	2299	503. 2	254. 2	178. 1
2014	2425	558. 2	290. 9	184. 5
2015	2523	574. 9	298. 9	186. 6
2016	2566	576. 2	300. 3	180. 5

数据来源：《广东省统计年鉴》。

从餐饮业来看，同样以限额以上餐饮企业主要财务指标为例展开分析。如表 7—10 所示，2003 年，广东省限额以上餐饮企业主营业务收入为 164.14 亿元，主营业务利润为 20.23 亿元，主营业务税金及其附加则为 7.22 亿元。

而观察后续年份的数据走势可以发现，其变动趋势与住宿业的走势大致相同，在广东省限额以后三个餐饮业企业的主要财务指标除去在 2009 年有些许的下降之外，其他年份均呈现出非常明显的增长趋势。

以餐饮业企业的主营业务利润为例，2004 年该项数据从 20.23 亿元迅速增长至 85.84 亿元，而在 2006 年，再次攀升至 114.28 亿元。在随后的年份里，同样延续了明显的上升趋势，截至 2016 年，广东省限额以上餐饮企业的主营业务利润已经增长至 334.2 亿元，成功突破了 300 亿元，发展态势较好。

表 7—10　　广东省限额以上餐饮企业主要财务指标　　单位：亿元

指标	餐饮业企业主营业务收入	餐饮业企业主营业务成本	餐饮业企业主营业务税金及附加	餐饮业企业主营业务利润
2003	164.14	77.62	7.22	20.23
2004	208.24	98.16	NA	85.84
2005	221.61	220.58	12.98	94.18
2006	256.34	123.05	14.64	114.28
2007	302.4	140.98	17.39	133.59
2008	302.79	183.23	20.88	178.39
2009	382.6	181.88	20.6	178.29
2010	445.32	211.42	24.1	211.5
2011	519.85	254.1	28.57	237.18
2012	548.1	262	29.7	256.4
2013	597.2	295.1	32	270.1
2014	626.1	300.4	31.7	294
2015	666.6	317.9	35.4	313.3
2016	679	328.5	16.3	334.2

数据来源：《广东省统计年鉴》。

我们再从限额以上餐饮业企业的法人企业数以及企业营业额和餐饮业企业餐费收入等指标来看，如表7—11所示，以从餐饮业法人人数为例，2004年广东省限额以上餐饮业企业法人企业数为1416个，2007年增长至1736个。2013年，企业数增长迅速，呈现井喷趋势，而后趋于平缓。同样观察餐饮业企业营业额以及餐饮业企业餐费收入两项数据，可以发现增长趋势与餐饮业法人企业数一致，2004年该两项数据分别为209.6亿元和186.4亿元，2006年分别上升至256.7亿元和233.4亿元。同样，增长最为迅速的年份为2013年，截至2016年，广东省餐饮业限额以上企业的营业额和餐费收入分别为998.5亿元和929.6亿元。

至此，通过以上数据分析可以发现，即从宏观层面来看，广东省住宿和餐饮业的发展趋势良好，广东省的住宿和餐饮业行业本身的发展也呈现出明显的开放特征。

表7—11　　广东省限额以上餐饮业企业基本情况　　单位：个、亿元

指标	餐饮业法人企业数	餐饮业企业营业额	餐饮业企业餐费收入
2004	1416	209.6	186.4
2005	1490	219.7	198.5
2006	1595	256.7	233.4
2007	1736	303.5	278.1
2008	2199	382.7	360.1
2009	2131	384.4	363.5
2010	2292	445.6	419.3
2011	2388	516.5	482.7
2012	2540	582.4	545.1
2013	5989	940.4	891.1
2014	6024	947.6	894.2
2015	6045	1025.8	966.4
2016	6163	988.5	929.6

数据来源：《广东省统计年鉴》。

二 广东省住宿和餐饮企业的对外开放情况

根据前文的分析，我们已经大概了解目前广东省住宿业和餐饮业的发展现状，但是从定性分析角度展开的研究通常没有从定量角度展开的分析直观，因此在本部分，我们拟从住宿和餐饮业实际利用外资额的角度对广东省住宿和餐饮业的对外开放情况展开量化指标的分析。

如表7—12展示了近三十年来广东省住宿和餐饮企业的对外开放情况，从较长的动态区间来看，广东省的住宿和餐饮业的对外开放度在近些年有下降的趋势。这可以从该行业的内涵特征加以理解。首先，虽然前期住宿和餐饮业是一个需要大量资金支持的服务型行业，但是其行业消费特征则决定了它的现金流相对较为充足，因此该行业的投资模式大多为一次投资、长期受益。其次，从我国服务业的对外开放历程来看，由于该行业较少涉及国家经济安全或者其他敏感问题，因此对外开放的时间相对于其他行业较早，而随着对外开放的发展，开始有其他的行业不断涌现，例如金融行业、高新技术行业等。总的来说，在各种因素的作用下，广东省住宿业和餐饮业的对外开放呈现出了下降趋势。

表7—12 广东省住宿和餐饮企业的对外开放情况

指标 年份	FDI（亿元）	GDP（亿元）	开放度
1990	NA	1559.03	NA
1991	NA	1893.30	NA
1992	NA	2447.54	NA
1993	NA	3469.28	NA
1994	NA	4619.02	NA
1995	NA	5933.05	NA
1996	NA	6834.97	NA
1997	NA	7774.53	NA

续表

年份＼指标	FDI（亿元）	GDGDP（亿元）	开放度
1998	NA	8530.88	NA
1999	NA	9250.68	NA
2000	NA	10741.25	NA
2001	NA	12039.25	NA
2002	NA	13502.42	NA
2003	NA	15844.64	NA
2004	13.39	18864.62	0.07%
2005	6.79	22557.37	0.03%
2006	17.39	26587.76	0.07%
2007	16.28	31777.01	0.05%
2008	18.14	36796.71	0.05%
2009	11.59	39492.52	0.03%
2010	10.40	46036.25	0.02%
2011	13.91	53246.18	0.03%
2012	6.69	57147.75	0.01%
2013	11.68	62474.79	0.02%
2014	8.29	67809.85	0.01%
2015	7.74	72812.55	0.01%
2016	4.24	79512.05	0.01%

注：2003年以前与零售业统称为批发和零售贸易、餐饮业，因此并没有明确数据，建议从2004年开始进行统计。

数据来源：《广东省统计年鉴》。

第五节 广东省批发和零售业对外开放

一 广东省批发和零售业企业发展

第一，来看批发业。表7—13统计了广东省限额以上批发业企业基本情况和商品购销存情况。以法人单位数量为例，2010年法人单位数为6730个，在2013年首次破万个，总共12463个。截至2016年，批发业法人企业单位数都保持稳定的增长态势，2016年的统计数值为15037个。

表7—13　　广东省限额以上批发业企业基本情况和商品购销存情况

指标＼年份	2010	2011	2012	2013	2014	2015	2016
批发业法人企业单位数（个）	6730	7687	8697	12463	13187	13254	15037
批发业商品购进总额（亿元）	23585.3	30340	35186.9	49351.5	50944.3	49257.2	55479.7
批发业进口额（亿元）	2407.6	2756.3	3081.4	4694.1	4055.5	4243.9	4727.2
批发业出口额（亿元）	2763.6	3430.9	3958	5007.42	4055.48	5175.99	4906.44
批发业商品销售总额（亿元）	25660.0	32013.3	37387.8	52623.2	55953.2	52907.5	59167.9
批发业商品库存总额（亿元）	1394.7	1782.6	2253.4	3074.3	2951.3	2767.0	4181.7

数据来源：广东省统计年鉴。

从批发业的对外开放情况来看，主要是商品的进出口额。从批发业的进口额来看，2010年为2407.6亿元，之后保持较为稳定的增长速度，直到2013年增长迅速，出现井喷，迅速增加至4694.1亿元。之后一年略有降低但在2015年又恢复到2013年的水平，并在2016年前保持稳定。出口额变化趋势与进口额一样，同样在2013年增长最为迅猛，增长至5007.42亿元，随后三年都保持在4000亿—5000亿元之间波动。

第二，从零售业来看。表7—14统计了限额以上零售业企业基本情况和商品购销存情况。首先，从零售业的法人企业单位数来看，

2010年零售业法人企业单位数首次突破4000个大关，具体为4613个。在随后的2011年，继续上升至5139个，截至2016年，广东省零售业的法人企业单位数已达8396个。

其次，广东省零售业的对外开放情况。从零售业的进口额来看，2010—2012年，其走势均延续了零售业法人单位数和商品购进总额的上升态势。2010年广东省零售业进口额为228.1亿元，2012年虽然比2011年略有下降，但仍然维持在300亿元关口，该年数据为326.5亿元。截至2016年，广东省零售业进口额为394.8亿元。再来看出口情况，2011年，广东省出口额首次突破20亿元大关，为21.5亿元。之后的年份里都相对不稳定，围绕10亿—20亿元波动，而在2016年则发生了喷井式突增，增长至82.8亿元。

表7—14　广东省限额以上零售业企业基本情况和商品购销存情况

指标＼年份	2010	2011	2012	2013	2014	2015	2016
零售业法人企业单位数（个）	4613	5139	5450	6730	7465	7747	8396
零售业商品购进总额（亿元）	4968.3	6058	6520.6	8148.5	9306.8	9750.6	10395.3
零售业进口额（亿元）	228.1	355.6	326.5	406.0	468.7	365.4	394.8
零售业出口额（亿元）	10.4	21.5	19.2	13.8	15.7	11.9	82.8
零售业商品销售总额（亿元）	6099.8	6988.2	7652.6	9465.0	10834.9	11293.8	12526.7
零售业商品库存总额（亿元）	541.4	656.2	770.6	946.5	1761.7	1440.9	1168.7

数据来源：《广东省统计年鉴》。

第三，从批发业和零售业两者之间的比较来看，在法人单位数以及商品购进总额方面，两者自2010年起至今都呈现出相同的递增态势。但是就对外开放情况来说，虽然两个行业在进口额和出口额的总量上走势也基本相同，在2010年至今都保持了稳定增长的发展趋势，但是在净出口上，二者的走势截然不同。批发业在此期间为顺差，而零售业则为逆差走势。结合行业的特征以及广东省的经济、社会发展状况来看，可以说明两个问题：首先，广东省作为我国外向型经济发展较好的沿海开放省份之一，其在传统制造业上具有绝对优势，同时由于地理位置的优越导致广东省成为世界级的商品批发运转中心；其次，随着经济的发展，国民消费需求也在不断提升，广东省作为经济较为发达的地区，居民购买力也处在优势地位，因此这样的变化也直接体现在了零售业领域，也就是零售业的对外贸易逆差。

二　广东省批发和零售业对外开放度

如表7—15所示，从2004年开始，在该年我国开始实施以市场供求为基础的汇率制度改革。从数据上来看，2004年，实际利用外资额与2003年相比从36.71亿元迅速降至5.91亿元，对外开放度也因此下降较大幅度。但是随后在2005年情况便出现了好转，2005年广东省批发业和零售业的实际利用外商投资额为15.99亿元，环比增长1.7倍，同时行业的外资开放度也增长1.27倍。

表7—15　广东省批发和零售业对外开放度一览表　单位：亿元

指标 年份	批发和零售业FDI	GDP	对外开放度
1990	NA	1559.03	NA
1991	NA	1893.30	NA
1992	NA	2447.54	NA
1993	NA	3469.28	NA
1994	NA	4619.02	NA
1995	NA	5933.05	NA
1996	NA	6834.97	NA
1997	NA	7774.53	NA

续表

年份 \ 指标	批发和零售业 FDI	GDP	对外开放度
1998	18.80	8530.88	0.22%
1999	23.37	9250.68	0.25%
2000	19.94	10741.25	0.19%
2001	20.90	12039.25	0.17%
2002	20.24	13502.42	0.15%
2003	36.71	15844.64	0.23%
2004	5.91	18864.62	0.03%
2005	15.99	22557.37	0.07%
2006	26.83	26587.76	0.10%
2007	51.38	31777.01	0.16%
2008	78.60	36796.71	0.21%
2009	132.88	39492.52	0.34%
2010	134.67	46036.25	0.29%
2011	135.88	53246.18	0.26%
2012	175.85	57147.75	0.31%
2013	168.87	62474.79	0.27%
2014	196.22	67809.85	0.29%
2015	114.71	72812.55	0.16%
2016	123.12	79512.05	0.15%

注：1998 年以前的数据难以核实，而 2001 年以前的数据有部分差异，且差异不大，因此建议可采用 1998 年开始的数据进行统计。

数据来源：《广东省统计年鉴》。

2008 年发生经济危机时，广东省批发和零售业的外商投资实际利用额为 78.60 亿元，对外开放度指数为 0.21%。这一数据与 2007 年相比，仍处于上升态势。同时在接下来的 2009 年和 2010 年，广东省批发和零售业的外商直接投资实际利用额的绝对量并未发生太大变动。截至 2014 年，广东省批发和零售业的外商直接投资实际利用外资额达到了 1990 年以来最高值：196.22 亿元。

第八章

广东利用外资四十年

改革开放以来，引进外资成为对外开放的重要内容之一。作为我国开放的前沿阵地，广东充分享受了开放政策的利好，首批 4 个经济特区中有深圳、珠海、汕头 3 个在广东。而且由于广东毗邻香港、澳门特殊区位优势和侨乡的优势，使得广东不仅成为最早吸引外资的地区，也是外资集中的地区。广东充分利用地缘优势和优惠政策，在利用外资方面取得显著成果，推动了经济持续稳定快速发展。本章将回顾广东利用外资 40 年的辉煌成就。

1978 年始，广东省招商引资规模不断扩大，总额不断增加。1979 年，广东合同利用外资额 2. 3 亿美元，实际利用外资额 0. 9 亿美元。而 2016 年，广东合同利用外资额 897. 3 亿美元，实际利用外资额达 234. 1 亿美元，分别比 1979 年增长了 378. 9% 、256. 0% 。随着改革开放深度的不断加强，利用外资总体趋势不断增加，合同外资额高速增长。

第一节　广东省利用外资的阶段与特点

一　初步探索期：1978—1991 年

1978 年，十一届三中全会的召开开启了中国改革开放的征程。广东利用得天独厚的地缘优势，在改革开放元年就开始招商引资。14 年间广东签订利用外资合同共 12. 3 万宗，协议利用外资 49. 7 亿美元，实际利用外资19.8亿美元，占累计利用外资的4.36%。这个阶段，人们对投资环境评估较为谨慎，多以风险小、结构简单的项目为投资目标，因此总额较小，广东总体招商引资规模不大。

1991年以前，广东省实际利用外资规模很小，实际利用外资额均不超过20亿美元，1984年以前甚至还不足3亿美元，可见这一时期为吸引外商直接投资起步并逐步发展阶段。

此阶段实际利用外资金额快速增长，1979—1991年年平均增长1.34亿美元，年平均增长率达54.03%。但实际投资规模小且各年间变动幅度较大也是这一时期的特点，1980年实际利用额相对1979年增长了3倍，1984年相对1983年增长了1.2倍，1982年、1985年、1987年却相对前一年有不同程度下降。从签订项目数来看，1979—1991年由70个增加至4554个，合同金额也持续增长，但单项规模却没有显著增加。主要是因为刚实行改革开放的中国，投资环境不够完善，而且外资企业对中国情况不了解而不敢贸然投资，因此，至20世纪80年代中，广东省主要以政府给予的优惠政策和条件为主要吸引力，外商实际投资规模不大，且投资形式以对外借款为主。后来，一些外资企业利用广东省劳动力丰富和生产成本低的优势实现其产业转移，逐渐增加投资。1989年实际利用外资额突破10亿美元，此后几年均平稳增长。

从全国总量看，外商直接投资额自20世纪80年代至今持续增加，从1985年实际利用外资额的19.56亿美元，增加至1991年的43.66亿美元，广东省作为中国改革开放的先行区域，外商直接投资发展趋势与全国趋势基本一致，且在全国一直占据重要地位，1985年广东省实际利用外资金额已占全国的26.34%，此后以每年提高2—7个百分点的速度增长，至1991年占全国比例高达41.75%。这一时期，广东省逐渐形成并推行“两头在外，大进大出”的模式，解决了大量劳动力就业问题，促进广东经济快速发展。

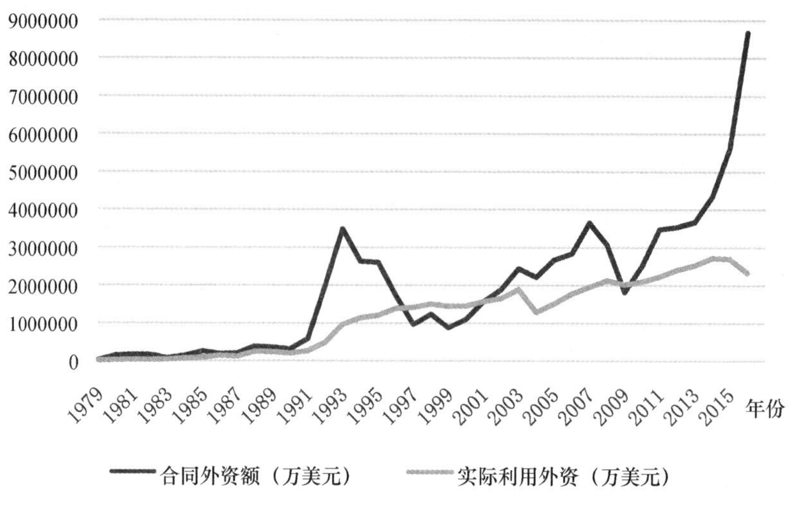

图8—1　改革开放以来广东利用外资情况

二　快速发展期：1992—2000

1992 年，邓小平的南巡讲话消除了人们对利用外资的担忧。同年中国共产党十四大召开，提出建立社会主义市场经济的目标，使改革开放进一步深化。因此，广东招商引资情况有了更好的发展：1992 年合同利用外资额是 198.7 亿美元，是 1991 年的 3.4 倍；实际利用外资额是 48.6 亿美元，是 1991 年的 1.9 倍。1993 年合同利用外资额是 349.0 亿美元，又比 1992 年扩大了近一倍，实际利用外资额为 96.5 亿美元，比 1992 年增长近两倍。1994 年，实际利用外资额突破 100 亿美元，总体上利用外资数额不断增长，招商引资取得很大成果。从全国来看，广东省利用外资规模也居全国前列，始终具有较高比重。

但是 1997—1998 年发生的金融危机从东南亚席卷至东亚地区，一些亚洲国家为了保持经济高速发展，依靠无限量增加劳动力与资本投入，而不是提高劳动生产率，经济结构不合理，过分强调外向型经济，金融监管体制不完善，短期债务比例高等问题，都是亚洲金融危机的主要原因。此次金融危机中，由于中国外贸顺差、中长期外债为主、外汇储备充足、资本项目未完全开放等，使中国整体在这次亚洲金融危机中没有受到直接冲击，但是仍然受到间接影响，其中利用外资增幅下降即是其中之一，1999 年全国实际利用外资呈负增长，广东省的外商直接投资增速也下降了 50%。

表 8—1　　　　改革开放以来广东利用外资整体情况

年份	签订项目（个）	合同外资额（万美元）	实际利用外资（万美元）	实际利用外资占累计利用外资百分比（%）
1979	1642	487	9143	0.02
1980	5048	138920	21419	0.05
1981	6803	167507	28837	0.06
1982	8171	155916	28103	0.06
1983	11318	72660	40685	0.09
1984	17452	144489	64379	0.14
1985	13621	256521	91910	0.2
1986	9417	183480	142829	0.31
1987	6999	201750	121671	0.27
1988	7662	382748	243965	0.54
1989	6636	362311	239915	0.53
1990	7196	316751	202347	0.45
1991	8507	580152	258250	0.57
1979—1991	110472	2963692	1493453	3.29
1979—2016	377501	73671273	45408231	100

数据来源：《广东统计年鉴》。

三　稳步发展期：2001—2008

2001 年，我国加入 WTO，随着更加开放的经济环境，更积极融入世界经济体系，对外开放格局的逐步完善，广东招商引资情况不断发展。广东实际利用外资额稳步增长。在此阶段，外商在华投资设立新企业数量较之前增长较缓慢，但外商在华投资额增速快，说明外商对华投资的质量得到了一定提高，利用外资方式也更加稳定。

2001 年签订合同项目 26140 项，合同金额 691. 95 亿美元，实际利用外资金额达到 468. 78 亿美元。这一阶段，广东省签订项目数、合同外资金额以及实际利用外资金额与全国整体发展趋势相似。其中，实际利用外资金额保持了较高的增长速度，2001 年实际利用外资金额的同比增速自亚洲金融危机爆发以来再次提升至 6%，但仍低于全国的 15% 的同比增速。因为东部地区吸收外资迅速增长的同时，中部和西部地区吸收外资也取得了明显进展。2004 年外商直接投资合同金额达 193. 60 亿美元，增长 43. 6%，实际利用外商直接投资 100. 12 亿美元，增长 34. 1%。

后期受美国次贷危机引起的国际金融危机影响，虽然中国整体利用外资仍保持较高水平，但中国和广东省 2008 年签订合同项目数都有减少，2009 年中国实际利用外资金额呈负增长（ -2. 56%），广东省由 2008 年增长 11. 91% 下降至 2009 年的 1. 92%。金融危机对珠三角的影响主要表现在出口贸易的下降，新劳动法的实施也使企业劳动力成本增加，国际市场竞争激烈，国内生产成本相对提高。2008 年，香港在广东省珠三角地区投资的企业 5. 75 万家，其中 37. 3% 的港资加工贸易企业已有意将全部或部分在珠三角地区开展的生产活动转移到中西部地区或越南。

四　成熟转型期：2009—2018

广东省签订外商直接投资项目数整体为上升趋势，合同外资金额也持续增加，实际利用外资金额以年平均 15 亿美元的速度增长，占全国比重呈略微上升趋势，基本保持在 18%—22% 之间。广东 2016 年实际利用外资还是达到了 234 亿美元。其中吸收美国、欧洲实际外资分别达 2. 3 亿美元和 9. 4 亿美元，分别增长 22. 3% 和 12. 3%。

经过 30 多年发展，以珠三角地区为核心的广东省吸引了大量外商直接投资，随着劳动力和原料要素等成本上升，广东省进入利用外资的调整阶段。广东省珠三角地区经济飞速发展且积累了相当的经济实力，制约区域经济发展的主要因素不再是资本不足。随着管理、技术、法制等各方面投资环境的完善，珠三角地区对国际资本的吸引力大大增强，吸引外资不仅注重量，更注重质，广东省在吸引外商直接投资方面主动性越来越显著。

2017 年 12 月 4 日，广东省正式对外公布《广东省进一步扩大对外开放积极利用外资若干政策措施》（即《外资十条》）。《外资十条》的出台，将进一步推动广东形成对外开放新格局，重塑广东营商环境新优势，打造法治化、国际化、便利化营商环境，重点加强对高端外资、高端人才的吸引力，推动广东省外资向更高层级、更高质量发展。

第二节　广东省利用外资的结构特点

FDI 的结构包括来源结构、产业结构和空间结构。FDI 的来源结构不同，其项目规模、技术含量、管理水平、产业流向等存在很大的差异。一般来说，来自欧美的 FDI 项目规模大，资本密集度高，技术水平和管理水平高，主要投向资本密集型和技术密集型产业，对引资方技术进步、管理水平的提升、产业结构升级的作用更大；而港澳台的投资项目规模较小，以降低生产成本为目的，主要是加工出口型或劳动密集型的项目，技术含量低，对引进方技术进步、产业结构提升的作用小。因此，欧美 FDI 的质量高于港澳台。

一　来源结构以港澳台为主，日益多元

广东吸引外资的来源地分布广泛，呈现多元化趋势。共有来自六个洲的 40 多个国家或地区参与投资。其中中国香港签订协议数最多，在 1979—2016 年间，共达 14.0 万宗，占全部签订协议数的 72.0%；协议利用外资额为 4866.0 亿美元，占全部利用合同总额的 86.6 %，实际利用外资总额 256.0 亿美元，占全部利用外资总额的 83.8%。

从变化趋势看，随着招商引资的深入，经济投资环境的改善，

签订协议数正不断增多，实际利用外资额不断增加。这使广东省招商引资规模扩大，资金更加分散，风险减少，促进了广东省经济稳健发展。2016 年，来自香港地区的实际利用外资额较 2000 年增长了 2.3 倍；来自英国、荷兰等国家实际利用外资也分别增长了 6.4 倍、6.7 倍。

1979—2016 年，实际投资广东的前五位国家和地区分别为：中国香港（2559.3 亿美元）、日本（136.0 亿美元）、新加坡（1108.5 亿美元）、中国台湾（86.4 亿美元）、美国（85.1 亿美元）。由此可以看出，广东省外商投资的主要来源地以亚洲地区为主，并且，虽然其他国家和地区对广东省也有一定的外资投入，但所占比重并不是很大。

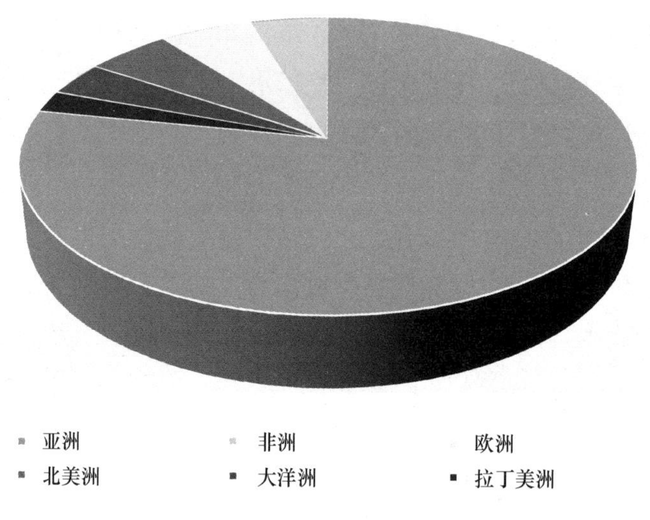

图 8—2　广东利用外资来源地分布

在过去 40 年里，港澳台资本在广东利用外资中的比重呈现出明显变化趋势。表 8—2 显示，2000—2015 年广东引进港澳台的直接投资比例呈先下降后上升的态势，由 2000 年的 67% 下降到 2005 年的 52%，2007 年开始不断上升，2015 年上升到 79%；从绝对数量看，港澳台投资总体上是增加的，由 1985 年的 8.4563 亿美元上升到 2015 年的 2132099 万亿美元。

引进欧美 FDI 无论是绝对数量还是比例都呈波动状态，绝对数量上，2000—2003 年欧美 FDI 总体上是增加的，从 2000 年的 105089 万美元增加到 2003 年的 152571 万美元，2004—2009 年呈波动下降态势，到 2009 年下降为 64164 万美元，之后呈上升态势，2015 年出现一定程度回落；从比重看，2000—2015 年欧美外资的比重是波动下降的，到 2009 年仅为 3%，2015 年回升至 4%。虽然港澳台投资的比例下降，但是港澳台投资的比重过高，而且欧美实际投资的数量和比重均偏低。

表 8—2　　　　广东实际利用外资的来源结构

年份	总计	港澳台		欧美	
		万美元	比重	万美元	比重
2000	1223720	820709	0. 67	105089	0. 09
2003	1557779	963522	0. 62	152571	0. 10
2004	1001158	558537	0. 56	88122	0. 09
2005	1236391	644310	0. 52	108565	0. 09
2006	1451065	759526	0. 52	86641	0. 06
2007	1712603	903911	0. 53	68919	0. 04
2008	1916703	1121022	0. 58	73977	0. 04
2009	1953460	1245151	0. 64	64164	0. 03
2010	2026098	1346470	0. 66	119519	0. 06
2011	2179836	1460156	0. 67	101425	0. 05
2012	2354911	1527477	0. 65	120203	0. 05
2013	2495210	1670692	0. 67	182360	0. 07
2014	2687144	1773894	0. 66	157985	0. 06
2015	2687546	2132099	0. 79	102913	0. 04

二　投资以第二产业为主，结构不断优化

FDI 的产业结构较为复杂，既包括三次产业结构，也包括按要素密集度划分的产业结构，同时包括产业内部结构，如第二产业内部结构和第三产业内部结构。这里主要分析广东引进 FDI 的三次产业结构变化、资本密集度的变化、制造业内部结构的变化、第三产业内部结构的变化。

广东外商投资几乎涉及了各个行业。从三大产业来看，第二产业所占比重最大，其次是第三产业，最后是第一产业。且广东利用外资质量不断提高，产业结构逐步改善。

在第二产业中，引资最多的产业是制造业，实际使用金额为 1389.8 亿美元，占第二产业投资总额的 93.9%，占全部投资总额的 53.4%。但随着经济的发展，制造业净额虽在增加，增速和占总体投资额的比重不断下降。这也体现出政策倾斜使得大量外资进入，第三产业不断发展的趋势，因此制造业代表的第二产业整体比重不断减少。

在第三产业中，房地产业所占比重最大，占全部投资额的 15.4%。且第三产业的其他行业的投入也在不断增加，比重也越来越大，利用外资结构的优化，有利于广东第三产业的发展，提高经济实力，优化产业结构。

在第一产业中，农、林、牧、渔行业占全部外资利用总额的 0.7%。由于经济不断转型升级，产业结构优化，传统行业的外资利用比重并不大。

FDI 的产业分布特点有利于推动广东工业化进程。第二产业利用 FDI 的比例下降和第三产业的比例上升有利于推动广东产业结构由"二、三、一"格局向"三、二、一"格局演进，因此，从三次产业结构看，外商直接投资优化了广东产业结构。

表 8—3　　　　1979—2016 年广东累计利用外资分布情况

指标	签订项目（个）	合同利用金额（万美元）	实际使用金额（万美元）
总计	255647394	64078670	26037046
农、林、牧、渔业	388532	863345	192006
采矿业	25984	143043	42705
制造业	16239638	32065383	13898327
电力、燃气及水的生产和供应业	403766	1595208	592402
建筑业	669205	727459	261582
交通运输、仓储和邮政业	8738	1032093	690195
信息传输、计算机服务和软件业	805150	2053802	725463
批发和零售业	836497	4326902	2085310
住宿和餐饮业	130238	648520	209452
金融业	4427822	8709020	679414
房地产业	476863	5417698	4002166
租赁和商务服务业	110420	3701680	1795705
科学研究、技术服务和地质勘查业	71286	1224909	510710
水利、环境和公共设施管理业	62883	164256	76532
居民服务和其他服务业	645	189722	124126
教育	989318	871077	2649
卫生、社会保障和社会福利业	50	55731	13185
文化、体育和娱乐业	236	214940	107015
公共管理和社会组织			

三　资本密集度逐年下降

从外资企业的资本密集度看，广东外资企业的资本密集度 1997 年至 2015 年是下降的，由人均 51 万美元迅速下降到 18 万美元。相对全国外资企业的资本密集度看，1997—2001 年广东高于全国水平，2002—2015 年则明显低于全国水平。分析表明，2002—2015 年广东引进 FDI 以劳动密集型项目为主，没有推动广东产业从劳动密集型产业向资本密集型或技术密集型产业转变。

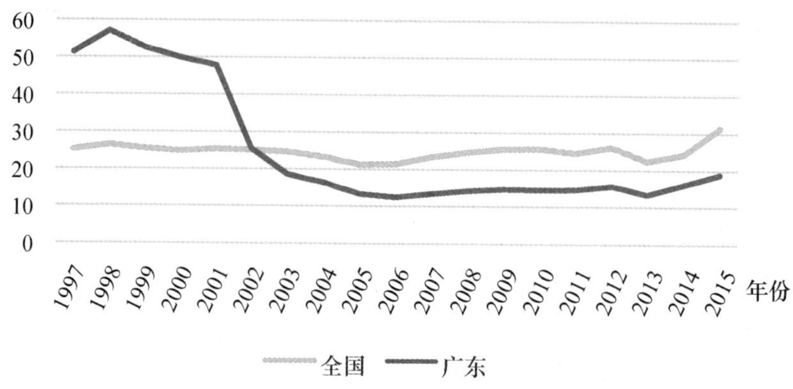

图 8—3　外资企业资本密集度

四　第三产业整体上升，但内部结构呈分化趋势

表 8—4 反映了 2010—2015 年累计实际利用 FDI 在第三产业内部结构的特点。从绝对数量上看，大部分行业利用 FDI 的数量是增加的，但是相对比例的变化则并不一致。其中批发零售餐饮、金融业、科技服务业、其他服务业的比重变化与第三产业比重变化是一致的；而交通运输邮政、房地产和教育文体卫娱的比重不断下降，与第三产业比重上升的变化趋势完全相反。

表 8—4　　2010—2015 年累计实际利用 FDI 的第三产业内部结构

		2010	2011	2012	2013	2014	2015
交通运输、仓储和邮政业	金额	56318	73455	78595	60441	42954	47364
	比例	7.07%	8.66%	8.31%	5.37%	3.36%	3.10%
信息传输、计算机服务和软件业	金额	42206	51166	26005	27536	37072	67876
	比例	5.30%	6.03%	2.75%	2.45%	2.90%	4.44%
批发和零售业	金额	198940	210378	278573	272670	319439	184168
	比例	24.96%	24.80%	29.46%	24.22%	24.95%	12.04%
住宿和餐饮业	金额	15366	21534	10594	18857	13492	12428
	比例	1.93%	2.54%	1.12%	1.68%	1.05%	0.81%

续表

		2010	2011	2012	2013	2014	2015
金融业	金额	6863	16014	21773	97790	180426	140102
	比例	0.86%	1.89%	2.30%	8.69%	14.09%	9.16%
房地产业	金额	329023	285077	287405	337237	434438	704087
	比例	41.28%	33.61%	30.39%	29.96%	33.94%	46.03%
租赁和商务服务业	金额	91077	116014	133582	192480	176532	286303
	比例	11.43%	13.68%	14.13%	17.10%	13.79%	18.72%
科学研究、技术服务和地质	金额	42574	53381	53155	50568	48871	57466
	比例	5.34%	6.29%	5.62%	4.49%	3.82%	3.76%
水利、环境和公共设施管理业	金额	2851	4478	6511	32503	6606	2534
	比例	0.36%	0.53%	0.69%	2.89%	0.52%	0.17%
居民服务和其他服务业	金额	3169	6248	14676	18641	10453	13445
	比例	0.40%	0.74%	1.55%	1.66%	0.82%	0.88%
教育	金额	17	13	16	339		
	比例	0.00%	0.00%	0.00%	0.03%	0.00%	0.00%
卫生、社会保障和社会福利业	金额	178	2167	2355	4665	544	155
	比例	0.02%	0.26%	0.25%	0.41%	0.04%	0.01%
文化、体育和娱乐业	金额	8484	8350	32355	11888	1067	3473
	比例	1.06%	0.98%	3.42%	1.06%	0.08%	0.23%
国际组织（公共管理和社会组织）	金额		15			8258	10295
	比例	0.00%	0.00%	0.00%	0.00%	0.65%	0.67%
总额	金额	797066	848290	945595	1125615	1280152	1529696

由于房地产业利用FDI的比例最高，在47.9%—56.1%之间，交通运输邮政行业利用FDI的比例也是非常高的，为12.5%—16.7%，两个行业利用FDI的比例下降，而利用FDI数量少的行业如批发零售餐饮、金融业、科技服务业、其他服务业的比例上升，有利于优化第三产业的结构，因此，从FDI在第三产业的内部结构变化看，广东利用FDI质量可以肯定，但是由于科学研究和综合技术服务业、金融和保险业、教育、文化艺术和广播电影电视业、卫生、体育和社会福利业等现代服务业利用FDI数量少、比例低，说明FDI对广东第三产业

内部结构优化的作用有限。

五 外资主要集中在珠三角地区，空间分布不均衡

外商对广东省的投资相对集中。主要聚集在珠江三角洲地区，包括广州、深圳、珠海、佛山、江门、东莞、中山、惠州和肇庆，相比之下，对其他经济发展相对落后的地区投资比例过小。如表8—5所示，在1991—2016年实际利用外资情况中，1991年，珠江三角洲地区在广东省外商直接签订项目占比就达到了82.3%，到2016年，珠三角的实际利用外资数额占比高达96.7%，其他地区的企业分布则非常少。并且签订合同数量、合同外资数额均是珠江三角洲地区最多。

表8—5　1991—2016年部分实际利用外资情况及占全省比重 单位：万美元

年份	2016	2011	2006	2001	1996	1991
全省合计	2334921	2179836	1451065	1282240	138.99	25.83
珠 三 角	2258971	1952875	1111962	981800	98.47	16.64
占全省比重	96.7%	89.6%	76.6%	76.6%	70.9%	82.3%

数据来源：《广东统计年鉴》。

在珠三角内部，各地区的差距也较为明显。表8—6反映了2008—2015年广东实际引进FDI的空间分布特点。其中深圳利用FDI最多，所占比例达到17.89%—24.18%，广州利用FDI数量次之，占18.9%—20.16%，再次为佛山、东莞、珠海、江门、中山等地区，这些地区在地理位置上正好是广州—深圳—珠海三角区，称为珠三角区域，广东利用FDI高度集中于这一区域。广东两翼和山区利用FDI的比例最低的2008年只有12.7%，最高达到25.5%。

表 8—6　　2008—2015 年广东实际引进 FDI 的空间分布　　单位:%

年份	2008	2009	2010	2011	2012	2013	2014	2015
广州	18.90	19.32	19.64	19.60	19.44	19.25	19.01	20.16
深圳	21.03	21.30	21.21	21.10	17.89	21.91	21.60	24.18
珠海	5.96	6.04	6.04	6.14	6.26	6.76	7.19	8.10
汕头	1.01	1.04	1.26	1.59	0.45	0.59	0.66	0.81
佛山	9.43	9.59	9.71	9.88	9.44	10.10	9.88	8.85
韶关	0.95	0.97	1.05	1.09	0.91	0.76	0.71	0.18
河源	1.68	1.16	0.83	0.82	0.69	0.85	0.84	0.54
梅州	0.67	0.41	0.44	0.47	1.07	0.53	0.55	0.27
惠州	0.67	0.41	7.10	7.19	7.59	7.35	7.32	4.11
汕尾	1.15	1.22	1.25	1.40	2.21	0.61	0.61	0.37
东莞	12.77	13.28	13.48	13.99	10.89	15.78	16.86	19.80
中山	3.89	3.11	3.30	3.35	3.77	2.59	2.53	1.70
江门	4.78	5.31	5.47	3.62	3.90	3.70	3.18	3.27
阳江	0.76	0.89	1.02	1.10	1.89	0.66	0.44	0.32
湛江	0.91	0.15	0.18	0.24	0.91	0.53	0.56	0.58
茂名	0.29	0.16	0.15	0.16	0.44	0.46	0.58	0.64
肇庆	4.48	4.55	4.61	4.72	8.32	4.97	4.96	5.19
清远	2.69	2.81	1.58	1.76	1.04	0.85	0.85	0.53
潮州	0.48	0.52	0.55	0.58	0.51	0.41	0.41	0.08
揭阳	0.66	0.68	0.73	0.78	1.69	0.88	0.89	0.15
云浮	0.36	0.36	0.39	0.42	0.71	0.44	0.40	0.20

从广东区域经济发展水平看，广东区域利用 FDI 水平的变化趋势与区域经济发展水平的变化趋势是完全一致的，由此可以得出结论，广东利用 FDI 越多的地区，经济发展越快，经济发展水平越高，而利用 FDI 越少的区域，经济发展越慢，经济发展水平越低；2008—2015 年广东经济发展的区域差距不断扩大，其中利用 FDI 的区域差距扩大

是区域经济差距扩大的重要因素。因此，广东 FDI 的空间分布均衡加大了经济发展的空间不均衡。

六　广东省利用外资的方式

广东利用外资方式主要有外商直接投资、对外借款、外商其他投资三种方式。利用外资方式虽然多样，但外商直接投资在总体上占主导地位，规模大，增长快且在不同阶段有着不同的体现。在 1978—1991 年，外商直接投资累计 84.0 亿美元，仅占实际利用外资的 56.22%。1992 年以后，外商直接投资增长迅速，每年占实际利用外资的比重均大于 70%；2008 年，外商直接投资达 191.7 亿美元，占实际利用外资额比重已超过 90%，成为利用外资的最主要组成部分。到 2016 年，外商直接投资已达 233.5 亿美元，占 99.7%。

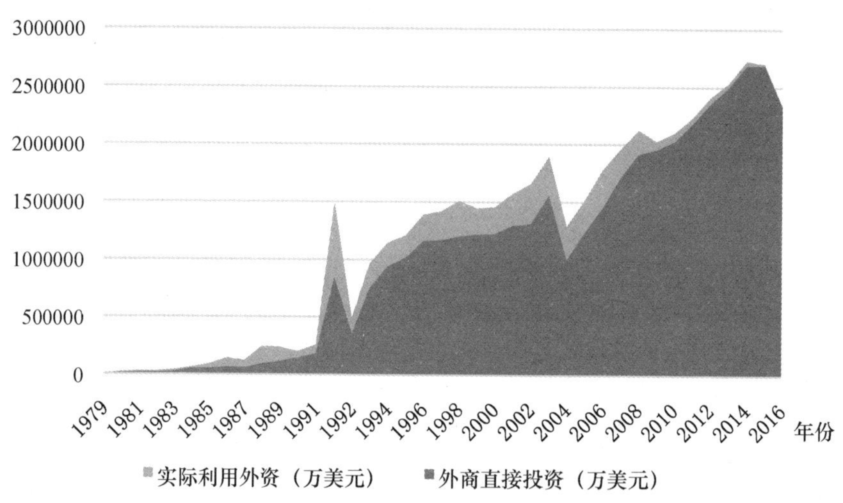

图 8—4　外商直接投资占比

与全国相比，广东利用外资方式中直接投资的比重大大高于全国水平。说明广东利用外资的风险更低，利用外资方式更加合理，促进了广东经济健康合理发展。

第三节　广东省利用外资的规模特点

FDI 项目的平均规模和企业平均规模是度量外资利用质量的重要指标。FDI 项目的平均规模反映合同 FDI 项目的平均规模，能较真实地反映外资的实力，如资本能力、盈利能力、管理水平和技术水平，但是 FDI 项目的平均规模往往因为其他原因并不能反映外资项目的实际规模，如果合同外资和实际外资一致，二者是没有差异的，如果二者不一致，特别是我国实际外资的到位率远远低于合同外资时，则不能真实地反映外资项目的实际平均规模。

外资企业的平均规模虽然能真实地反映企业的实际规模，但是由于合资企业、合作企业、股份制企业中不仅包含外方资本，也包含东道方的资本，因此外资企业平均规模并不能真实地反映外资的实力。如果外方资本的比例较高，或者说外方资本控股时，特别是外商独资企业，外资企业的平均规模能真实地反映外资资本的实力。否则，如果是中方控股的企业，外资企业的平均规模并不能反映外资资本的能力。

一　总规模居于全国前列

1979—2015 年广东实际利用 FDI 从 3074 万美元上升 270 亿美元，外资企业从 1991 年的 16376 家上升到 2015 年的 111169 家，外资企业投资额由 1997 年的 2171 亿美元增加到 2015 年的 6443 亿美元。广东利用 FDI 已经达到很高水平，图 8—5 表明，1997—2015 年，利用 FDI 项目最多时占全国的 25%，最低时占全国的 19%，实际利用 FDI 金额最多时占全国的 33% 以上。

外资对广东经济发展起到了重要作用，外资不仅推动了广东经济增长，而且扩大了出口，带动了就业。外资企业出口 2238 亿美元，占全省的 62. 35%；外资经济单位的就业人数达到 925 万人，占全省就业人数的 16. 37%。虽然外资推动了广东经济发展，但是广东引进 FDI

主要是加工贸易型或劳动密集型的，技术含量不高。

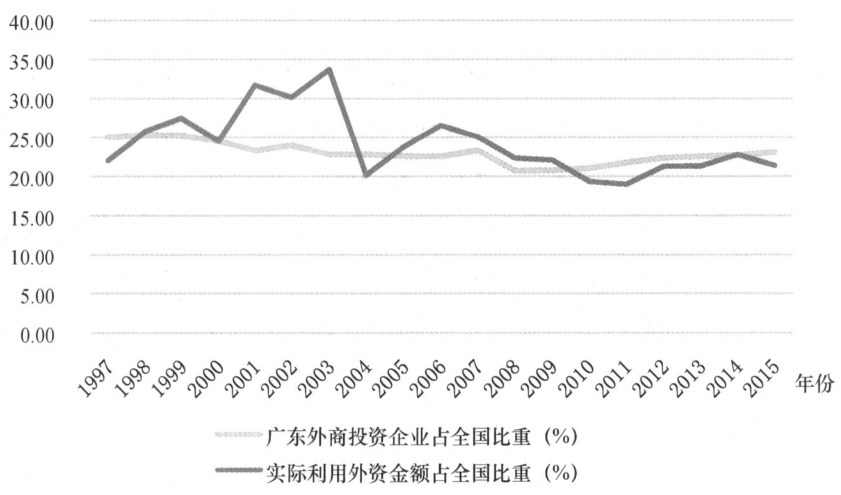

图 8—5　1997—2015 年广东引进 FDI 项目和实际利用外资占全国的比例

数据来源：历年《广东统计年鉴》和《中国统计年鉴》。

二　合同 FDI 项目的平均规模偏小

表 8—7 表明，2000—2015 年广东引进 FDI 的项目平均规模呈上升趋势，从 2000 年的 205 万美元上升到 2015 年的 798 万美元；与全国合同 FDI 平均规模相比，1982—2006 年，仅有 1982 年、1989 年、1991—1996 年全国合同 FDI 的平均规模低于广东，其余 20 年均高于广东。因此，从合同 FDI 项目的平均规模看，广东引进 FDI 质量明显不高。

表 8—7　　1982—2015 年合同项目的平均规模　　单位：万美元

年份	项目数（个）	合同金额	平均金额	
			广东	全国
2000	4245	868393	205	279
2001	5317	1343463	253	275
2002	6613	1617119	245	248
2003	7306	2178926	298	285

续表

年份	项目数（个）	合同金额	平均金额	
			广东	全国
2004	8322	1936046	233	359
2005	8384	2374365	283	430
2006	8452	2456820	291	467
2007	9506	3393817	357	—
2008	6999	2863991	409	—
2009	4346	1755834	404	—
2010	5641	2460075	436	—
2011	7035	3469238	493	—
2012	6043	3499424	579	—
2013	5520	3631343	658	—
2014	6016	4305905	716	—
2015	7029	5611000	798	—

三　外资企业平均规模逐年上升

图 8—6 描述了 1997—2015 年广东引进的外资企业平均规模的变化及其与全国的比较。从时间变化看，广东引进外资企业的平均规模总体上呈上升趋势，由 1997 年的 226 万美元上升到 2015 年的 351 万美元；与全国相比，1997—2002 年广东外资企业平均规模明显高于全国水平，但是 2003—2015 年则是明显低于全国水平，特别是 2006 年比全国外资企业平均规模少 114 万美元，2007 年的差距达到 212 万美元。这说明，从外资企业的平均规模看，广东引进外资质量总体上是上升的，1991—2001 年明显高于全国水平，2003—2009 年则低于全国水平。

表 8—8 描绘了 2006—20015 年广东外资企业平均规模的空间差异。21 个地区中，梅州、茂名、潮州、揭阳等地区外资企业平均规模非常低；深圳、珠海、汕头三个特区和云浮、阳江、河源、汕尾、东莞、中山、江门等地区外资企业平均规模也不大，低于全省的平均水平；外资企业平均规模最大的是湛江，其次是广州、清远、韶关、佛

山等地区。由外资企业平均规模可以判断，广东引进外资质量的空间差异明显，其中湛江、广州、清远、韶关、佛山等地区引进外资的质量高，而梅州、茂名、潮州、揭阳等地区引进 FDI 质量最低，深圳、珠海、汕头、云浮、阳江、河源、汕尾、东莞、中山、江门等地区引进 FDI 质量也低。

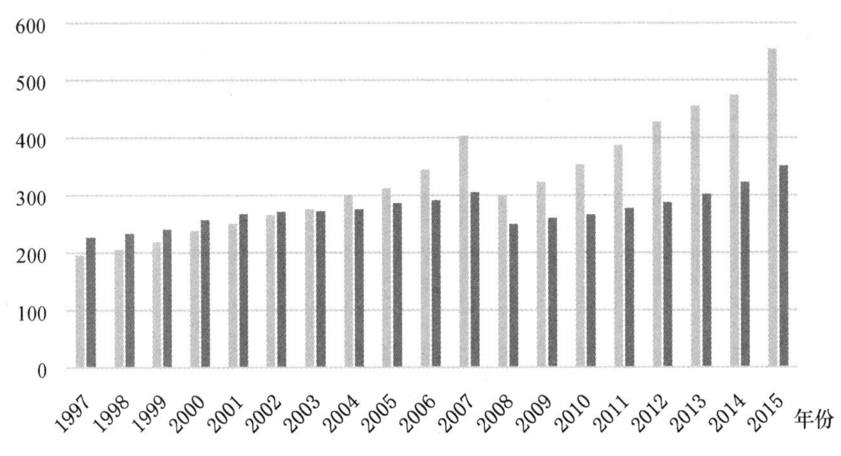

图 8—6　广东和全国外资企业的平均规模

表 8—8　　广东外资企业平均规模的空间差异　　单位：万美元

年份	2006	2007	2008	2009	2010	2011	2012	2013	2014	2015
全省合计	507	525	547	571	589	617	642	509	538	580
广州	752	841	908	884	941	969	995	631	649	715
深圳	389	360	355	421	600	589	469	359	393	452
珠海	470	506	526	530	420	455	698	671	691	700
汕头	465	506	542	558	570	636	636	453	486	502
佛山	547	588	663	691	586	625	858	667	679	728
韶关	528	571	600	683	558	626	574	486	462	474
河源	455	520	494	502	633	664	464	407	408	423
梅州	265	202	199	234	1250	1333	209	180	200	202
惠州	551	550	592	585	293	292	611	548	551	569

续表

年份	2006	2007	2008	2009	2010	2011	2012	2013	2014	2015
汕尾	451	498	540	513	594	622	944	749	726	736
东莞	427	457	487	493	584	588	526	460	498	527
中山	440	486	510	526	240	246	614	516	610	603
江门	389	460	467	626	588	647	689	617	627	674
阳江	400	458	391	407	473	459	710	564	587	682
湛江	744	667	1741	1140	427	558	1490	803	798	1020
茂名	338	253	256	262	920	1128	328	287	284	317
肇庆	544	546	548	579	502	504	642	600	688	774
清远	664	675	730	768	549	594	1179	986	1032	1049
潮州	294	322	279	306	301	325	347	275	271	288
揭阳	327	272	289	311	318	339	348	319	349	361
云浮	864	866	398	403	448	500	521	395	401	419

四　实际 FDI 的到位率先升后降

外资是促进我国经济增长的重要动力，尤其是在资本稀缺的背景下，外资对我国整体的经济起飞以及不同地区的经济发展具有特别重要的意义。从中央政府到地方政府一直以来都非常重视引进和利用外资，有的地方政府甚至还专门成立招商职能部门，其绩效考核与引资规模挂钩。在某种程度上讲，用“全民招商”这个词来形容一点也不夸张。引资方式包括定期和不定期举办各种规格的招商会、经贸会、大规模组团赴海外招商等。从交易成本角度看，招商成本较高。具体体现为协议 FDI 多，而实际 FDI 到位率低。

图 8—7 反映了广东从 1995 年到 2015 年实际 FDI 到位率的变化趋势。1999 年之前，广东 FDI 实际到位率基本呈现递增的趋势，从 20 世纪 90 年代中期的 40% 左右不断提高到 90 年代末的 198%，远高于同期全国 FDI 实际到位率。从 2002 年开始，广东实际 FDI 到位率开始呈现明显的下降趋势，而同期全国实际 FDI 到位率则变化不大。因此，总的来说，从实际 FDI 到位率指标看，广东在 20 世纪 90 年代中期以前一直高于全国水平，之后开始低于全国水平，且在进

入 21 世纪后呈明显下降趋势，这反映了广东引进 FDI 质量处于（相对）下降态势。

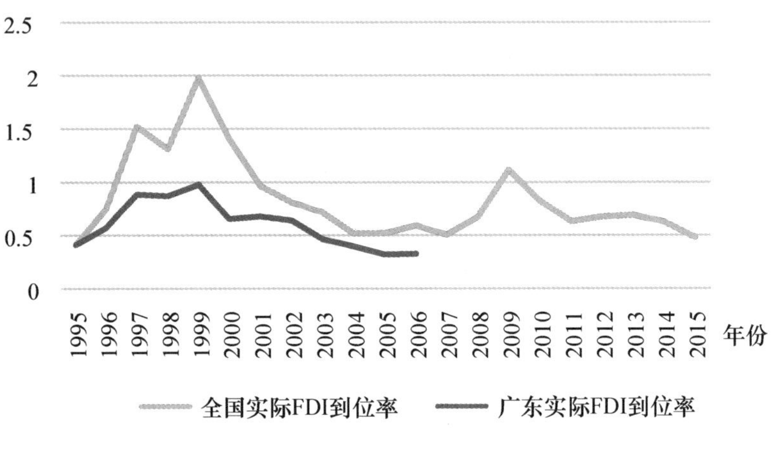

图 8—7　实际 FDI 的到位率

五　外资企业具有较高出口倾向

FDI 企业与国外市场有着先天的联系和优势，主要体现在其所拥

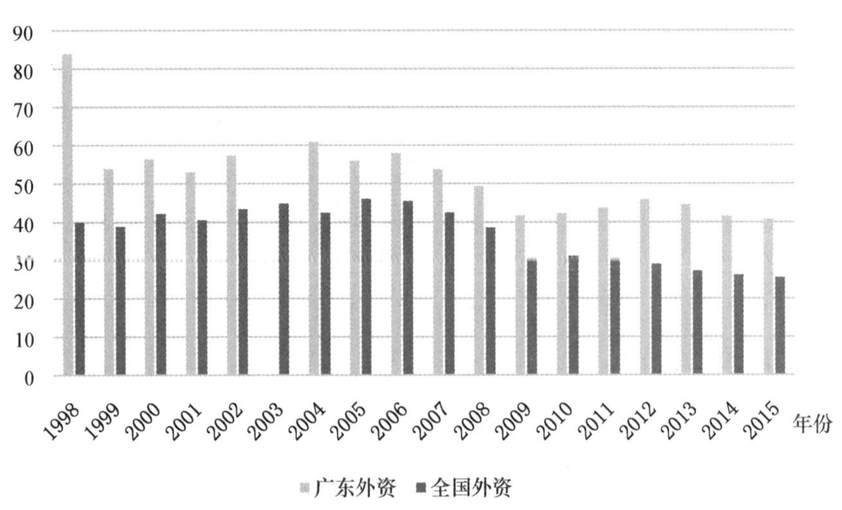

图 8—8　外资企业的出口倾向

有的国际市场信息，这是国内企业所无法企及的。通过引进 FDI 有利于国内企业获取和分享这些信息，从而教会国内企业“学会出口”。这是引进 FDI 企业对国内企业的又一重要贡献，简称为出口倾向，具体以出口产值占总产值的比值来度量。从图 8—8 可以看出，1998 年到 2007 年间，广东外资企业出口均高于 50%，在 2004 年甚至高于 60%，均高于同期广东规模以上企业和全国外资的出口倾向，后二者均在 40% 左右。在 2005 年，该指标基本稳定在 40% 的水平，这说明广东引进 FDI 企业在带动本地内资相关企业的直接出口方面发挥了重要作用，而且从绝对值上看，广东引进外资的质量较高。

第九章

广东企业“走出去”四十年

在广东省对外开放40年的历程中，招商引资方面取得了巨大的成就。但是，作为全面对外开放一个重要组成部分，广东企业在海外投资方面也取得了一系列丰硕成果。随着改革开放的深入以及国内资本的积累，政府开始有意识地推动广东企业走出广东，在海外进行兼并和收购活动。广东省的对外投资由最初的企业自发行为开始逐渐过渡到政策引导型投资。

对外开放40年来，广东企业“走出去”取得辉煌成就。随着“走出去”战略加快实施，对外投资进入加速发展阶段。2015年，广东对外实际投资超过100亿美元，2011—2015年年均增长50.8%。2015年，对外承包工程业务完成营业额198.8亿美元，比2010年增长142.2%。

随着广东发展方式的转型和产业的升级，传统的制造业面临产能过剩的问题，企业“走出去”进行境外投资、加强产能合作具有重要的现实意义。在对外开放进行到40周年这个节点上，随着广东省对“一带一路”沿线国家经贸合作的不断深入、“自贸区”建设的加强，广东企业“走出去”必将迎来前所未有的发展机遇与空间。

第一节　广东企业走出去的历程

一　对外开放1.0：探索期（1978—1991）

1979年8月13日，国务院提出了152项经济改革措施，其中第

13项明确提出：要出国办企业。这是社会主义中国在经过30年的建设历程后，第一次把发展对外直接投资作为政策正式确立下来。由此开辟了我国企业跨国投资的道路。

国家多次调整对海外投资开办企业审查批准要求，自1983年后，改变原来由国务院直接审批为授权外经贸部为归口管理部门，此后又将部分权限下放各省市区，在加强管理的同时充分发挥地方的自主权和积极性。广东由于其在中国改革开放中的“排头兵”地位，享受了更大的自主权限，这从另一方面也促进了广东对外投资的蓬勃发展。

在国家政策的鼓励下，一些国内企业纷纷走出国门，去海外投资建厂。1982年，广东省在澳大利亚设立了第一家生产性企业。随后各地区具有开发海外市场和资源需求的各级企业，陆续走出国门，或独资或合资、合作，开设海外企业，有设立于中国香港、澳门或发达国家的拓展市场的贸易型企业，还有少数设立于发展中国家的资源开发型或制造业加工企业。

截至1991年，广东省在境外投资兴办的各类企业达500多家，包括贸易企业200多家和生产性企业300多家。但这个阶段只是尝试性的，对外投资规模也是极为有限的。在20世纪80年代初期，广东企业的对外投资类型主要是推销产品出口；到了80年代中后期，境外投资类型转变为主要以设备、技术、劳务输出及境外贷款，而且投资领域逐步扩展到了资源开发、技工贸结合、加工生产装配等方面。总体上，尝试探索阶段的广东对外投资的规模仍然较小，投资区域以中国香港、澳门和发展中国家为主。

二　对外开放2.0：增长期（1992—2000）

1992年邓小平的南方谈话及中共十四大的召开提升了广东对外开放水平，加快了广东企业“走出去”的步伐。这一阶段，广东境外投资力度不断增强，企业对外投资金额及境外子公司的数目也持续增加，促成了广东企业跨国投资的小高潮。

截至2000年底，全省境外投资企业达到624家，分布于50多个国家和地区，其中境外生产性企业 60 家，总投资 1.78 亿美元，涉及贸易、金融、实业、劳务、农业、旅游、运输、医疗、房地产、资源开发、咨询服务等多个领域。其间，单个企业的投资规模也呈现不断上升趋势，投资额从几十万美元的项目发展到几千万美元的项目。在投资地区选择上，除了巩固港澳市场，还加大了对北美、欧盟、日本、东南亚市场的重点开拓。

三　对外开放 3.0：推进期（2001—2009）

2001 年，中国加入世界贸易组织后，开始全面接受国际经贸投资规则。一方面使得中国出口和利用外资出现井喷式增长，另一方面，外国企业或产品开始大举进入中国。在这种情况下，我国企业在国内面临的竞争加剧，只有积极进入国际市场，才能充分抓住入世后的机遇，避免被淘汰。与此同时，国内市场的结构性供给过剩加剧。

广东由于轻型化的工业特点使多数企业面临强大的市场竞争。有一定发展潜力的中小企业也纷纷开始海外投资，争取更大的生存空间。随着广东企业的发展，实力的增强，在政府有领导有步骤地组织和支持下，广东进一步扩大对外开放，加快"走出去"步伐。

在这一阶段，广东先后颁布了《积极发展境外加工贸易业务的若干意见》《关于加快实施"走出去"战略若干意见》《广东省人民政府关于支持企业开展跨国经营加快培育本土跨国公司的指导意见》等多个文件，要求各级政府和有关部门、企业牢牢把握有利时机，积极发展本省境外加工贸易业务，促进本省国民经济持续稳定发展。这一时期，广东境外投资主体呈现多元化趋势，民营企业对外投资越来越活跃，并逐步代替国有外资企业成为境外直接投资的新生主力军，形成了国有、集体、民营、外资投资的多元化格局。在对外投资领域上，从推销产品出口、非贸易性投资合作，扩大到以投资制造业为主，而近几年来又以开发利用境外资源为新热点。在广东省政府的大力推进下，对外投资国际化步伐加快，"走出去"效果显著。2012 年广东省经核准在境外设立企业 833 家，新增中方协议投资额 43.38 亿美元，同比增长 49.60%，对外承包工程新签合同额 190.51 亿美元，同比增长 41.8%。

四　对外开放 4.0：升级期（2010—2018）

经过前三个阶段的发展，广东形成了“引进来”和“走出去”协调发展的开放型格局。出现了华为、TCL、美的和格力等世界级中国品牌，开创了具有广东特色的跨国经营模式。截至 2010 年底，广东省经核准在境外超过 100 个国家和地区投资设立企业 2891 家，核准投资额 130 亿美元，其中核准中方投资额超过 100 亿美元。

2008 年爆发的全球性金融危机导致国际资产价格大幅缩水，为国内企业“走出去”提供了有利机遇。2009 年之后，广东企业“走出去”的步伐加快，境外投资大幅增长，境外营销网络、境外生产基地建设、境外资源开发取的新成效，境外承包工程和劳务合作迈上新台阶。

2015 年 3 月，《推动共建丝绸之路经济带和 21 世纪海上丝绸之路的愿景与行动》的公布正式拉开了国家“一带一路”重要战略的序幕。同年 6 月，广东在全国率先发布《广东省参与建设“一带一路”的实施方案》，成为全国首个上报实施方案、完成与国家“一带一路”战略规划衔接并印发实施方案的省份。2016 年广东省与“一带一路”沿线地区和国家对外贸易额达到 1995.6 亿美元，参与度位居各省区市之首，而民营企业（集体、私营、个体工商户）表现极为强劲。随着广东省对“一带一路”沿线国家经贸合作的不断深入，广东民营企业“走出去”必将迎来前所未有的发展机遇与空间。

截至 2017 年 3 月末，广东共有 309 家企业到“一带一路”沿线国家投资，其中民企境外投资 111 家，占全部投资家数的 35.9%，投资金额为 8.8 亿美元，占比 49.1%。经过多年的发展，广东民营企业投资的地区覆盖世界上 100 多个国家和地区。从投资地域市场分析，广东民营企业“走出去”的重点仍然在亚洲，但是正在向发达国家延伸。如华为公司，对外首先投资的区域为俄罗斯，通过建立合资公司的方式，在电信行业销售冲出亚洲，之后开拓非洲、拉美地区，最后进入欧美市场。如美的集团除了拥有遍布全球的销售网络，目前收购日本东芝白电业务、意大利中央空调企业 Clivet、德国工业机器人企业库卡等，总涉及资金超过 300 亿元人民币。

广东企业在境外投资领域活跃性高，呈现市场化、多元化特征，涉及生物、医疗、电子、通信、汽车等领域。如比亚迪汽车企业近年来海外投资步伐显著，不断拓展全球市场。比亚迪的新能源车、太阳能、储能业务已经遍布全球，在新加坡、马来西亚、泰国、叙利亚、伊拉克、印度、埃及等“一带一路”沿线国家设立销售、研发中心或生产基地。

第二节　广东企业“走出去”的特点

一　起步较早，对外投资规模不断扩大

改革开放后，得益于其良好的地理位置和优越的开放政策，广东的开放型经济发展一直走在全国前列。在广泛地吸引外来投资的同时，由于较好的经济发展势头和海外往来经验，其对外投资水平也一直位于全国前列，相比全国其他地区，广东对外直接投资发展较早，积累的投资总量高于其他省份。在对外投资的规模上也一直占据国内各省区的榜首位置。

数据显示，2005 年至 2014 年，广东非金融类直接投资增长迅速，由 2.07 亿美元增长至 96.01 亿美元，增长了 46.38 倍，年均增速达到 46.77%，而同期广东外商直接投资仅增加了 2.17 倍。对外直接投资的快速上升，反映了广东省的外贸合作已由原有单纯的“引进来”到现在“引进来”与“走出去”并行，意味着广东经济实力、人才实力以及国际贸易经验不断积累上升。

2016 年全年经核准境外投资新增中方协议投资额 282.76 亿美元，比上年下降 5.7%；新增中方实际投资额 206.84 亿美元，比上年增长 94.3%。

数据显示，2003 年至 2016 年，广东非金融类直接投资增长迅速，由 0.95 亿美元增长至 206.84 亿美元，增长了 217.73 倍，年均增速达到 46.89%，而同期广东外商直接投资仅增加了 2.17 倍。对外直接投资的快速上升，反映了广东省的外贸合作已由原有单纯的“引进来”到现在“引进来”与“走出去”并行，意味着广东经济实力、人才实力以及国际贸易经验不断积累上升。

表 9—1　广东省及中国（地方）非金融类对外直接投资流量情况

年份	广东	地方总额	占比（%）	增速（%）
2003	0.95	—	—	—
2004	1.39	—	—	46.32
2005	2.07	20.57	10.06	48.92
2006	6.3	23.97	26.28	204.35
2007	11.41	52.53	21.72	81.11
2008	12.43	58.76	21.15	8.94
2009	9.23	96.03	9.61	-25.74
2010	16	177.45	9.02	73.35
2011	36.34	235.6	15.42	127.13
2012	25.88	342.06	7.57	-28.78
2013	59.43	364.15	16.32	129.64
2014	96.01	451.15	21.28	61.55
2015	105.6	—	—	9.99
2016	206.84	—	—	95.87

数据来源：各年《中国商务年鉴》。

二　对外投资领域逐步拓宽

广东对外投资业务遍及全世界 90 多个国家和地区，从传统的商品贸易向建立境外生产基地、开展境外资源合作以及设立境外研发机构和营销网络等方向发展。继华为、中兴、美的等知名制造企业在美国、巴西、印度尼西亚等国家和地区设立生产基地、工业园区、营销网络和研发机构之后，资源开发逐渐成为广东省对外投资的新热点。对外投资的产业以制造业为主，如家用电器、摩托车、金属制品和家用机械类产品都有比较大的规模，多是珠江三角洲的优势产业，技术设备水平高，产品质量好，对外增资扩产项目逐年增多，高科技含量投资项目逐渐凸显。其他的投资领域还涉及房地产业及咨询业、金融中介等服务业行业、批发零售业、农业和渔业。

表9—2　　广东省分行业对外直接投资

行业	2015 年	2016 年
总计	106.45	206.84
农、林、牧、渔业	1.82	0.59
采矿业	1.97	2.49
制造业	8.31	27.08
电力、燃气及水的生产和供应业	0.40	0.03
建筑业	1.77	2.01
交通运输、仓储和邮政业	0.14	1.39
信息传输、计算机服务和软件业	1.09	6.54
批发和零售业	23.23	44.10
住宿和餐饮业	0.29	0.32
金融业	2.17	0.53
房地产业	6.54	14.08
租赁和商务服务业	28.51	56.87
科学研究、技术服务和地质勘查业	1.67	2.12
水利、环境和公共设施管理业	0.01	0.20
居民服务和其他服务业	3.13	6.29
教育	0.33	7.27
卫生、社会保障和社会福利业	0.27	0.05
文化、体育和娱乐业	0.40	0.51
公共管理和社会组织	0.02	
利润再投资分摊	24.36	34.38

数据来源：《广东省统计年鉴》（2017）。

三　对外投资方式日趋多样化

在改革开放头15年，广东省在境外开办的企业多为贸易型企业，许多企业以自己的品牌商品通过贸易方式在境外销售。1995年以后，投资方式由从贸易型向生产型转变的趋势，企业逐步增加境外投资设厂方式，开展加工贸易。

最近几年，特别是国家鼓励企业开展境外加工贸易以来，生产型企业发展较快。一些企业还根据产品开发需要在国外设立有关的研发机构，加快产品的更新换代，缩小本地产品与国外产品的差距。其中有些企业实现了资本融资的国际化。

截至2016年5月底，在香港上市的广东省企业累计有204家，IPO融资超过2000亿港元，总市值超过30000亿港元。其中民营企业在港上市越来越活跃，民营企业市值已与国有大型企业市值平分秋色。

目前，广东对外投资方式已从早期单一的出口贸易、劳务输出和对外承包工程，扩大到办实业、建立营销网络和研发设计等综合性投资；从远洋捕捞、渔业加工和农牧养殖业发展到以“项目换石油”和“项目换资源”等境外资源开发；从通过香港地区及海外资本市场融资求发展，到以参股、并购、股权置换、兼并收购和集群式投资等方式开展合作投资，多元化格局初步形成。

四　民营企业对外投资持续高涨

当前，国有外贸企业作为广东境外投资主体的地位已经被民营企业所代替，形成了国有、民营、集体、外资投资的多元化格局。早期广东“走出去”的企业中，国有企业由于受到政府的支持和国内重大经济决策的较多影响，长期占据主体地位。2004年，在中国对外直接投资存量排序和境外企业资产总额排序的前30强跨国企业中，广东国有企业如广东省航运集团有限公司、广州越秀集团有限公司、广东粤港投资控股有限公司以及深业（集团）有限公司均榜上有名。然而近些年广东民营企业的实力不断发展壮大，成为广东对外投资企业中新的生力军，对广东“走出去”战略发挥着越来越重要的作用。

广东民营企业对外投资呈现以下特点：首先，投资规模逐年增大，投资额显著提高。从民营企业“走出去”过程分析，大多先从事对外贸易，而后往往因为要越过对外贸易的壁垒继而开展境外投资；反过来，企业通过境外投资，研发生产、构建营销网络等方式又能带动对外贸易的发展。2014 年，广东省民营企业协议投资新设企业 1354 家，新增中方协议投资 88.3 亿美元，分别占同期全省对外投资的 83.2%、70.7%。2015 年，随着“走出去”政策鼓励力度增强，广东企业“走出去”热情高涨，全年新增对外协议投资 259.5 亿美元，增长 104.9%。据广东省商务厅统计，对外投资中民营企业占九成。特别是以华为、美的、比亚迪为代表的民营企业“走出去”成果突出，位于全省企业前列。

其次，投资区域从亚洲地区拓展到欧美地区。经过多年的发展，广东民营企业投资的地区覆盖世界上 100 多个国家和地区，从投资地域市场分析，广东民营企业“走出去”的重点仍然在亚洲，但是正在向发达国家延伸。如华为公司，对外首先投资的区域为俄罗斯，通过建立合资公司的方式，在电信行业销售冲出亚洲，之后开拓非洲、拉美地区，最后进入欧美市场。如美的集团除了拥有遍布全球的销售网络，目前收购日本东芝白电业务、意大利中央空调企业 Clivet、德国工业机器人企业库卡等，总涉及资金超过 300 亿元人民币。

最后，投资领域市场化、多元化。与国企投资领域的集中性不同，广东民企在境外投资领域活跃性高，呈现市场化、多元化特征，涉及生物、医疗、电子、通信、汽车等领域。如比亚迪汽车企业近年来海外投资步伐显著，不断拓展全球市场。比亚迪的新能源车、太阳能、储能业务已经遍布全球，在新加坡、马来西亚、泰国、叙利亚、伊拉克、印度、埃及等“一带一路”沿线国家设立销售、研发中心或生产基地。

五　投资区域更加广泛

广东借助优越的地理优势，对外直接投资区域一直以来都集中在港澳地区。2016 年，广东经核准在香港设立的企业共达 777 家，协议投资总额共计 127.31 亿美元，约占广东全省累计境外投资协议总额的 61.55%。显然，驻港企业已成为广东实施“走出去”战略，开拓国际市场的桥头堡。但是，港澳的市场、资源毕竟是有限的，近几年一些企业也在谋求在其他有利区域的投资。2016 年，广东在境外地区项目 245041 个，协议投资总额达 206.84 亿美元，而投资区域除了港澳地区，还遍布其他 80 多个国家和地区，且主要集中在中东、非洲、南美和东南亚等市场。

“一带一路”沿线国家是广东企业近年来投资快速增长的另一个区域。根据广东省政府发布《中国广东企业“一带一路”走出去行动报告 2017》。2016 年，广东对外实际投资中，“一带一路”沿线国家和地区同比增长达到 65.3%，其中对缅甸、越南、马来西亚和泰国实际投资增速同比均超过 100%；对泰国投资达到 2.1 亿美元，同比增长超过 16 倍。

在投资增长的同时，投资结构也在改变。广东企业对“一带一路”沿线国家的投资从早期以贸易投资为主，主要从事产品的批发与零售业务，转为向技术研发、商务服务业、制造业、农业、渔业、地产等行业扩展。

目前在海外共有 42 个独立运营的橡胶种植、加工和贸易项目的广东农垦集团，近些年已经在东南亚的泰国、马来西亚、印尼等国建立了完整的产业发展体系。中国首只落地的“地方版”丝路基金——广东丝路基金，于今年 6 月和农垦集团合作设立了 50 亿元规模的子基金，重点投向“一带一路”沿线国家的农业合作项目。

中兴通讯目前已经进入“一带一路”沿线 50 多个国家和地区，为东道国提供 3G 和 4G 移动网络，有效填补了发展中国家和发达国家之间的数字鸿沟；腾讯旗下针对海外市场发行在线音乐应用 JOOX，陆续在马来西亚、印尼、泰国等地发行，并建立当地团队丰富本地曲库；深圳企业的海外园区，分布在越南、白俄罗斯、柬埔寨、老挝等多个国家落地开花，其中深越联合投资公司负责建设运营的中国—越南经济贸易合作区正在一期建设当中……

随着“一带一路”建设的推进，沿线国家工业化和城市化进程也会进一步加快，这样必将带来这些国家的生产方式、生活方式极大的改变，而且会进一步提高这些国家的收入水平，进而产生巨大的需求。在此过程中，更多企业走出国门投资合作，中国也迈向贸易和投资联动发展的新征程。

表9—3　　广东省分国家（地区）对外直接投资

国家（地区）	项目个数（个）		对外直接投资额（亿美元）	
	2015	2016	2015	2016
合计	1559	245041	106.45	206.84
中国香港	1073	777	59.40	127.31
美国	135	219	5.65	19.37
英属维尔京群岛	18	7	2.25	4.18
开曼群岛	10	12	1.00	3.27
法国	6	7	0.03	2.77
印度尼西亚	10	16	1.35	2.25
泰国	12	16	0.12	2.11
新西兰	7	7	0.41	1.68
阿拉伯联合酋长国	7	15	0.03	1.10
新加坡	14	21	1.92	1.08
加拿大	6	14	4.06	0.81
日本	12	18	0.03	0.79
澳大利亚	24	31	0.79	0.69
中国台湾	12	16	0.83	0.60
爱尔兰	1	2	0.00	0.52

续表

国家（地区）	项目个数（个）		对外直接投资额（亿美元）	
	2015	2016	2015	2016
马来西亚	8	21	0.04	0.45
中国澳门	16	12	0.78	0.41
荷兰	5	3	0.11	0.36
俄罗斯	3	5	0.00	0.36
德国	20	24	0.25	0.31

数据来源：《广东省统计年鉴》（2017）。

第三节 广东企业“走出去”的重大意义

广东企业“走出去”对于广东省扩大对外开放，建立开放型经济新体制具有重要意义。

一 “走出去”是推进广东产业结构提升的需要

鼓励企业实施“走出去”战略，一方面，通过对拥有高技术国家的投资，可加快高新技术和管理经验的吸收引进，推动省内产业升级，创造新的比较优势；同时扩大的产业内关联生产环节的国际贸易份额可带动省内相关产业的增长。另一方面，省内的优势产业通过“走出去”战略走向国际市场后，可分散和缓解其在国内和省内的过度竞争，不仅可以扩大企业的生产能力，还可以使广东目前逐渐变得相对紧张的资源，如土地、人才等投向更有价值和竞争实力的产业，加速广东产业结构调整。

二 “走出去”是广东进一步开拓国际市场的需要

经过多年的发展，广东的对外出口得到长足的发展，2017 年广东省全年实现货物贸易进出口总值 6.82 万亿元人民币，占同期全国进出口总值的25.9%。连续29年居全国首位。但是，在国际市场上，发达国家的贸易保护逐渐加强，出口贸易的发展遇到较大的瓶颈，2018年发生的中美贸易摩擦就是一个证明。出现了多种针对发展中国家出口产品的贸易保护壁垒，如技术壁垒、绿色壁垒等。广东的出口产品由于技术含量普遍偏低，容易成为贸易保护的针对对象。目前，遭受反倾销已成为广东及至全国出口增长的主要障碍之一。与此同时，世界各国除颁布产业指导目录外，对外来直接投资限制较少，大多持欢迎态度，国际直接投资已经替代国际贸易成为世界经济发展的主要驱动力。所以，鼓励有一定比较优势的企业到市场环境较好的国家和地区投资设厂，可以带动产品、服务、技术设备和劳务出口，绕过区域经济集团的贸易壁垒，达到保护已有市场的目的。广东产业的净出口额较大，对国际市场的依赖程度较高，为减少贸易壁垒对出口的影响，尤其需要大力施行“走出去”战略，以保持外向型经济的持续发展。

三　“走出去”是广东充分利用海外资源的需要

广东是资源相对贫乏的省份。在改革开放前一直处于经济落后状况。作为对外开放的试点地区后，其政策优势吸引了国内国外的多种资源，因而发展较快。如每年来自全国各地的大量农村劳动力就为广东经济发展做出了巨大贡献。但是广东自然资源匮乏、资本资源短缺的要素禀赋特点使得经济的持续高速发展受到一定威胁。资源紧缺已成为广东经济发展的制约因素。因此当前应通过鼓励企业实施“走出去”战略，通过对外投资获取海外自然资源，引进技术和信息，充分利用东道国的资金和人才资源，获取管理经验，以弥补省内资源的匮乏。而且在更大范围内配置资源，可促使省内原有资源得到更合理的运用。

四　“走出去”有利于提高广东企业的生存能力和整体素质

当前广东企业虽然总量增长迅速，但是由于多数企业综合实力不强，效益低下，导致企业整体队伍存在素质低下现象。因此广东应立足于完善对外开放格局和发展开放型经济的长远战略的需要，抓住国际经济发展和产业结构调整的有利时机，因势利导，支持具有综合实力和品牌优势的各类企业开展境外投资，增强企业参与国际竞争的能力，并获取更高的利润。

撷 英 篇

第十章

广东驶向海外的巨轮

——气吞万里的蛇口招商局

小者，弹丸陬隅；大者，时代风标。960 万平方公里国土疆域不显蛇口，数十载改革开放史必述蛇口。因为蛇口是和一个大时代紧紧联系在一起的……

——蛇口改革开放博物馆的展览前言

第一节　海外拓荒路

位于东非之角的吉布提是一个终年酷热少雨的国家，植被稀少，经济发展长期滞后。但是，如果在地图上定位这个国家，就会发现其优越的地理位置与其经济发展水平严重不相称。吉布提位于亚丁湾西岸，面对红海南大门的曼德海峡，地处欧、亚、非三大洲的交通要冲，扼守着红海入印度洋的咽喉，这里也是传统上中国海外航线中远洋和近洋的分界点。

吉布提因港口而兴起，是非洲之角最重要的出海口，港口经济占其国内生产总值的 80%。1888 年，法国殖民者开辟了吉布提港口，围绕港口兴建城市。如今，吉布提老港陈旧的设施早已不能满足日益增长的物流运输需求，阻碍了经济进一步发展。2017 年 5 月 24 日，在离吉布提老港不足几公里处，一座年设计吞吐能力708万吨，集装箱吞吐能力超过20万标箱的现代化港口——多哈雷多功能港拔地而起，标志着东非从此进入了现代化深水港时代。而这座功能港的建设方则是广东深圳招商局集团。

2013年2月，中国招商局集团参与吉布提港口公司改制，收购其23.5%的股份，成为该港第二大股东。为改变吉布提老港日渐饱和的状况，中吉双方共谋出路，利用中国进出口银行的优惠贷款，投资5.8亿美元修建了新的多哈雷多功能港。从2014年8月动工，仅仅两年半后，现代化的多哈雷多功能港在吉布提市西郊落成。这个让非洲人咋舌的建设速度，中国人却异常熟悉，它有一个专门的称谓，叫作“深圳速度”，诞生于20世纪80年代处于改革开放最前沿的广东深圳，这个词也生动地记录了那段励精图治、锐意进取的岁月。

在吉布提建设港口，除了看中它得天独厚的地理条件之外，还有更为重要的战略考虑。最早把招商局吸引到吉布提的是中国土木公司，当时该公司正在紧锣密鼓地建设从埃塞俄比亚首都亚的斯亚贝巴到吉布提的亚吉铁路。埃塞俄比亚是“一带一路”上重要的节点，该国目前正致力于实现工业发展和经济结构转型，成为非洲的制造业中心。埃塞俄比亚已经将工业化上升为国家发展战略，把建设工业园区、推动对华产能合作作为实现工业化的重要依托。

由于埃塞俄比亚地处内陆，工业建设所需要的大量物料和机械设备均要通过进口来满足。但是由于其与沿海邻邦厄立特里亚关系不睦，北苏丹与索马里军事动荡，吉布提就成为其仅存的出海口。

新建成的亚吉铁路从埃塞俄比亚首都亚的斯亚贝巴，沿着广阔的阿比西尼亚草原一路向东750公里，直达密布现代化港口操作设备的吉布提港，带着“埃塞俄比亚制造”标识的货物在此上船，踏上了它们的全球之旅。而来自世界的原材料和机械设备则通过吉布提港和亚吉铁路，为埃塞俄比亚的经济建设提供源源不断的物料支持。它如同一把钥匙开启了非洲之角的繁荣兴盛之门，讲述着海上丝绸之路的新故事。

图 10—1　招商局港口在东非吉布提建设的多哈雷多功能港

而吉布提港口仅仅是招商局集团布局海外港口的后起之秀，在距此 2000 公里之外，沿着印度洋上的古老航线一路东行，在斯里兰卡的首都科伦坡渐次浮现在你的视野中的时候，那醒目的、寓意“连接世界，贯通中国”的招商局标识定会跃出海面。2013 年 8 月 5 日，招商局集团在海外建立并运营的第一个深水码头正式开港，而这里才是招商局港口控股有限公司在新时代走出广东蛇口，走向世界的起点。

2008 年，刚刚在内战旋涡中走出来的斯里兰卡百废待兴。政府终于开始将重心投向经济建设领域，而一个基础设施优良，适应现代远洋贸易的港口对于斯里兰卡经济的复兴是必不可少的。

斯里兰卡也是一个因港口而兴的国家。1517 年，葡萄牙人率先造访这片“季风吹拂下的土地”，他们在克拉尼河入海口建立了一座小海港，作为其经营亚欧贸易的重要据点。为了解决该海港的安全问题，葡萄牙人还在河口南部建造了一座军事要塞。这座要塞发展成为今天斯里兰卡的首都科伦坡。科伦坡港在世界航海以及亚欧贸易版图上的位置由此确立。

1912 年，为了适应现代贸易发展的要求，英国殖民政府对科伦坡港进行了现代化改造，并成立了一家专门管理机构——科伦坡港委员会。规范化的管理使科伦坡一跃成为当时南亚最大的港口。除了充当斯里兰卡对外贸易的桥头堡之外，还是欧洲联结东南亚、远东、澳大利亚的重要节点。1921 年，英国规划师特里克·格迪斯对科伦坡进行全新设计，为这座城市赢得了“东方花园”的美誉。但是进入 21 世纪的斯里兰卡却饱受内战之苦，经济建设活动几近废弃。2008 年 8 月，政府军向反政府武装猛虎组织发起最后反攻，斯里兰卡的政局终于迎来震荡企稳的转机，和平宁静的气氛重新回归这片土地。

科伦坡港的全球招标公告书就是在这种期待已久、厉兵秣马的氛围下发布的。一时间，全球主要的码头运营商云集科伦坡，大家都不想放弃这个主导世界上最繁忙的亚欧航线枢纽的机会。除了来自中国广东的招商局港口有限公司之外，当时位居世界港口业三甲的新加坡港务集团、迪拜环球港口集团以及香港和记黄埔也参加了这一角逐。

但是至 2008 年下半年风云突变，一场席卷全球的金融危机令全球贸易形势急转直下，2008 年第四季度和 2009 年第一季度的次贷危机期间，全球贸易急剧收缩，从 2008 年 9 月到 2009 年 1 月，减少了 29%。直至酿成了后来被学界所称的“全球贸易大崩溃”（Global Trade Collapse，GTC）。全球贸易断崖式的下跌令整个港口业哀鸿遍野。当时，美国主要集装箱港口出现了负增长。位居全球第六的广州港的吞吐量增速在 2008 年第三季度大幅下降至 2.9%，创广州港历史新低。反映航运业晴雨的指标波罗的海干散货指数在 2008 年下半年从 11000 多点一路跌至 800 多点，直接触碰 10 年来的最低值。

在科伦坡，原来志在必得的各大港口运营商纷纷撤标。2009 年，等到最终截标日到来时，正式递交标书的只剩下招商局集团。尽管从表面上看这是一场兵不血刃的胜利，但是背后却饱含着招商局集团对于港口行业未来发展的执着信念和果敢的魄力。

如今，经过十年建设的科伦坡港旧貌换新颜，以崭新的姿态重拾往日荣光。2016 年，科伦坡港（CICT）全年吞吐量达 200 万标准箱，较 2015 年增长 29%。在世界集装箱港口中的排名从第 36 位升至第 23 位。而这一成绩则是在世界航运业普遍低迷的情势下取得的。

当时，为了应对严峻的行业形势，招商局科伦坡码头积极调研本地市场、印度及孟加拉国的货源情况，不断挖掘孟加拉国潜在客户价值，并与支线运营商建立良好合作关系，支持其开发支线网络连接印度东岸更多码头和孟加拉国，改变了该区域传统在新加坡、马来西亚中转的贸易路径。并将巴基斯坦和缅甸并入印度东海岸优惠港计划（ECI），形成以科伦坡港为中心，辐射整个孟加拉湾、印度东海岸、巴基斯坦等区域的强大的支线网络，成为科伦坡港未来市场的重要支撑。一系列的举措体现了招商局科伦坡码头非凡的港口运营能力和超凡的战略谋划。

而这一切都始于 2007 年招商局港口业务的大抉择——出海。当时，在中国重要的经济区，例如珠三角、环渤海、长三角、厦门湾和西南等地区，招商局集团多年来布局枢纽港和门户港，彼时的招商局已然是国内最大的码头运营商。2008 年之前是港口业发展黄金时期，与中国出口的高歌猛进相适应，港口吞吐量均以两位数的年增长率迅速扩张。但是，随着中国制造业潜力逐渐释放，中国的集装箱市场进入瓶颈期，而此时一些发展中国家的经济开始启动，成为制造业新的集聚地，势必增加对远洋运输和港口的需求。正是基于这样的大势研判，招商局开启了在海外大规模布局港口的宏伟战略。

2010 年，在尼日利亚拉各斯港建设国际集装箱码头，总投资 1.54 亿美元，持股比例 47.5%，经营年限 20 年。

2011 年，在斯里兰卡科伦坡港建设国际集装箱码头，总投资 5.5 亿美元，持股比例 85%，经营年限 35 年。

2012 年，在西非多哥共和国建设洛美集装箱码头，投资 1.5 亿欧元，持股比例 50%，经营年限 35 年，可再延 10 年。

2013 年，招商局集团与吉布提政府的吉布提港有限公司合作投资吉布提港，招商局集团持股 23.5%，投资项目包括年吞吐能力 600 万吨的多功能码头、年吞吐能力 150 万箱的集装箱码头、17 万平方米的吉布提干港等。该项目经营年限达 99 年。除此之外，还有与中原集团、中投海外联合收购土耳其库姆港。

2018 年 4 月 22 日，招商局港口收购巴西巴拉那瓜港口项目正式交割。

2018 年 6 月 14 日，招商局港口控股有限公司宣布正式完成对澳大利亚纽卡斯尔港（Portof Newcastle）的收购。此次收购的顺利交割是招商局港口投资大洋洲迈出的第一步。

除此之外，正在酝酿的立陶宛克莱佩达港、俄罗斯扎鲁比诺项目、印尼雅加达港、坦桑尼亚巴加莫约特区、肯尼亚蒙巴萨港等项目呼之欲出。

至此，招商局集团在海外的港口布局由亚洲、非洲、欧洲及南北美洲扩展至大洋洲，实现六大洲全覆盖。截至 2018 年，招商局港口控股有限公司已经进入 20 个国家和地区的 50 多个港口。

对于这个庞大海外港口网，招商局集团有限公司副总经理胡建华有过生动的描述：“船舶从中国深圳驶出去——深圳西部港区是我们的母港——出去以后就走到了印度洋的斯里兰卡科伦坡港，沿欧亚主航线到达扼守红海的吉布提港，过苏伊士运河，便进入地中海的马耳他港，接着班轮挂靠黑海的土耳其、西北欧法国和比利时等国家，继续北上穿过丹麦海峡，到达辐射波罗的海的立陶宛。这一串世界主要海上交通要道，招商局都最早去做了布局，走在了国家主席习近平所倡议的‘一带一路’的线路上。”

正如胡建华所言，无论招商局的远洋巨轮走多远，它们都来自同一个母港——位于广东珠江入海口的深圳蛇口港，无论这些港口相距多远，它们都有一个共同的运作模式——这个模式在 1981 年 8 月 16 日被称为“蛇口模式”。

全世界各地的招商港口正在缤纷上演的故事只不过是在复制招商局四十年前在蛇口创造的奇迹，这个奇迹发生的历史背景正是壮阔的广东对外开放的大时代。

第二节　不忘来时路

“问我航程有多远，一八七二到今天。有过潮平水阔，有过急浪险滩。金锚如山，何惧艰险。”由著名词作家阎肃老师执笔创作的《招商局之歌》记述了一家企业“谋商情，筹国计”的非凡历程。正如歌中所言，招商局创立于晚清内忧外患之际，北洋大臣李鸿章招办理海运多年的朱其昂，商议试办新式航业。1972 年，以旗昌洋行为基础，作为招商局前身的轮船招商局挂牌，成为李鸿章“开办洋务四十年来最得手的文字”。其后，轮船招商局追随中华之国运，几经浮沉，在很多重大历史事件中扮演重要角色，践行着其第三代掌门人盛宣怀所述的“谋商情，筹国计”的使命。

创办之初的招商局以“设局招商”为名创立，以轮船航运起家，与生俱来与江海为伴，地域不分东西南北，市场不分海内海外，是中国最早“走出去”的企业。

尽管这个机构有着 146 年的厚重历史，尽管其身上的中华血统纯正无比，尽管其曲折前行的过程早已超越一个企业所能承载的内容，与国家命运紧密相连。但是，今天我们的故事将略去前 100 年风雨如晦的岁月，从整整 40 年前的 1978 年，这个无论对于招商局还是中国而言都非常的特殊的时点开启。

在颇具现代建筑风格的招商局大楼不远处的海上世界蛇口文化艺术中心广场上，有一尊老人的铜像，铜像面向大海，以昂首阔步的姿态走向世界。这尊铜像塑造的是百年招商局历史上杰出的领导者和第二次辉煌的主要缔造者，更是中国改革开放事业的重要探索者和先行者——袁庚。自 20 世纪 70 年代末开始，袁庚先生以花甲之躯，领导开垦中国改革开放的试验田——招商局蛇口工业区，进行了一系列的改革尝试，成功探索出闻名遐迩的“蛇口模式”。这是一尊袁老塑像，更是一尊招商局开疆拓土的精神塑像。

10—2 深圳海上世界蛇口文化艺术中心广场亲水平台上的袁庚铜像

40年前的招商局不过是中国交通部的驻港机构，在香港从事单一的航运活动，虽然当时香港的海运业非常繁荣，但是作为中国政府的附属机构，封闭僵化的发展方针严重限制了招商局这家古老企业的活力，其基本上属于守业状态，业务种类主要包括帮助国内购买旧船和订造新船，另外还从事一些协助维修等零散业务，事业处于波澜不惊的状态。

1978年12月，具有风向标意义的十一届三中全会确定了把政府工作重心转移到社会主义现代化建设上来的战略转变，一时间春潮涌动。但是，长期的思想禁锢使得人们对于经济建设这个事业无所适从，另外关于计划经济和市场经济的争论一直存在，使得大家在开拓新思路上难免畏首畏尾。

在十一届三中全会召开前夜，交通部外事司负责人袁庚被任命为招商局的常务副董事长，成为招商局的实际负责人，肩负了重新激活招商局这一具有优秀历史传承的沉睡资产的使命。

1978 年 10 月 9 日，袁庚以交通部党委的名义起草了一份《关于充分利用香港招商局问题的请示》，并上报党中央和国务院，三天后，该请示被党中央和国务院批准。招商局最初的打算是在香港搞一些与传统航运业务有关的工业和后勤服务，例如拆船、修船、轧钢、油漆等工业。但是由于当时香港地价太高，袁庚把目光投向了广东沿海地区。业务范围也随着扩大，打算兴办一些与航运有关的工业企业，充分利用毗邻香港的宝安县的土地、内地的劳动力资源、香港的资金和技术，引进外资发展边境经济。

1978 年 12 月，经过对蛇口、沙头角、大鹏湾三个公社的实地考察之后，最终与香港一湾之隔的蛇口成为招商局的首选。当时，以习仲勋为省委书记的广东省领导也在考虑把宝安和珠海两县改为两个省辖市，建成商品出口基地。而招商局的这一建议与广东省想创办出口加工区的想法不谋而合。

当时的广东蛇口居民以打鱼为生，和中国内地一样贫穷落后，而隔海相望的香港则经济繁荣发达。内地和香港社会经济发展的巨大反差造成了严重的偷渡逃港风潮。就像当地歌谣中唱的一样“宝安只有三件宝，苍蝇、蚊子、沙井蚝。十屋九空逃香港，家里只剩老和小”。从 50 年代初到 70 年代末期，数十万内地居民从广东偷渡到香港，蛇口就是主要的偷渡地点。1978 年袁庚在此考察海岸线时，还时常看到从海上漂来的逃港者的尸体。

在如今位于蛇口沿山路 21 号的招商局历史博物馆里，陈列着一张满是铅笔勾画的《香港明细全图》，地图上位于今天蛇口靠近深圳湾的一侧，有一个手绘的浓浓红色五星标记，今天招商局图的宏伟版图就是从这个红色的五星所标记的地方铺展开来的。这张地图也把我们拉回到了四十年前招商局蛇口破茧而出的那一刻。

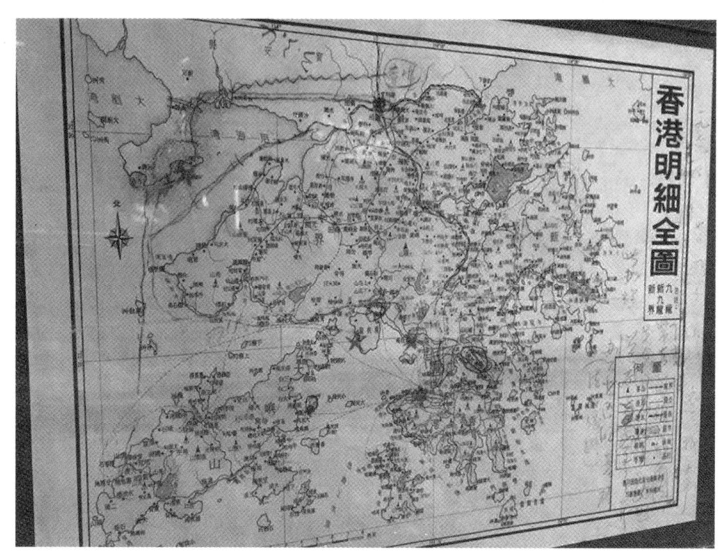

图 10—3　1979 年国务院副总理李先念画过圈的香港和广东省宝安县地图

图 10—4　1979 年 7 月 8 日，蛇口工业区的第一声开山炮成为中国对外开放的序曲

1979 年 1 月 31 日，时任交通部副部长彭德清和招商局副董事长袁庚带着这张香港地图来到中共中央副主席、国务院副总理李先念的办公室。袁庚拿出地图，指着地图的左上角请李先念看："我们想请中央大力支持，在宝安县的蛇口划出一块，作为招商局的工业区用地。"最后经过商议在 30 多平方公里的南头半岛上划出 2.14 平方公里。6 个月后，在这里炸响了后来被誉为"中国改革开放第一炮"的填海建港的开山炮。炮声过后，这里建成了中国第一个对外开放的工业区——蛇口工业区，中国对外开放的大幕也是在这里掀开透进第一缕微光的一角。

第三节　首开国门，对外开放

在谈到投资和发展时，李先念说："我不想给你们钱买船、建港，生死存亡你们自己管，你们自己去奋斗。"当时，许多人仍然纠缠于资本主义和社会主义的水火不容的僵化思想，对于创办吸收外资的工业区并不赞同，联系到招商局创始于近代洋务运动的特殊背景，更是似褒似贬地说这是"新洋务运动"。有人甚至说，广东如果这样搞，那得在边界上拉起 7000 公里长的铁丝网，把广东与毗邻的几个省隔离开来。虽然有反对意见，但这个构想还是得到邓小平等许多中央领导的支持。邓小平还追溯陕甘宁的传统，提出"特区"的概念。当谈到配套资金时，邓小平说："中央没有钱，可以给些政策，你们自己去搞，杀出一条血路来。"

尽管这句话后来广为人知，但在当时也注定了招商局需要白手起家。创办工业区，一没有纳入国家计划，二没有财政拨款。经过十年浩劫，国内民间资本几乎全部耗光，这时几乎只有眼光向外一条路可走。

正是基于这样的考虑，蛇口工业区的建设首先着手于工业区的建设，提供良好的投资环境，借鉴国外的"自由贸易区"和"出口加工区"经验，引进外国的资金、技术、设备，内外结合，发挥优势。为此，招商局争取到两项关键的政策。一是500万美元以下的工业项目自主审批，二是被允许向外资银行贷款。创业的热情促使袁庚带领他的团队遍访香港，向港商和银行借贷资金，两年之内共筹资15亿元，用来支持工业区建设最初的“五平一通”（通水、通电、通路、通航、通通信、场地平整）工程。

1980年1月，一份装帧精美的，有着橙色封面的《香港招商局深圳市蛇口工业区投资简介》的小册子在关注中国，关注蛇口的各路外商中广为散发。封面上的照片是刚刚通过炸山填海建成的蛇口一湾，经过一期紧锣密鼓建设的蛇口工业区开始向外商伸开她热情的双臂。在各类招商推介会上，袁庚说得最多的一句话就是：蛇口，美的像夏威夷一样。

在新中国开放政策的感召下，国际资本开始逐渐嗅到了来自世界东方大国的开放气息，外商开始对广东这片日后成为世界制造业一极的热土产生了浓厚的兴趣。

1980年12月，李嘉诚、霍英东等一大批香港企业家访问蛇口。

1982年4月，美国大通银行董事长大卫·洛克菲勒考察蛇口工业区。

1987年，法国企业家考察团来蛇口工业区考察。

1987年，加拿大商会会长罗杰韩万访问蛇口工业区。

为了吸引外资，蛇口工业区按照国际商业惯例办事，开始尝试市场经济机制，最大限度地避免行政干预。在《投资指南》中，招商局规定利得税的税率为10%，后来国家规定的税率为15%。面对5%的差额，招商局遵循契约精神，并未要求外商重洽之前签订的合约。但是又不能损害国家利益，为此招商局自行承担了5%的差额税，这给了外商极大的信心。

在中国的对外开放史中，蛇口2.4平方公里的土地是一个无法绕过的存在，因为众多对外开放的体制坚冰就是在这里率先被打破的。

在这片土地上，诞生了为数众多的中国第一。

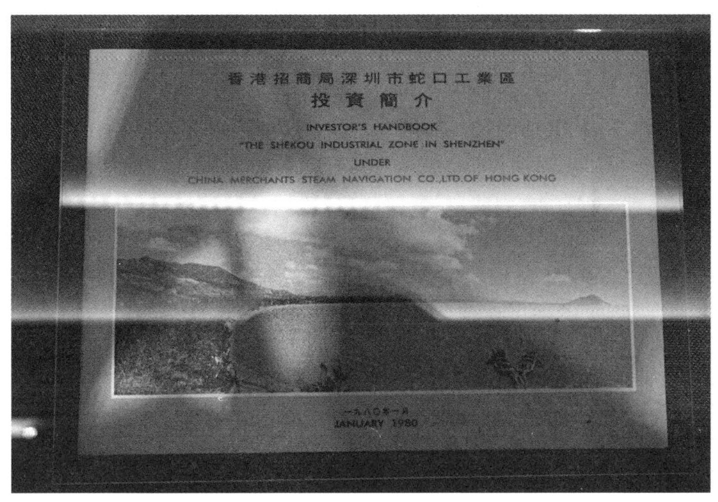

图 10—5　1980 年，招商局蛇口工业区早期印刷的投资简介

1979 年 9 月，新中国第一个中外合资项目——中宏制氧入驻蛇口工业区，并且在全国率先实行超产奖励制度，打破了国人习以为常的平均主义奖励办法。

1980 年 1 月，蛇口组建第一家中外合资企业“中瑞（士）机械工程有限公司”，在全国开工程招标之先河。

1980 年 11 月，由招商局和丹麦宝隆洋行各出资 50% 的中国国际海运集装箱（集团）股份有限公司成立。中集集团首次实施了董事会领导下的总经理负责制，还延聘丹麦人做总经理。遥想当年，《外资法》尚未出台，这一创新之举需要多大的魄力和勇气。

1981 年，招商局在北京等城市公开招聘业务干部，而不是采取人民熟知的委任制，首开全国招聘用人之先例。

1981 年底，一块写着“时间就是金钱，效率就是生命”的巨型标语牌竖立在蛇口工业区最显眼的地方，改革者的气魄开始冲击被禁锢已久的国人的价值观。

1982 年 6 月，由 6 家中外企业组成的中国南山开发股份有限公司正式成立，招商局占股 40%，这是新中国成立的第一家股份制企业。

1982 年 6 月 28 日，中国第一家中外合资经营进出口商品并收取外币的购物中心在社坑口开业。营业第一天就收回了全部投资，让创业者第一次感受到了中国市场的巨大潜在购买力。

1983 年，蛇口建立第一家日资企业三洋电机（蛇口）公司，若干年后，这里成为记录一代人印记的电视剧《外来妹》的拍摄背景。当时的公司副总经理过井利之说：“蛇口看到的是热气腾腾的建设场景，高楼在兴建，港口在扩展，处处都能感受到‘长城精神’。”

图 10—6　蛇口春雷：“时间就是金钱，效率就是生命”

1983 年 9 月 25 日，经国务院批准，蛇口港区正式成为国家对外开放口岸。

在不到两年的时间里，一个以航运工业为主体，以轻工业、餐饮旅游服务业为附属的多元化的、产品以外销为主的工业区初具规模。

第四节　以港带区，以区带城，蛇口模式一二三四

如今的招商局业务枝繁叶茂，遍及银行、保险、旅游、物流、产

业园区等，但是不可否认的是，港口航运是招商局的祖业，是招商局百年年轮图谱上最中心的那一个点。1979 年，招商局蛇口工业区也发轫于此。

最早的蛇口工业区只是一个以港口和临港工业以及港航物流业为主的区域，随着经济发展，蛇口工业区经过五次大的产业升级和创新，招商蛇口将其开发运营经验归纳为“蛇口模式”。

风起于青苹之末。伟大的事物往往会有一个不起眼的开端。袁庚最初创立蛇口工业区的想法不过是恢复祖业，激活招商局这笔沉睡的资产。1982 年，他在讲话中提到：“三年前我们开发这个地区时，是小打小闹准备搞拆船，把废钢铁炼成建筑用的钢材，招商局需要油漆，就办个油漆厂，需要货箱，就办了个货箱厂，我们没有更多的打算。没想到三年来情况发生了变化，我们原来的想法大大地落后了，形势在不断地发展，迫使我们不断地前进。不是我们有什么先见之明。”

而要吸引外资，满足产品进出口的需求，其关键在于港口。所以最初的蛇口工业就是围绕港口建设的。由于资金有限，有考虑到经营风险，一期的港口建设非常保守。对每一个泊位的开工都非常谨慎，一般先签订货源合同，才开始筹资建设。这是一种最早的市场驱动的运营模式，最人化保证了投资的安全性，投入资金可以在建成时立即回收。

随着工业区的日渐成型，新的企业设立，人员的进入增加了工业的容量，激发了新的需求。尽管蛇口工业区最初是仿照国外“出口加工区”设立，但是在现实中并不能完全照搬。国外的一些出口加工区只办工业，不办商业和旅游，是因为其周围都有发达的商业、旅游业和第三类服务业。蛇口的情况则完全不同，当时的蛇口远离人口聚居区，缺少这些行业，要满足此类需求，非要自己办商业和旅游业不可。另外，蛇口本身就是一个美丽的港湾，也具有发展旅游业的基础条件。因此，在这样的建设思路指引下，蛇口工业区发展成一个完全不同的出口加工区版本。

这样，港口就成为工业区的前端，公共社区建设成为工业区的后端。前港、中区、后城的格局初具端倪。

是为蛇口模式1.0。

后期，随着中区和后区建设力度的加大，招商局的业务重心开始从港口向区内延伸，业务逐渐多元化。优良的投资环境一方面提升了工业区的吸引力，另一方面也提高了租金收入、供水供电等工业配套服务收入和税收。

是为蛇口模式2.0。

随着工业区的发展，配套的金融、保险、住宅、商业服务需求日益增长，在此基础上，招商局投资兴办了招商银行、平安保险、招商地产等企业，从为蛇口工业区服务开始，逐步成长为国内行业领先企业，也为招商局进一步发展奠定了基础。

随着经济的发展，新兴产业的聚集，蛇口工业区的制造业逐步退出了历史舞台，蛇口成为广东省自贸区前海蛇口片区的重要组成部分。经过三次产业和城市形态的升级，今日蛇口以完善的城市功能、宜居的自然人文环境和连通国际的创富平台，发展成为人均GDP超过6万美元的现代化、国际化的滨海新城。招商局在蛇口的主要收入来源也变成社区运营、园区运营和邮轮运营。

是为蛇口模式3.0。

至此，招商局在蛇口这片方寸之地探索出来的蛇口模式已经全面升级。伴随着中国开放步伐的加快，在自贸区、“一带一路”、粤港澳大湾区等新概念的助推下，招商局港口正在将已经运作成熟的“蛇口模式”升级到4.0版本。这个版本的“蛇口模式”对软硬件环境均提出了更高要求。硬环境建设包括建设一流的港口设施，打通港口与腹地之间的集疏运通道，开发产业园区、物流园区、自由贸易区等，建设产业发展所需的商业配套设施和生活配套设施；软环境建设则包括通关、结算、支付、物流、培训等服务。

昔日探索的步伐从未停息，2015年12月底招商蛇口工业区完成吸收合并招商地产，从此实现招商蛇口整体上市，公司在2016年迎来整合与转型发展的元年。重组后的招商蛇口全面布局社区开发与运营、园区开发与运营、邮轮产业建设与运营三大业务板块，并以“前港—中区—后城”（PPC）模式打通三大板块业务的联动通道。

图10—7　中国（广东）自由贸易试验区深圳前海蛇口片区门户

第五节　蛇口模式4.0，丝路再出发

这是一个起步于蛇口，但是不仅仅局限于蛇口的故事。借助在蛇口工业区40年的实践，招商局完成了利润和经验的积累。但是，招商局一刻也没有忘记“谋商情，筹国计”的使命，早在1989年就提出“立足蛇口、依靠内地、走向海外”的发展战略。在这一方略的引领下，蛇口工业区孵化了招商银行、平安保险、中集集团、华为等一大批具有“蛇口基因”的优秀企业。

从蛇口港沿海岸线一路北上到达厦门湾南岸，坐落着一个面积达56.17平方公里的漳州招商局经济技术开发区，它还有一个特别的名字——第二蛇口。这是招商局港口第一个“蛇口模式”的复制和升级，始建于1992年。在这片位处上海、台湾、香港三大经济区中间地带的地方，招商局从基础设施配套做起，以港口为龙头，全力打造

“前港”（港航物流）、“中区”（临港工业）、“后城”（高尚人居）模式的高标准开发区。

如今，在原来的荒滩野岭上，漳州港已经建成并投入使用的万吨级以上泊位和多用途泊位 16 个，其中万吨级以上泊位 11 个，年吞吐能力达到 4000 万吨以上。这里是国家一类口岸和首批对台直航口岸之一。与蛇口相仿，漳州开发区已经成为一个宜居宜业的滨海城区。

除了漳州之外，在重庆、天津、青岛等 40 多个城市，蛇口模式在中国的大地上竞相盛放，四十年前创业者的故事次第上演。

图 10—8　招商局集团“一带一路”布局示意图

航程远未结束，经过升级之后的“蛇口模式 4.0”正在复制到招商局在“一带一路”的项目上。“一带一路”沿线很多国家目前的状况和当年的蛇口类似，结合蛇口的经验，招商局因地制宜，在海外直接复制升级版的蛇口模式 4.0，同步开发“前港”、“中区”和“后城”。这一模式的核心在于，改变简单的货物位移方式，扩大到以港口为龙头和切入点，以临港的产业园区为核心和主要载体，通过硬环境与软环境的同时打造，发展适合东道国资源禀赋的相关产业，然后通过产业发展带动后方的城市建设，推动项目在东道国的落地生根、开花结果。

蛇口模式不仅能很好地融入当地经济发展，而且可以为中国的国际产能合作提供一站式服务平台，通过一揽子的解决方案，帮助众多的中小企业走出去。

吉布提是“蛇口模式 4.0”第一个落地的国家。目前，招商局正探索推进多哥、坦桑尼亚、斯里兰卡等多个项目，争取“前港—中区—后城”模式在“一带一路”上得以推广。

截至 2018 年，招商局集团境外企业总资产达到 7240 亿元人民币，营业收入 583 亿元，利润总额 34 亿元，境外实体企业 193 家，分布于五大洲 44 个国家和地区，点缀着既古老又现代、贯通中外贸易的海上丝绸之路。

第十一章

天鹅之白

你说改革开放好，开放是什么样，一看（白天鹅）就知。

——白天鹅宾馆投资人霍英东

2015年7月16日，又是一夏，粼粼阳光蹚过珠江，轻盈地跃过拾翠洲，转身唤醒了沉寂三年的白天鹅。“四门大开”的白天鹅继续吐纳着“老广”和异国异地的游客。大堂的故乡水潺潺流动，跌入远归的梦里，荡起圈圈层层的往事，氤氲成新的故事。

白天鹅继承了广州历来开放的基因，也保持一贯的“市井气”。开放首先是对所有人的开放。白天鹅是内地第一家允许对非住户游客开放的高级酒店。衣着朴素的草根穿着拖鞋略带拘谨地踏入宾馆大门，门口迎宾的门童回以微笑，擦肩而过是身着笔挺西装的外来商务人员，不远的栏杆处是回乡探亲的海外同胞一家齐齐整整拍着合照，小童互相追逐、灵活地在人群中穿梭……百态热闹。

白天鹅宾馆更是对外开放的缩影。作为全国第一家中外合资的五星级酒店，随后在1985年成为国内首个世界一流酒店组织成员。作为对外开放招商引资的象征，白天鹅在建筑设计、餐饮进驻都充分展现了容纳中西的胸怀。“你说改革开放好，开放是什么样，一看（白天鹅）就知。”

对于“老广”，无论是“有钱佬”还是普通的“街坊”，不时都会呼朋唤友来“饮茶”，80年代的新潮年轻人可以来这里的西餐厅和日本餐厅尝鲜，几十年后回忆起仍是一段“威水”的事迹。对于归来探亲的海外华侨、港澳同胞，在故乡水景观前照全家福成了固定节目。对于异国游客，白天鹅成为到广旅行的不二选择，伊丽莎白二世、尼克松和老布什都曾下榻于此并给出极高的评价。无论是什么身份，你都可以轻易在这里感受别人的故事，描绘自己的故事，关于往昔，关于未来，关乎归来，关乎开放。

第一节　开放之初，天鹅之始

1978 年，国门乍开。虽说要对外开放，但已与世隔绝一段时间的国民拘谨而又好奇地迈出看世界的一步，国内经济上的拮据在对比下更显得窘迫，怀揣着经济追赶的决心而又一时无所适从。而闻风而来的西方世界则用新鲜又略带怀疑审视这个东方大国，思忖着其中的商机与风险。于是，野心勃勃的邓公决定先把经济特区创办起来，给双方提供一个“窗口”，让先行者在政策的支持下大胆实践开放，也让外来资本看到开放的决心和诚意，开放的口子就这样在互相试探和磨合中越扯越大，越扯越深。

广州，这个历史上远离政治中心的“南蛮之地”，骨子里带着一股历史中沉淀下来的敢为人先的匪气。而在乾隆将“四口通商”改为“一口通商”之后，垄断了对外开放之利，成为东西方世界的交汇点。林语堂的“两脚踏中心文化，一心评宇宙文章”一言道出了海外文化、岭南本土文化碰撞交织成广州独有的开放、包容、世俗、摩登的气质。而在封闭后重新开放的 80 年代，这座天然带着历史、文化、地理优势的城市，从容自信地站了出来，身上还带着“十三行”百年喧嚣的勋章，近水楼台地走在了开放的前沿。白天鹅宾馆就在珠江边上应开放之势而生，抖去封闭时期积攒的尘埃和沉寂，热闹繁华的广州城又回来了。

要经济建设，首先要解决钱从哪里来，对外引资在很长一段时间都是对外开放的重要任务之一。白天鹅宾馆作为中国第一家中外合资的五星级宾馆，既是对外引资的探索，也是开放的产物。更特殊的是，白天鹅更是“归来”的故事，是开放后，华侨归来建设祖国的缩影。这些在异乡打拼，见多识广甚至功成名就的同胞，鲜少空手而归，或带着资金，或带着技术，再不然，也是带着在外的商业见识和建设故乡的热情。在改革开放初期，大家对邓公描绘的开放宏图还懵懵懂懂，外商还谨慎观望的时候，这些海外华侨、港澳同胞率先响应了改革开放，霍英东就是其中的典型代表。

作为最早的响应改革开放，也是与邓小平接触最早最多的港澳商人，霍英东先生除了敏锐地嗅到了改革开放的商机，更多是建设祖国的赤子情谊。祖籍番禺，生于香港的霍英东，既有广东人天生与时俱进、踏实拼搏的气质，同时也在国际性都市香港弱肉强食、适者生存的商业环境中浸染多年。这种侨商气质和特点使得他既立足当下，精打细算，也不囿于过去，“先天下而行”。这个“极擅经商”的商界巨擘在十一届三中全会闭幕后的第二天，就大胆做出投资中山温泉宾馆的决策，开创港商投资内地第一家宾馆。这在当时，无疑是“第一个吃螃蟹”的人，是苦是甜是一个巨大的问号，令人生怯。更令人惊讶的是，随后不久，霍英东先生毅然打破当时的条条框框，斥巨资在广州投资建设五星级酒店白天鹅宾馆。其子霍震霆先生在回忆父亲建设白天鹅宾馆的决心时提到：“他看到中国已经不可再拖下去，他来到广东，看到不是中国人的问题，而是当时体制的问题。他的第一个合资就成为一个饭店，将来就是对体制的一个突破。”

中外合资在现在已经是屡见不鲜，但在当时还是一个“过于新鲜”的形式，没有操作经验，风险更大于前景。一开始，出于支持、投资祖国建设的初衷，霍英东先生最初是提出捐赠的形式。但捐赠的形式显然不符合当时合资合作共赢，建设市场经济的主题，中国政府的开放不仅仅是为了“要钱”，而是合作共赢，风险同担的有益探索。于是双方就合资建设多次商谈。1979 年 4 月，广州白鹅潭畔兴建白天鹅酒店的协议正式签署，由霍英东投资 5000 万港元、彭国珍投资 1250 万港元及提供管理、技术，广东省政府提供“砖瓦沙石”、土地和人力。合作期为 15 年（而后又延长 5 年）。1981 年白天鹅宾馆还向中国银行广州分行贷了 3631 万美元。按当时汇率折算，白天鹅宾馆建设投资近 1.8 亿元。

白天鹅的选址，冥冥之中也传承了开放的血液。水，素来是开放的象征，特别是过去没有空运或是还不发达的时代。一洲之地，便是有了水和船舶，才不至于孤立。无论是东西方，对外面世界的探索都是始于河流、海洋，如郑和下西洋，如麦哲伦环球航行。近代历史上，西方倚仗海洋和船舶，以洋枪巨炮蛮横地击碎了清政府避世的盛世之梦，后者只能如初醒的孩子般手足无措地应对，有心无力。

图 11—1　沙面一角：沿街都是葱葱大树、老式洋房，述说着百年历史

而沙面，珠江冲积而成的沙洲，南濒珠江白鹅潭，北隔沙基涌，聚三江灵气，曾是中西文化交汇的重要见证地。沙面是我国近代史与租界史的缩影，这里见证了抗外御侮的光辉业绩，也记载了中国在第一、二次鸦片战争中被迫打开国门的屈辱。从 19 世纪末到 20 世纪初，沙面是多国租界。这里有领事馆、西式教堂、邮局、医院，还有俱乐部、酒吧、网球场，居住和来往的主要是各国领事馆、银行、洋行的人员以及外籍的税务官和传教士，大型商业机构如太古洋行、美孚洋行、三菱洋行、汇丰银行也纷纷驻扎在此，盘踞几十年演变成一个拥有各种公共设施的独立于广州城的城区。这些异国情调的欧洲建筑群见证了中国近代在“西方文明”面前的脆弱，“华人与狗不得入内”的历史伤痛还没有远去。选择将白天鹅屹立于此，不同于沙面过去“被动开放”的臣服，展现的是现代中国直面过去、主动开放、拥抱世界的气度和决心。

第二节　游园惊梦

1983 年，中国农历除夕，白天鹅宾馆建成开业。不同于沙面欧式风格鲜明的建筑群，白天鹅是第一座由中国人自行设计、自行建设和自行经营的星级酒店。从一片滩涂到高达 102 米的简洁轻巧的现代建筑，通体雪白地伫立在白鹅潭，珠江波光潋滟，颇有白天鹅伸长脖子、静立遐思的意境。

租界素来是个讲究阶层的地方。最初只允许洋人居住和拥有土地。民国之后，洋人仍然在此享有统治地位，落败的军阀、官僚、亲贵，豪绅大贾也纷纷进驻租界，恣意享乐。租界内各类商店鳞次栉比，还建有各式饭店、歌舞厅等娱乐设施，洋人和“上层华人”在这片乐土纵情声色，追求享乐，而普通的华人则被隔绝在这片声色世界之外。新中国成立后，囿于过去的伤痛，国人埋头苦干，也鲜少与外界交流，而西方世界对这个新生的东方大国充满了新鲜、好奇，当然也有质疑。

而白天鹅宾馆打破这些历史的阶层樊篱，坚持“四门大开”。不管是否消费，任何人都可以走进这个五星级宾馆。“现在已经不是殖民地嘛，怎么外国人能进来。中国人不能进来。”霍先生说道：“我只有一个信念，就是让群众开开眼界，认识一下中国人的智慧和新的创造，增强中国人对自己和国家前途的信心。你说改革开放好，讲什么道理也没有亲眼看有力，开放是什么样子，一看就知。”白天鹅便是开放的一扇窗。天南地北的人进来又离去，里面的人好奇地打量外面的世界，外面的人不禁被吸引。关于西方的新鲜，关于东方的神秘，交织成瑰丽的梦境，收纳在这座开放平等的城里，坠入俗世，真真切切成为可以被感受被触摸、有声有色的实体。

图 11—2　晚上 11 点的故乡水，已没有游客争相合影的喧嚣；瀑布叮咚作响，惊惹游子的梦

白天鹅的设计出自莫伯治、佘畯南等一代岭南建筑大师之手。在现代岭南建筑中将外来建筑形式和中国传统建筑风格融合得淋漓尽致。外观是完全现代化的，而内部则是完全中式的岭南中庭风格，亭台楼阁、小桥流水相错落有致，“故乡水”瀑布常年流淌，池内的锦鲤悠然自得，层层圈圈的绿色植物为宾馆染上春色。风格各异的中西餐厅，国内第一家日本餐厅在这里落地。在这里，对于国人，你可以在此轻而易举地赶上“西式自助餐”、“日料”的时髦，归乡的同胞则在这里寻找归属感和共鸣，在故乡水景观前泣不成声，一抒乡情。而外宾则可以感受到中国传统文化的精致和改革开放的新气象。开业初期，每天都有成千上万的群众进宾馆参访，以至于当时宾馆很多的设施都被损坏，甚至厕所的厕纸都被洗劫一空。但很快，酒店经营趋于有序，大家不约而同地呵护着这座开放之城，南方江畔的民族梦。

图 11—3 城景房的窗：窗内是现代化装饰，自动感应的窗帘，窗外是百年历史的沙面洋楼

1984 年 1 月到 1985 年 2 月，短短不到 2 年，邓小平同志三顾白天鹅。每一次来，他如普通客人一样从大堂进出，不封场、不戒严，热情地和碰到的外国客人打招呼。1984 年 1 月 31 日，邓小平同志第一次视察白天鹅宾馆。他在白天鹅宾馆“丝绸之路”扒房享用了西式晚餐，据服务他的服务员回忆，头盘是鹅肝酱，然后是龙虾汤，主盘是牛柳，甜品是梳芙厘，小平同志对西式礼仪十分熟悉，还示意服务员从右边上菜，优雅从容。席间选用了正宗的法国硬面包，并嘱咐道："明天再多拿一点法国面包给我。"同时还提到"还要再开放一些城市"，同年5月，在邓小平同志离开白天鹅3个月后，国内又开放了大连、秦皇岛、天津、烟台等14个沿海城市，开放的步伐又向前迈进了一步，春风穿过窗户漫卷着"春天的故事"吹向了全国。

据白天鹅酒店统计，酒店营业30年共接待过40多个国家的150位元首和王室成员，其中最让人津津乐道的是1986年的英国女王伊丽莎白二世访问。女王来访的那天，车队里包括3辆劳斯莱斯，45辆豪华小车首尾相距超过了一公里，穿越了大半个广州老城。不少当年围观的"老广"回忆这段往事，仍会惊叹当年的盛况，这在国门初开的年代，显得新鲜和震撼，让不少老广"涨了见识"。女王还在粤式餐厅宏图府享用了粤菜，席间伴奏有富有浓郁广东特色的声乐《娱乐升平》。"我们就想要让她吃到广东特色菜。"六道菜色都是精心设计，有精致的粤式点心拼盘，主菜是广东人熟悉的烤乳猪。菜式取名寓意美好，隐喻中国文化的美好内涵以及对中英友好的深厚友谊。自那以后，"英女王宴"作为白天鹅经典菜式套餐被固定下来，普通人也可以一品"女王餐"。美国前总统尼克松也曾在1985年和1993年两次下榻白天鹅，总统套间内陈设古典高雅，明清时期的红木家具，精致的雕花龙床，岭南特色的木质窗台和屏风，极具中华风情；窗外是风光旖旎的珠江水景，沙面欧式复古风情的建筑群。他在贵宾留言簿留下："我曾住过全世界许多酒店的总统套间，但我认为没有一间能与白天鹅相比。"

清王朝的天朝大国梦被此前不屑的外来世界忽而扯破，取而代之的是百年抗争、力求独立的民族梦。"十年动荡"结束后，开启了经济强国的民族梦、复苏梦，白天鹅就像一个窗，一个缩影，里头的小人物也罢，大人物也罢，都真真切切地触碰、感受并参与到这场改革与开放的春潮中。

第三节　水暖天鹅纷欲下

“当时的白天鹅就像‘引水桥’，是改革开放招商引资的象征。”须臾间这股开放的春风已经吹了近40年，从南城吹向沿海，积聚力量后又沿江西进，吹响内陆。春江水暖，有了白天鹅的试水，其他踌躇观望的也纷纷下水探春。

不拒众流，方为江海。国门越开越大，第一瓶可口可乐，第一家麦当劳……进驻中国，直到今天，可以轻而易举在中国买到来自世界各地的商品，洋货不再新鲜。曾经还有人因为可口可乐的进驻而闷闷不乐甚至惶恐不安，认为其“冲击了名族工业”、“把珍贵的外汇花在不是什么宝贝也不是非喝不可的饮料上是浪费。”但小小一瓶可乐的进入，确是对搞活经济发挥了重要作用的。就拿广州可口可乐生产厂来说，引进的日本三菱公司生产线是当时省内第一条现代化、自动化汽车生产线，设计和管理人员被送去日本培训……中外合资的可乐厂不但内销也出口，对创汇创税做出了大贡献。白天鹅之后，有关港商继续在内地投资。除了慷慨解囊，公益性捐助家乡的发展，部分港澳华侨同胞看好国内改革开放的经济前景，以资金入股的方式参与国内经济开发。白天鹅的傲然起飞，让其他港商敏锐地嗅到了“春天的生机”。汕头大学、广深及广珠高速公路、虎门大桥等项目的投资建设都有港商的身影。1984年，为了满足经济腾飞的广州、深圳和东莞三市日益扩大的用电需求，沙角电厂选址东莞虎门镇，积极吸纳外资参与建设。其中沙角B电厂是中国首个采用“建设—经营—转让”(BOT)方式建设的工程项目，由深圳市政府控股，香港合和实业有限公司参股。深圳方面只提供土地和运营的燃料，建设资金全由港方筹资。电厂实行英国式的管理制度，采用了日本企业提供的技术和装备，并由日本的企业负责监造。成为广东又一个对外开放、利用外资，引进技术的示范窗口。1987年4月，沙角B厂的首台机组正式投产，熊熊烈火燃烧，源源不断向珠三角输送电量，而这些地区建设经济的热情也如火焰一般旺盛，并且向全国范围释放、辐射。

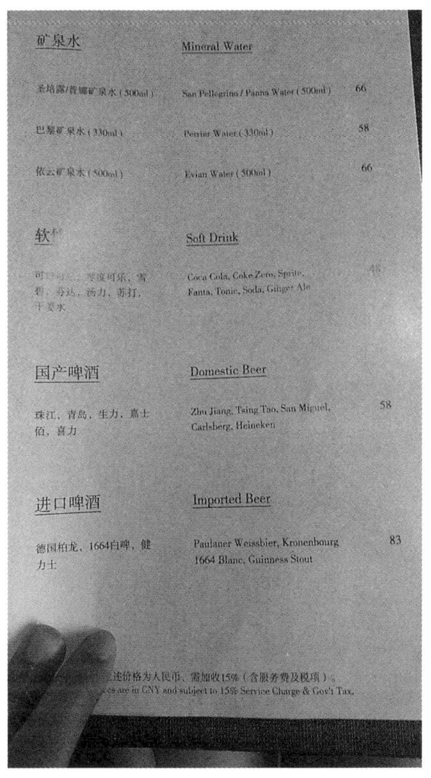

图 11—4　白天鹅的饮品菜单：品牌矿泉水、软饮料、国产和进口啤酒，售价不菲

40 年过去了，中外合资已经非常普遍，星级酒店也不再是“稀罕物”，西餐、日料更是随处可觅。随着中国经济的腾飞，国内外的资本纷纷抢滩中国高级酒店市场，曾经豪华精致的白天鹅也在时代的冲击下颇显老态。

1991 年，上海波特曼·丽思卡尔顿酒店开业。

1997 年，瑞吉在中国的第一家酒店在北京建国门外的使馆区开业迎宾。

2006 年，北京王府井酒店换牌王府井半岛酒店，半岛酒店时隔半个世纪后重回大陆。

广州的六星级瑰丽酒店预计将在2018年开业，与之配套的是广州K11购物中心。

随着开放的不断扩大，国内的酒店业竞争也逐渐变得激烈而残酷。而曾经崭新而“现代”的白天鹅在时间的侵蚀下变得老化而落后。比如，酒店兴建时采用的是双管冷气，冬天制暖不足、夏天又制冷不力。除了硬件跟不上，曾经“舒服宽敞的”房间跟国内后续建成的星级酒店相比，显得“拥挤”和“老派”。更为致命的是白天鹅建造时广州还没有高层建筑消防规范，随着规范不断完善，白天鹅原有的防火措施远远不达标，连年被列为广州市十大消防黑点，消防隐患堪忧。这种情况下，白天鹅必须下定决心闭馆全面改造，不然只能在历史的冲洗下，黯然落幕，毕竟“情怀”有一天也会被消耗殆尽。

2012年3月1日，送走改造前的最后一位客人，白天鹅宾馆正式开始闭馆改造。经过多年商议，终于确定了白天鹅“不改变建筑物原有形态，兼顾未来主流消费者审美”的改造原则。知道这，许多“老广”必定暗自长舒一口气：所幸这老建筑，故乡水景观都还在，不然上哪找回过去的回忆和情怀？白天鹅本身便不是单纯的一座星级酒店，所以不能仅仅为了适应一代人的需求，而是跨越过去与未来，回忆与憧憬。

由于改造难度和时长都超过预期，白天鹅的实际改造花费比预算多出了30%，最后总改造费用约达9亿元人民币。改造之后，原本的843间客房调整成520间，客房更加宽敞并且引入了现代化智能设备。餐饮和宴会空间也从原本的13个精简为6个，日本餐厅被取消。闭馆改造3年的白天鹅也在现代化中引来新生，然而挑战也才刚刚开始。囿于成本限制，白天鹅的整体改造水平仍然与国际品牌有一定距离。而30多年过去了，随着广州新CBD的崛起，沙面曾经的繁华已渐渐落幕，广州高端酒店的竞争格局已经被极大地改变，占据广东新商圈核心位置。无论是设备还是地理位置、人流量，白天鹅，这座曾经全国的酒店先驱，必须意识到并且坦然接受自己的劣势，重新定位，扬长避短。沙面现在就像一处城市度假区，环境清幽，更适合家庭客人。因此把白天鹅宾馆定位为休闲酒店，大力开发亲子消费，“爸爸妈妈带着小朋友，周末想找个地方放松，就会考虑白天鹅。”作为对外开放的窗口，白天鹅已经完成了它曾经的历史使命，未来，它还需拥抱新的开放环境。而故乡水还在流动，提醒着在外的游子，家一直都在，并且不断变好变强。

图 11—5　改造后的白天鹅：墙体雪白，以崭新的姿态伫立江中，还留着过去的故事

广东，与白天鹅一样，走在开放的前沿，最早享受了开放的果实，但随着开放格局的深入，其他省份后发力量来势汹汹，不容小觑。对外贸易是广州的重要经济支柱之一，每年春秋两季的广交会是中国规模最大的国际贸易会之一。随着电子商务的冲击、国际经济形势变得复杂、汇率波动等因素的出现，到 2015 年，广交会的成交额和参展商人数已经连续 9 年出现下滑。但是，广东会继续走在开放的前列，2015 年成功跻身全国四大自贸试验区之一。继续先行先试，探索更高层次的对外开放，以更大的魄力大胆往前。

透过开放的窗，方识东风面，春城无处不飞花，江暖天鹅纷欲下。从国门初开的质疑和小心翼翼，如今大门越敞越开，在笑迎四海来宾的同时，一波又一波的国人也能自信、从容地大步走出去。

第十二章

“三来一补”

—— 一个时代的登场与谢幕

一枝传春信，百花皆后香。迎春非自足，今日仍璀灿。释春解消息，竞色画岭南。不占园中春，拳拳为开放。

——一个学者将“三来一补”比作“岭南早梅”后所作的一首诗。

20 世纪 80 年代，那时候的中国嗷嗷待哺，不缺土地，不缺劳动力，最缺的正是经济建设的“第一桶金”。在此背景下，“三来一补”业务就好似一枝绽放在岭南的早梅，带领珠江三角洲走进了改革开放、利用外资的春天。

第一节　敢为人先，第一个吃“螃蟹”的勇者们

1978 年，注定是一个特别的年份。谁也不曾想过那几家率先开展“三来一补”业务的头号企业，会有那么强力的连锁反应，直接掀起了广东乃至全国的工业化浪潮，裹卷中国走进全球化的潮流中。

香洲毛纺厂的创立之初就闪着耀眼的光芒。1979 年 11 月 7 日，也就是香洲毛纺厂举行开厂仪式的那一天，有 57 个国家的驻港澳领事馆

人员前来出席，更有 500 多家厂商代表和新闻记者参加了开幕仪式，许多媒体以“香洲毛纺厂——中国改革开放的标志”为题，在头条位置进行了报道。那场隆重的投产仪式，让香洲毛纺厂散发着初生的喜悦，像一颗冉冉而起的新星，红极一时。1984 年 1 月，80 岁高龄的邓小平前往珠海考察，他的首站就是香洲毛纺厂，时任厂长的黄国明向他仔细汇报了所有情况。这位伟人的莅临，更是对香洲毛纺厂莫大的肯定和鼓励。

提到香洲毛纺厂，就必须提到多年来热心祖国经济建设的香港商人曹光彪，是他促成了香洲毛纺厂的诞生。1978 年5 月23 日，他和中国纺织品进出口总公司的总经理陈诚忠等几个好友在北京相聚，陈诚忠一再希望借由曹光彪之手打开国产纺织品的国际市场，但是曹光彪却有着更大的想法。回港后他迅速组织人员起草了在内地办厂的计划书，由陈诚宗报送，很快得到了北京的批准。就这样，珠海香洲毛纺厂诞生了。工厂最终定址在拱北和香洲之间，曹光彪先生投资了 700 多万港元，厂里的设备和原料都是从国外进口的，珠海方面则负责提供土地和工厂的建设管理，而对曹光彪的投资则用回销产品所得价款进行抵消。这一利用外资的生产贸易形式，几年后被叫作“补偿贸易”，即以补偿贸易形式引进外资的来料加工、来样加工和来件装配，俗称“三来一补”。

1978 年，在离珠海不远的东莞虎门，另一个传奇故事同样在上演着。7 月 29 日傍晚，香港商人张子弥在广东华润公司和广东轻工局领导的陪同下，找到了虎门太平镇的服装厂。寒暄过后，张子弥先是询问服装厂有无合作意向，随后又掏出一个当下欧洲正流行的黑色人造皮革手袋和一些半成品配件，要求服装厂在没有图纸的情况下复制出一个成品。

到底要不要与张子弥合作？与外商合作是否会犯了资本主义的错误？几番犹豫下，当时的服装厂厂长刘良和唐志平两人还是拍板决定要做。他们急忙找来了技术十分精湛的陈雪萍和蔡少英两位工人。四个人在车间内熬了一个晚上，次日早上就把一个一模一样的手袋送到了张子弥面前。看着眼前的手袋，张子弥对眼前的手袋十分满意，虎门太平镇与张子弥的合作也就此敲定。

虎门太平镇并非张子弥的唯一考量对象，精明的生意人总是货比三家，他还考察了珠三角其他的几个地区，也一样给出了“复制手袋”的考验。合作确定后，张子弥投资了 300 万港元负责原材料和机器设备，这是外商投资东莞的第一桶金。东莞方面则负责厂房和人员，只赚取加工费，每个月抽取 20% 的加工费作为机器设备款偿还给张子弥。张子弥淘汰了厂内原有的脚踏设备，全部改成电动设备，还从香港带了一批技术人员到东莞，负责培训工人使用设备。

图 12—1 太平手袋厂

1978 年 9 月 15 日是一个特殊的日子，“粤字 001 号”的太平手袋厂在这一天诞生于东莞虎门太平镇，往后许多年，许多人都认为太平手袋厂是中国首家“三来一补”企业。太平手袋厂在正式投产后取得很不错的绩效，当年就获得加工费 100 万元，为国家赚取外汇 60 多万港元。太平手袋厂最初的厂房是借用太平竹器厂的，半年后，十分红火的手袋厂就反向兼并了竹器厂。而原本不知多久才还得完的 300 万港元设备款，太平手袋厂也只用了三年时间就成功为自己赎身。它的顺利运行，也给张子弥和其他港商下了一剂定心药。开业不到半年，张子弥就把香港所有的工厂都迁到内地来了，几百台机器设备都运来了东莞。

顺德的大进制衣厂也是首家“三来一补”企业之争的候选者之一，相比前两家，它的成立显得更具有传奇色彩，它的前身容奇镇制衣厂与香港商人杨钊于 1978 年 6 月 23 日签订协议时，距离第十一届三中全会的召开还有半年时间。4 个多月前容奇镇那次特殊而令人惶恐的党委会，最终通过了与港商合作开厂的议题，却让所有人担心是否踩了“资本主义”的地雷。

港商杨钊一开始也被怀疑是“敌对分子”，在他 5 月份从罗湖口岸前往容奇商谈合作事宜时，上级叮嘱时任容奇镇派出所所长的梁茂贤，让他安排两个便衣警察 24 小时全程跟踪杨钊。有惊无险，合作最终落地，港方将提供 400 万港元，容奇镇则负责提供厂房和工人，一起合办 300 人规模的制衣厂。很快，设备开始安装，试生产也在有序地进行。为了图个好兆头，大进制衣厂最终选择在 8 月 8 日开张。大进制衣厂建成后，容奇镇又陆续和其他港资企业按照同样的合作模式开办了 4 家制衣厂。对外出口牛仔裤的大进制衣厂，获得了海关批发的“顺德 01 号”出口登记证，这也是他们对外宣称第一家“三来一补”企业的底气所在。

为了自证第一，2011 年顺德甚至还开展了大进制衣厂历史资料考证研究课题。后而又有学者提出太平手袋厂是法律形式上的第一家，而大进制衣厂是经济形式上的第一家。

究竟谁是第一家“三来一补”企业的争论还在持续，但毫无疑问的是，它们一鸣惊人的创立，拉开了各自区域工业发展的序幕。受益于国际竞争与分工导致的产业转移，之后很长的一段时间里，“三来一补”这种特殊的生产方式在珠江三角洲大放异彩，广东也由此获得了经济发展的第一桶金。

第二节 星星之火，可以燎原

太平手袋厂、香洲毛纺厂和大进制衣厂等先行者的成功，如同一根导火线，点燃了岭南大地，无数家“三来一补”企业星星点点陆续布满了整个珠三角。截至1990年底，全广东共有“三来一补”企业22000多家，其中80%集中在珠三角。与香港一水之隔的水围村在1980年时仍是一个农业村，全村仅拥有1台旧发电机和一台旧拖拉机。几年后，全村已密集建成了十多栋工业厂房，引入十几家“三来一补”企业。1990年时，全村工业总产值已达730万元，形成固定资产3200万元。短短十年，水围村完成了“鲤鱼跳龙门”的纵身一跃，集体固定资产翻了上百番，从一个小农村变为一个工业重镇，村民们也摇身一晃为响当当的“万元户”，生活发生了翻天覆地的变化。

同样，在太平手袋厂成功投产后，附近就陆陆续续建起了拉链厂、印花厂等众多手袋厂配套的“三来一补”企业，产业集群开始出现。很快，“三来一补”企业在东莞遍地开花，大大小小的工厂，如同一颗颗棋子，散落在东莞的每一片街巷农舍。毫无疑问，“三来一补”的落地，打破了农民聚集在有限土地上搞饭吃的局面，推动了珠三角许多农村地区的工业现代化进程，广东的外向型经济也就此扬帆起航。

在20世纪80年代广东珠三角崛起过程中，借力于“三来一补”业务，凭借天时（时代政策利好）、地利（毗邻港澳和土地价格低廉）、人和（劳动力充裕）等优势，顺德、南海、东莞和中山这四座中小城市的经济发展表现十分亮眼。1987年，新华社记者王志纲和他的同事发布了一篇《广东跃起四小虎》的报道，从此顺德、南海、东莞和中山作为“广东四小虎”的名号响彻大江南北。特别的，东莞与香港形成了一个“前店后厂”的关系，成为香港转移加工产业的重要基地，将近2/3的香港加工企业转移至东莞。至1988年底，东莞“三来一补”企业已达2500多家，从一个无名的农业小县，到一个全国知名的“世界工厂”，“东莞奇迹”的实现只花了10年时间。

图 12—2　东莞跻身于“广东四小虎”之列，于 1985 年撤县设市，并在两年多后升为地级市

“三来一补”业务能在珠三角甚至全国以燎原之势迅速铺开，离不开政策的保驾护航。1978 年 6 月，国家便开始研究制定“三来一补”相关政策。1978 年 7 月 15 日，国务院《开展对外加工装配试行办法》正式出炉，其中“对外加工装配”是“三来一补”业务的官方名称。该法规的颁布，拉开了我国对外开放中有关“三来一补”业务立法的序幕。一年实践后，国务院又正式颁布《开展对外加工装配和中小型补偿贸易办法》，又称为“二十二条”，再次肯定和规范了“三来一补”业务，对“三来一补”业务的定义、目的、实施办法、要求等都做了明确的规定。

经过十年的发展，我国充分意识到“三来一补”业务是中国稳赚不赔且扬长避短的买卖。1987 年 12 月 2 日，国务院办公厅颁发《国务院转发经贸部关于抓住有利时机进一步发展来料加工装配等业务请示的通知》，再次表扬了“三来一补”，既能利用外资、引进技术，又能劳务出口，发挥了我国劳动资源丰富且价廉的优势，但也避开了我国物质资源比较缺乏的短处。这份通知更是明确表明加工贸易“值得大力推广”！国际形势变幻，1987 年，日本泡沫经济已出现端倪，但由于日本在 1985 年签订的《广场协议》，约定日元对美元升值，因而日元对美元保持大幅度升值。而当时的美国，被贸易赤字和财政赤字所困，为减少贸易逆差，又迫使中国台湾、韩国货币升值，中国台湾和韩国出口商品的竞争力也由此大打折扣；这种特殊的形势下，港元因为背靠美元所以跟随贬值，出口地位却大大增强，订单大幅度增加，香港外贸也获得一波发展红利。为了降低成本，增加盈利，很多港澳商人很乐意在内地办厂开展加工业务。国家层面审时度势，牢牢抓住这一有利时机，在 1987 年这一特别时点再次发文肯定并鼓励开展“三来一补”业务，为“三来一补”在“七五”期间甚至之后十几年的快速发展奠定了重要的政策基础。

广东及各市政府也是十分踊跃，敢为人先，为“三来一补”发展提供了良好的氛围。1993 年 5 月 14 日，广东省第八届人民代表大会常务委员会通过了《广东省对外加工装配业务条例》，这是全国范围内省政府层面发布的首批“三来一补”业务相关政策之一。接连地，各市政府争先为“三来一补”排忧解难。1995 年，东莞颁布《关于促进外商投资企业发展的若干规定》，制订了外商投资的指导目录，进一步增强服务意识，提高办事效率。1996 年，深圳印发《“三来一补”工缴费统筹管理办法》，规范了工缴费、结汇的流程和管理。

1998 年，深圳发布《鼓励来料加工业务使用国产料件》。这一文件具有重大意义，它表现出我国开始正视国产投入品并且抱有信心，使用国产投入品毫无疑问能优化“三来一补”的业务结构，开始改变“两头在外，中间在内”的长期情势，也给了国产投入品与进口投入品充分竞争的机会，业务成本或将降低、国产投入品相关产业也迎来重大发展机遇，这对“三来一补”、对国家经济都是利好的。

徐徐而来的政策暖风吹散了外商心中的顾虑疑云，资金和合作如同活水，源源不断，整个岭南大地焕发新生，呈现一派欣欣向荣的景象。

第三节　光荣的荆棘路

一个新奇事物总是在矛盾中成长的，“三来一补”企业在初创阶段也面临着内忧外患的困局。加工装配业务毕竟是个新玩意，经验的缺乏使得早期“三来一补”企业的经营管理水平较低，成品质量难以达到外商的要求。在《创办珠海特区五年的回忆》一书中，珠海市第一任市委书记吴健就回忆说，香洲毛纺厂在投产初期不仅产量没有达标，投产一年后的月均产量尚且不到生产指标的六成，而且质量水平也堪忧，合格率仅为87%，远低于外商可接受的水平。这也直接导致了香洲毛纺厂的停产危机，1980 年港澳投资方致函广东省纺织品进出口分公司和中共珠海市委、市人民政府，称香洲毛纺厂的生产“始终处于不正常状态”，并宣布暂停向香洲毛纺厂提供原料。

越是新鲜的事物越容易受到非议，人们总是对常规被打破心生责难和不满。忆及深圳往事，改革开放初期时任深圳市委副书记的方苞回忆说，1978 年深圳办外贸基地时以“三来一补”形式引进外资办工厂时，由于审批时间长和遇到许多麻烦，遭受不少非议，大有“夕阳工业”“引进剥削”“挤占了我们的配额”“帮助外商占领市场”“让外商赚钱太多”“三来一补层次低，不如合资、独资、自办工业好”等各种说法。可见当时社会对“三来一补”是有较深的误解的。幸运的是，这些伟大的深圳特区创建者们顶住了所有的非议和责难，谨记习仲勋同志到宝安调研时所说的“只要对发展经济和改善人民生活有利，就大胆去干”的教诲，解放思想，稳扎实打，推动了深圳市的工业化发展，深圳市今天所获的成就才有了最初的根。

不远的东莞也掀起了一番热议。张子弥要求太平手袋厂实施计件工资，而这与“大锅饭”时代的平均模式格格不入，许多人认为“计件工资”是“资本主义的那一套”。唐志平回忆说，当时这在社会上造成很多非议，但厂方跟工人们一说后却得到很大支持，“工人们也看到了计件的前途”。张子弥受访时也称，“那个时候起，人们不得不改变自由散漫的作风，经常要求加夜班赶货，支付加班费，打工者此时起开始有了‘时间就是金钱’的观念”。“三来一补”高效率的开展离不开高效率的工人，分配方式的创新正是极大激发了工人的劳动积极性，迸发了他们的工作效率。

和深圳一样，从“加工办”的最初建立到开展“三来一补”，当时的东莞也遭受了不少的非议和刁难，但当时主政的广东省委书记任仲夷给予东莞市一针定心剂，“东莞的发展路子一定要从东莞的实际出发，‘三来一补’要继续搞，绝不能因噎废食”。依然和深圳一样，虽然东莞在改革的路上碰到了许多钉子，但却从未畏惧，披荆斩棘，且前行，“世界工厂”的称号背后，是改革者们的远见和血性。

另一个较大的困难是当时制度的不协调。以五金行业为例，彼时的中国由于资源十分匮乏，还在实行原材料计划分配，因而在很长一段时间里，由于原材料短缺，往往五金加工企业申请加工钉子所需要的其他原材料都不得不等待漫长的严格审批，大大影响了加工订单的完成效率。最终，由于大量“三来一补”订单的刺激，也为了缓解原材料市场供应紧张局势，国家开始着手原材料计划分配改革，极具创造性地提出了原材料双轨制，给正在萌芽时期的五金加工行业打了一针“肾上腺素”，从此五金“三来一补”企业如猛虎般飞速发展，企业数量猛增。

早期的“三来一补”企业就像个脆弱的新生儿，除了要克服自身问题外，外界的困难也在分分钟教他做人。与外商的合作同样是在摸爬滚打中进行，比如说，由于对外商设备的价格鉴定仅凭外商提供的国外发票，不少引进设备的报价往往被高估20%左右，对本就一穷二白的“三来一补”企业来说，简直就是不明不白的雪上加霜。在质检方面，“三来一补”企业也收获过惨痛教训，有的企业在开业初期，其产品运往外商总厂验收时遭受外商半路搞事，外商将其驻港分厂的次品混为“三来一补”企业的产品并退回，从而导致残次品退货率极高。直到后期，质检改为在内地分厂进行，合格品由双方签字后再运往香港，这个问题才得到解决。

尽管路上荆棘重重，珠三角的“三来一补”企业从未停歇，一直在摸索前进，幸运和实力加持，在这条路上树下了一个个里程碑。据统计，1994 年广东的“三来一补”企业出口规模已近 150 亿美元，占全国该类出口总值的约 83%。到 2002 年，全省“三来一补”企业数量达到了顶峰，仅东莞在册的“三来一补”企业就达 1.2 万家。21 世纪后，物美价廉的“中国制造”风靡全球。

第四节　民工潮，百万雄师下珠江

与“三来一补”业务量飞速增长对应的，是劳动力需求的急速扩张。即使珠江三角洲的本地农民已纷纷“洗脚上田”，劳动力还是供不应求，一幢幢拔地而起的新厂房肚里装着的是满满的“用工荒”的哀愁。在这样的背景下，中国近代史上一场浩浩荡荡的移民潮出现了。怀着去广东“淘金”的希冀，祖国大江南北的男女老少告别农田，收拾行囊，或单人成行，或成群结队，南下珠江，投入到正席卷南方大地的工业化浪潮中，而美国《时代》周刊将这一场规模空前的人口流动评价为“有史以来最大的人口流动之一”。

内地向珠三角输出劳动力是一个双赢的场面。1978 年家庭联产承包责任制的改革，极大激发了农民的生产积极性，生产效率显著提高，大量劳动力得以摆脱土地的束缚，农村出现大量剩余劳动力。有学者测算出 20 世纪 80 年代中期前我国农村剩余劳动力比例在 30% 以上，估计 1986 年我国农村剩余劳动力数量为 1.14 亿—1.52 亿。恰好，珠三角“三来一补”业务繁荣引发的劳动力缺口，成为我国内地农村剩余劳动力转移的契机。内地许多省长、市长以及劳动部门领导，纷纷

图 12—3　百万民工潮催生的大春运

率军南下，洽谈劳务输出事宜。

珠三角一些小村镇在“三来一补”企业入驻后经历了人口暴涨的过程。深圳龙岗的横岗村，1979 年村里常住人口仅有 8918 人，到 1990 年时全村人数已飙升至 7.3 万人，近 85% 是外来务工人员。到 2000 年时，横岗村的外来务工人员规模已近 30 万人，其中 80% 以上是“三来一补”企业的工人。

工厂里的工作并不比干农活轻松，爆炸式增长的订单迫使“三来一补”企业不得不连轴转地开工，日夜不休的除了机器，还有人。据说，“三来一补”企业工人平均每天的工作时间在 12 小时以上，晚间加班是家常便饭。有记者了解到，惠阳新艺手袋厂的工人一个月就加班了 29 个晚上，每晚 3 小时以上，其中有 4 天是通宵加班，劳动时间近 24 小时。无情的流水线作业，背后彰显的是市场经济的铁律——优胜劣汰，只有身体和意志足够坚强的人才能承受如此超负荷的劳作，支撑不住的打工者要么跳槽至其他工厂以寻找更好的出处，要么只能悻悻地回到梦开始的地方——他们的老家。显然，“三来一补”企业劳动力显现出高流动性的特点，工人们来得快，去得也快，一直辗转于不同行业的“三来一补”企业。有关数据显示，当时东莞普通工人平均年“流失率”约为10%，其中毛纺和玩具行业的“流失率”更是高达20%—30%。

图12—4　文艺作品——深圳第一代“打工妹”

日夜兼程的辛苦劳动换来的是令人艳羡的报酬。那些在“三来一补”企业撑下来的年轻人，周围人看待他们的眼光，大概就像今天商院学生看待那些去了顶级投行和咨询公司的同学一样，一方面感叹他们时刻工作没有个人生活，另一方面又着实羡慕他们拔尖的薪水。不同于“大锅饭”，“三来一补”企业采取的是计件工资的分配方式，多劳多得，因而极大地调动了工人的生产积极性。太平手袋厂的第三任厂长唐志平接受采访时回忆说，厂里一个普通工人每个月可以挣到100元左右，在1983年他没进厂前每月工资才28元，进厂后第一个月工资就超过100元，当时高级工程师的工资也就60元每月。在那个“千元户是新闻，万元户则惊天动地”的年代，月收入近百元的工作无疑是令所有人垂涎的香饽饽，这也难怪工人们愿意一个月加班 29 天了。当时，经历价格上调的茅台也不过 11.8 元每瓶，一个工人依靠每个月工资就能轻轻松松买上近十瓶，哪怕放在今天这也是一件乐事。跳跃式上升的工资诱使不少人备着礼物去拜访刚当上厂长的唐志平，企图靠捷径获得一份高薪工作。

20 世纪 80 年代“三来一补”造就的“新移民”是一个特殊群体，他们身上有着深深的时代烙印。作为挣脱体制围栏的第一批参与者，他们同样也是中国现代化和工业化的第一批见证者。敢于舍弃守了千年的农田，敢于奔赴仍是茫茫的南方大地，在一切都是未知的年代，这是何等的勇气和智慧。珍贵的礼物要献给勇者，在岭南淘的第一桶金是对他们勇气的嘉赏，而开放、自由、文明的精神洗礼则是对他们的馈赠。在他们身上，我们看到了中国人的进取、勤劳与智慧。经济起飞的同时，中国人也在努力跟上世界的步伐。以每一个奔走城乡之间的新移民为原点，城乡交流是那条越发越长的半径，一个关于现代化的圆圈正在逐渐扩大，覆盖广东，覆盖华南，直至全中国。这正如《时代》周刊所评述，“这种事态发展同 19 世纪欧洲产业革命时期的情况类似。人口流动在改变着中国的面貌，它更为大都市化和现代化”。

第五节　何去何从，开至无意自凋零

变幻莫测的外界环境，日新月异的时代需求，与生俱来的固有弊端，多重压力下，位于微笑曲线底部的“三来一补”企业却笑不起来了，在珠三角的成长，似乎走进了一个逃不出的困境。

“三来一补”企业注定只能是上个时代的事物。“三来一补”企业的产品只能外销，没有内销权，利润取决于加工费和税收优惠，因而过度依赖外部市场环境，任何风吹草动都直接影响着“三来一补”企业的经营状况，2008 年经济危机导致东莞一大批“三来一补”企业关停就是一个典型的例子。特殊的业务形式导致“三来一补”企业不具备法人资格，因而也丧失了融资的权利，此外企业自身也不参与研发和设计环节，从资金和技术两个根源就直接扼杀了企业的发展命脉。可以说，“三来一补”实现的是一种低端的、不充分的工业化，在经济起步阶段确实是十分高效的助推器，但它还不足以成为推动社会经济发展、科技文明进步的永动机。

有的城市早早嗅到了“三来一补”企业终将日薄西山的气息。依靠贸易和触及加工业发家致富的深圳，却早在20世纪90年代初，就已拿出破釜沉舟的气魄，要放弃正红火的加工贸易产业。1994年初，在时任市委书记厉有为的强力主导下，深圳下发《深圳市人民政府关于在特区内停止审批“三来一补”等项目的通知》，不再登记注册新的“三来一补”企业，坚决要走一条科技兴市的转型之路。今天看来，这绝对是一个极其有远见的决策。然而当时，这一纸文书却是一个引起众怒的“炸弹”，究其原因是动了其他主体的“奶酪”，“三来一补”企业是各村镇集体的主要收入来源。利益当前，财路被断，反对是自然的事情。转型路上的荆棘必然带来阵痛，没有先见之明的智慧，没有壮士断腕的决心，或许深圳都不会是今天的深圳，中兴、华为、比亚迪这些企业也不知道还会不会存在。

随着时代发展，“三来一补”这种生产贸易方式日渐落后。在中国加入WTO后，“三来一补”与新时代下的广东的不相容性愈发明显，官方终于不再鼓励“三来一补”的发展。2007年，商务部与海关总署调整了《加工贸易限制类目录》，新增加的1853类限制商品，主要涉及的都是“三来一补”业务的重仓地，比如塑料原料及制品、金属粗加工产品等。2008年，广东省政府下发的《关于促进加工贸易转型升级的若干意见》，更是明确表示要鼓励和支持“三来一补”企业向三资转型。

“三来一补”背后所体现的低附加值的粗放型发展方式早已不能满足广东的发展需要。“三来一补”企业要想重获新生，则必须要走从制造到设计和创造的转型之路，而这并非一夕一朝就能实现。归根到底，不是广东抛弃了“三来一补”，是时代抛弃了“三来一补”。大浪淘沙之后，一些企业成功转型了具有内销权的三资企业并开始征战中国市场，一些企业则成功“死”在了沙滩上，还有一些企业已经在转移至其他低生产成本地区如越南、泰国等东南亚国家的路上。无论是哪种结局，优胜劣汰，在这背后都是赤裸裸的市场经济的力量。

说再见的时刻终于还是到了。

1993 年，香洲毛纺厂停产搬迁，随后在 1996 年转产并与香港华凌公司合资成立珠海香凌轻纺有限公司，生产“千惠牌”妇女用品。令人唏嘘的是，珠海香凌轻纺有限公司在 2003 年 5 月最终结业注销。位于吉大景山路与白莲路相交的位置的香洲毛纺厂旧址，如今成了一个很小的社区公园。

1998 年，大进制衣厂转型为民营企业，之后还在新西兰和美国开办了制衣厂、洗水厂等，如今化身为香港跨国集团旭日企业的下属企业。位于容桂工业路的制衣厂旧址，如今已是一所幼儿园。

1996 年 12 月，太平手袋厂在激烈的市场竞争中倒闭。2007 年，东莞虎门镇解放路 7 号，太平手袋厂厂房开始拆除，后来这里建起了一栋高高的商品楼，叫作新安大厦。

谁是中国第一家“三来一补”企业，至今仍没有定论。这几家企业走过的历程，更像是珠三角一个工业发展时代的缩影。从 1978 年到 2018 年，四十年的改革开放，作为助力广东经济实现第一次腾飞的重要力量，“三来一补”企业无可非议是战功赫赫的功臣。如同一位年迈的战士，广东的“三来一补”企业也在开始艰难地转身，与其在经济发展舞台上的历史使命颓然告别。

“三来一补”——感谢，再见。

第十三章

致敬伟大时代

最早布局全球化的 TCL，得益于这个伟大的时代，一带一路的畅想，中欧班列的开通让 TCL 创新科技能更好更快地服务全球。路是先行者走出来，TCL 永远在路上。

——TCL 创始人兼董事长李东生

2018 年 3 月初，TCL 同时点亮国内外 11 个城市标志性建筑户外大屏，发出“向伟大时代致敬”的号召。不少目睹了这一画面的人表示：“TCL 这波户外广告太燃情，第一次被企业的格局、发出的口号所震撼，也让人思考和感慨我们生活在这个伟大时代的幸运；同时联想到伴随中国改革开放发展的企业筚路蓝缕，一路奋进的历程，对他们肃然起敬。”

改革开放的历程总是交织着个人和企业的成长的故事，个人起伏与企业的兴衰，涓滴汇入改革开放的大潮中，被这股大潮所裹挟一同前行，也为这股大潮注入活力和提供动力。

每一个企业的成功，都深深地烙印着时代的印记，而时代也因企业精英们的努力变革发生了轨迹调整。在改革开放四十年的漫漫长路中，有的企业火遍中国，家喻户晓，有的却在悄无声息间淡出公众视野；有的企业家曾经头角峥嵘，有的却无法超越自己跟上时代，以至于被时代翻滚的潮头打翻，最后销声匿迹。一批受惠于改革开放政策红利的企业取得了丰硕成果，一些生逢这个伟大时代的个人做出了不平凡的事业，他们以自己的勇敢、智慧、眼光和勤劳，推动改革开放的列车呼呼地驶向更为宽广的远方。

改革开放四十年，广东这片挥洒激情与梦想的热土，见证了多少企业和企业家的浮浮沉沉，能历经考验，随改革开放一直走到新时代而且一直与时共进，走在前沿的企业和企业家屈指可数。TCL 集团和它的掌舵人李东生便是其中的典型代表。在他们身上我们可以清楚地看到广东乃至全国 40 年来对外开放的图景。

第一节　借鸡生蛋：TTK 破壳而出

20 世纪 80 年代初，开放的大幕才刚刚往上卷，只看到熹微晨光的整个中国，资金短缺，工业基础十分薄弱。

广东在对外开放初期，首先充分利用地缘人缘优势和政策优势，发展“三来一补”企业，打开对外开放的局面。这种引资方式在东莞、顺德、中山和南海四市最为突出，形成了“四小虎”模式。这种模式以优惠政策和廉价的土地和劳动力，积极承接港澳制造业的转移。由外商投资经营，提供设备、进口原材料和样品，负责全部产品的外销，中方则提供土地厂房，组织劳动力，无须承担资本损失和经营责任的风险，但是收入也就只能收取土地厂房租赁收入和项目管理服务收入。

“三来一补”是利用外资的一种简单形式，它强调两头在外，形成了广东省外贸出口的高速增长，在推动广东成为全国外贸大省上功不可没。但是，在这种形式中，广东方面很难真正参与企业的经营管理，特别是在国际市场营销方面。而这些企业却成为其他国家或地区加工体系中的一个环节，一般并不与广东的产业形成配套。“三来一补”对广东经济的成长做出了很大的贡献，是一个原始积累的过程，但对当地工业基础的打造和持续后劲的形成帮助并不大。

后发直追的惠州准备另辟蹊径，以达到弯道超车的目的，那就是大力引进外资企业在惠州投资或办合资企业，合资企业通常被认为是更高层次的利用外资形式，它一般都是比较规范的中国法人。通过与外商共同经营、共享利润、共担风险，在更高程度上参与企业的经营管理，更好地熟悉国际市场。同时也有利于更好地引进和消化吸收国外的先进技术和管理经验。合资企业可以在国内采购原辅材料，产品可以内销，代表着双方经济更深入的合作，其与国内的产业关联也会更密切。

80 年代初，惠州辖区内的惠阳地区现代化工业基本还是一片空白，为了拯救惠阳孱弱的电子工业，地方政府积极响应中央政府号召，几乎是以一种“怂恿”的态度鼓励机关干部“下海”。1980 年，惠阳区机械局局长范品魁鼓动科里一些有想法敢冒险的干部去“寻找更广阔的天地”。手握局长支持的 5000 元贷款，张济时和原惠阳区机械局电子科的几个干部成立了惠阳地区电子工业公司。

刚开始，惠阳地区电子工业公司的主要业务是倒买倒卖电子产品，还经营电子产品维修站，就这项业务上，张济时结识了在内地和香港之间从事电视机贸易的港商翁耀明。翁耀明是个谨慎和精明的商人，他敏锐地预感到，门扉初开的内地机会将会如雨后春笋，他在往来内地和香港的过程中不断地寻找着。

与翁耀明同时在寻找商机的还有初涉电子工业的张济时。就在这时，收录机开始风靡全国并引起了张济时的注意，虽然以电子工业公司的实力是做不了收录机的，但脑子灵活的张济时转念一想，随着拥有录音机的家庭越来越多，作为录音机互补品的磁带需求也自然会日益增加，而当时国内的磁带都是日本索尼和 TDK 产的，在国内兴办一个生产磁带的厂子应该还是大有可为的。带着这个想法，他找到了曾一起合作过的翁耀明，双方一拍即合，决定合资建一个录音磁带厂。

兴办合资公司的事自然得到地区机械局局长范品魁的大力支持，在开明热心的领导的推动下，双方很快就合作达成一致，港方出 200 万港元的设备，内地提供厂房和人员，折算成与设备相等的资本，双方各占 50% 的股份。不过当时内地并没有厂房，只是租借来了机械局下属农机公司几间经过修整的破旧的农机仓库，而这还是经范品魁大力协调促成的。

1981 年 TCL 的前身 TTK 家庭电器有限公司就这样正式成立了。TTK 不仅是当时惠阳地区第一家合资企业，也是全国第一批合资企业，在当时国家工商总局核发的全国合资企业经营执照中编号为 0012。

图 13—1　1981 年中港合资的 TTK 家庭电器有限公司

虽然港方提供的设备陈旧，但是他们带来的管理却是先进的。工厂的日常经营管理，由港方派出了专业的管理人员担任厂长负责，完全遵照香港企业的管理模式，对每项工作要求都很严格。在这间看起来简陋的厂子，大家第一次见识了挂工牌、上班打卡，迟到扣薪、车间工人实行计件工资等新制度和考核标准，管理层迟到早退也按照工人同样规则处理。刚开始这种新颖的现代管理方式在当时“大锅饭”思想浓重的工人中却产生了一些不适应，但是这种源于市场经济制度的规范管理的竞争优势很快就显现出来，TTK 的劳动生产率远高于国内其他企业。新生的 TTK 从一开始就越过了粗犷落后的作坊式管理模式，得以在更高的起点上发展。

TTK 投产后不久，就将迎来一位重要的人物，他将促成 TTK 到 TCL 转变，然后把 TCL 从中国带到世界。

第二节　恰逢其时：李东生躬身入局

每当提到 TCL 的时候，恐怕一个名字都会不由自主地跳入脑海：李东生——TCL 的董事长，创始人之一。TCL 已经深深地打上了李东生的印记。

1977 年，邓小平在第三次复出不久就一锤定音，当年就恢复中国的抡才大典——高考。紧接着，中国又吹响了对内改革，对外开放的号角。这突然的变化，让许多人的命运从此拐了个弯，这其中就有广东惠阳人——20 岁的李东生。

正在广东惠阳下乡插队的李东生，听了这个振奋人心的消息自然摩拳擦掌，他盼这个机会好久了，但由于正值冬季水利建设大会战，白天要在热火朝天的工地挥汗如雨，只有晚上才能在四处漏风的茅棚里焚膏继晷。终于，李东生凭借全县第一名的理化成绩顺利收到了第一志愿学校华南理工学院（现为华南理工大学）无线电专业录取通知书。与此同时，一批日后将影响中国商业格局的风云人物，也一样幸运地收到了这充满希望的信封。

1977 年，步步高集团董事长段永平考入浙江大学无线电系。

同样在 1977 年，刘氏兄弟的老二刘永行虽然考了第一名，但因家庭背景未能成为大学生，只等来了彭州师专（现西华大学）的录取通知书。在二哥的激励下，老三陈育新（刘永美）只用了 8 个月时间，自学完了全部高中课程，1978 年考上了四川农学院（现四川农业大学）。之后，曾是工农兵学员的老四刘永好则在妻子的鼓励下，考上了四川省电大。

1978 年，18 岁的冯仑看完母亲用蜡版复印的资料后，借来一辆自行车奔赴考场，同年考入西北大学经济管理学院。

在几乎做遍了所有农村工种后，许家印这个不甘心与贫困为伍一生的农村少年于 1978 年考入武汉钢铁学院钢铁专业（现武汉科技大学）。

而年轻时一直在江苏一个小城剧团里演出的徐小平，到 1978 年，如愿考上了中央音乐学院音乐系，在北京开始了新的起点。

马蔚华曾“上山下乡”，当过报道员，做过养路工人，年少的他做好了当一辈子农民的准备。直至 1978 年恢复高考，29 岁的马蔚华考入吉林大学经济系国民经济管理专业。

巧合的是李东生还遇到了从罗定和海南考入华南工学院无线电专业的两位同班同学，日后他们和李东生一起号称华南工学院无线电工程系的“三剑客”，他们就是康佳前总裁陈伟荣以及创维创始人黄宏生，他们所在的班级也常被津津乐道为华南理工大学的“超级班级”。不过当时谁也没有预料到，这几位昔日的同窗后来会在彩电的红海里，刀兵相见，红眼拼杀。

在大学里，李东生和其他同学一样，珍惜这个来之不易的机会，努力学习。同时通过报纸、广播等不同的途径，密切关注着这个国家正在发生的巨变，为以后的建功立业积蓄力量。

80 年代，共和国迎来第一次知识分子下海经商浪潮，当时流传着这样的顺口溜——“十亿人民九亿倒，还有一亿在寻找”。他们寻找的，不只是钱，还有压抑已久的梦想的出口。

只要体制透出一个小小的缺口，活力就会像江水一样冲向海洋。

从华南工学院无线电工程系毕业后，摆在李东生面前有两个选择，一个是惠阳地区科学技术委员会：一个是惠阳地区公安通讯科，这是两个大家都趋之若鹜的政府单位，放在如今更是要过五关斩六将才能拿下的“铁饭碗”，然而李东生却径自走到领导办公室，说自己不想坐办公室，想到工厂去。理由是：“不想把辛苦学到的一身技术荒废了。”“爱折腾”的李东生决定以一个普通工程师的身份进入 TCL 的前身——TTK 家庭电器有限公司，成为 TTK 的第 43 名员工。

就这样，李东生躬身加入 TCL，从此，他的命运和 TCL 的命运也紧紧捆绑起来，一起享受阳光甘露，一起经历风吹雨打。

他把一家偏居于南国一隅的小工厂打造成了中国最好的家电企业之一。

第三节 风生水起：TCL 舰队起航

作为改革开放之后涌现出来的一代中国企业家，即便头顶着大学生的光环，李东生的起点也不很高，也是从最底层一路摸爬滚打上来的，他在 TTK 的第一份工作是技术员，接着就是车间主任，业务经理，贸易专员，总经理、董事长等，几乎在所有的企业岗位上都有过磨炼。

20 世纪 80 年代，在电子、服装工业基地，积累了大量贸易、工业和技术经验的香港在遭受石油危机的冲击之后开始转型，大量企业从制造领域撤出，这给广东带来了产业梯级转移的天赐良机。一种“贸易—工业—技术”的商业模式（简称贸工技）开始盛行开来。创业者以贸易切入，获得盈利完成原始积累，然后投资工业，形成生产和销售的能力，最后再往纵深的技术领域渗透。这是一个“百死一生”的过程，绝大多数企业都坠落在从贸易到工业的跳跃中，只有少数杰出者完成了自我的提升，其中便包括 TCL。

李东生加入 TTK 的时候，适逢香港流行音乐的兴盛，TTK 靠着磁带的热销，赚取了第一桶金。正当 TTK 开始憧憬美好未来的时候，合作方翁耀明却忽然宣布退出 TTK，前方一下子黑暗起来。企业的经营中大部分核心业务，包括资金、设备、技术、原材料、外销等都由港方掌控着，他的退出无异于釜底抽薪，生死时刻，公司当机立断，决定派自己的人到香港开设代表处，一方面支撑起原料采购和外销的业务，以填补合作方撤出后的业务真空，另一方面借助香港这个平台寻找新的商机。这个承前继后的重担落到了勤奋执着、务实进取的李东生身上，他因为出色的表现已经被提拔为了车间主任。

经历这个变故的 TTK 管理层意识到，将公司的全部筹码压在磁带一个产品上隐藏着巨大的风险，他们殷切地期盼在香港的李东生能够发掘出新的机会。很快李东生不负众望，不仅找到了新的产品——电话机，还带来了新的合作伙伴——港商蒋志基。

刚开始双方在试探性地进行电话机贸易合作，由蒋志基供货 TCL 销售。2 万台电话机很快销售一空令双方喜出望外，不仅是因为丰厚的利润，更是因为发现了内地巨大市场潜力。很快双方达成共识，与其小打小闹地做电话机贸易，不如自己建一家电话机厂大展拳脚，于是 TTK 和蒋志基合资建一家电话机厂的计划就被顺理成章地提上了日程。

这个大胆的计划立刻得到了当地政府的支持。时任惠阳地区行署党组副书记、主管工业的常务副专员林树森不仅亲自参与和蒋志基的谈判，还积极奔走协调解决合资公司设立的各项问题。

首先是电话机厂生产经营许可，由于当时已经不批合资电话机厂了，林树森就亲自带着张济时、李东生直接去堵去香港出差的广东对外经济贸易委员会的副主任张烈。张烈很是开明，对广东外资引进一直很支持，在张烈的支持下合资电话机厂拿到了建厂的准生证。

其次是资金问题。电话机厂注册资本 90 万美元，内地占比 70%，需要 63 万美元。林树森又马不停蹄地带上李东生去香港南洋商业银行借款，为了顺利拿到贷款，作为和 TTK 没有利益关系的林树森在贷款协议上签上了自己的名字。

在几个月的谈判和筹备后，1985 年 9 月，内地和香港合资的 TCL 通信设备公司宣告成立，TCL 之名来自通信设备公司（Telephone Communication Limited）的英文缩写，而之所以没有沿用 TTK 的品牌，是由于国家工商总局在接到了日本 TDK 的抗议后禁止使用 TTK 商标了。

从 TCL 的成立我们可以看到对外开放首先是人的意识的开放，一批有眼光，有胆略的港商（翁耀明、蒋志基等）洞察到内地商机，大胆风投内地；一批有理想有抱负的人士（李东生、张济时等）义无反顾纷纷下海；一批思想开明，乐于接受新事物的政府官员（林树森、李鸿忠等）为新生企业给政策，清障碍。正是这些愿意拥抱开放的人，齐集广东这片热土，风云际会，引领着广东的对外开放。

更名后的TCL像是被赋予了新的生命力，开始更加蓬勃地发展起来。

1986年，TCL开发出我国最早的免提式按键电话并通过了生产鉴定。在TCL团队的努力下，TCL电话机在中国迅速崛起，短短三年后，TCL电话机依靠质量、性能和营销三板斧，以近千万的年产销量取得了全国第一的辉煌成绩，成了家喻户晓的“中国电话大王”。TCL品牌和口碑的大旗蔚然树立。

TCL通讯的腾飞也成功带动了当地通信业的发展。到90年代初期，生产电话机的侨兴、德赛也开始崭露头角，一些小企业也做得风生水起。当时整个惠阳地区的电话机产销量已经超过五六千万台了，成了全国电话机产业最重要的基地之一，早前惠州市政府借合资企业带动工业发展的初衷也算是瓜熟蒂落了。

踌躇满志的TCL顺势而为，与蒋志基再度联手，进军家电产业的主战场——彩电。当时国内彩电企业虽然很多但是都挤在小屏彩电的领域，大屏幕的彩电市场则基本被外资品牌占领着。通过对大屏幕彩电市场需求前景的科学预判和扎实调研，李东生决定TCL的彩电业务先从大屏幕彩电切入，这一大胆的决定无异于虎口夺食，但凭借精心研发的TCL王牌大彩电，在15寸、17寸电视横行的年代里，大屏幕的TCL彩电一炮而红，营收持续高涨。1996年TCL联姻香港陆氏公司彩电项目，开国企兼并港资企业并使用国有品牌之先河。实力的提升，使得一向在彩电领域籍籍无名的TCL也开始敢在价格大混战中叫板当时的彩电行业大哥大长虹了。在1997年底并购了河南的美乐彩电后，如虎添翼的TCL，在彩电领域大杀四方，终于在2001年问鼎彩电王者。

尽管TCL彩电业务上一路高奏凯歌，然而彩电行业的利润也已经在持续不断的价格战中变得薄如刀片，TCL迫切需要寻找一个新的增长源泉。幸运的是TCL在抓住了手机市场这块新蛋糕。当时正值中国移动通信市场刚刚开放，手机日渐取代笨重的固定电话，成为人们日常交流的必备工具，而庞大的消费人群也支撑着手机行业一路走向高峰，国产手机借此机会迎来一个属于自己的春天。

很快，TCL 就在手机行业崭露头角，靠着新颖的设计和营销使得 TCL 的手机业务蒸蒸日上，1999 年 TCL 移动的销售额才 3000 万元，2000 年变成了 3 亿元；2001 年，TCL 手机销量为 150 万部，销售收入为 30 亿元，利润就有 3 亿多元。2002 年 TCL 继续高歌猛进，手机销售收入达 82 亿元，盈利超过 10 亿元，到 2002 年底 TCL 手机的市场占有率居国内手机品牌第一、国内手机前三强，迅猛的发展让 TCL 手机看起来可以和国外品牌在中国掰一掰手腕了。

但是 TCL 的爆发过度依赖于市场炒作，没有在企业基础技术能力的提升和内部管理上下功夫，也没有在企业经营效益好的时候切实增强自身核心竞争力，埋下了许多地雷，导致在产业市场发生变化时潜伏的问题爆发，业务几乎崩盘，这是后话。

在电话机、彩电、手机多点开花之际，TCL 开始进行多元化的扩张。

20 世纪 90 年代，随着 TCL 彩电产业规模的扩大，踌躇满志的 TCL 开始布局白电领域。虽然一开始发展没有达到预期，但其巨大发展空间慢慢开始显现。

1993 年李东生果断上马 TCL 国际电工项目，经过四年艰难的市场开拓期后，从 1997 年起，TCL 国际电工稳步成长为年销售额过亿元、年投资回报率 100% 的优质企业，并保持持续增长，在 2001 年超越奇胜成为行业领头羊，并在此基础上发展智能楼宇业务和低压电器业务。

1999 年，TCL 将其触角伸向热门的 IT 互联网行业，相继收购了金科、翰林汇、开思等与互联网相关的企业。遗憾的是，在 2000 年，由于互联网泡沫的破灭，IT 业务搁浅。

2003 年 12 月 30 日，TCL 集团整体上市宣告了阵容庞大的 TCL 舰队正式起航。

图 13—2 2014 年 1 月 30 日，TCL 集团股份有限公司在深交所整体上市

第四节 借船出海：TCL 试水国际化

1992 年邓小平南方谈话发表后，广东掀起了新一轮改革开放与发展热潮，对外开放事业得到了前所未有的大发展，形成了外向带动的经济发展模式。实施“走出去”战略。大力发展开放型经济。广东作为中国的南大门，是连接国际和国内市场的重要桥梁，是这两个市场交流的大通道。为此，广东全面实施外向带动战略，积极发展开放型经济。随着改革开放的深入，广东充分发挥先发优势和加工制造优势，积极发展外经业务。广东一批有实力的企业纷纷走出国门到境外投资，开拓发展空间。其中 TCL 是冲在最前面的那个。

在李东生看来“中国企业必须走出去，必须实施坚决的国际化战略，唯有如此，才可能成为世界级的伟大企业。而 TCL，理应在这样的远征中扮演先锋者的角色”。

走出去不仅是心怀抱负的企业家的雄心，更是企业发展壮大的客观需要。

它首先是市场压力的结果。20 世纪 90 年代后期，中国的家电企业逐步取得国内市场领先的优势。然而，国内企业都挤在本土市场，价格战此起彼伏，利润已是“薄如刀片”。如何扩展新的市场空间，成为中国家电企业的共同难题。

其次，国际化又是中国企业参与全球化竞争的必由之路。随着中国加入 WTO，国内市场壁垒将被逐渐拆除，国际企业将利用国内产业市场开放发动新进攻。中国企业如果只固守本土，势必难以打持久战，所以打到敌人的“后方”区，让中国企业形成全球化的竞争能力似乎已是唯一的选择。

事实上 TCL 在 1998 年底就吹响了国际化战役的号角，谨慎睿智的李东生小心翼翼地将国际化的小探步踏向了中国西南方的新兴市场——越南。

1999 年初，TCL 收购了越南原有的一家彩电生产企业——陆氏同奈电子公司，以自己擅长的彩电为切入点，开始了国际化之旅。刚刚走出国门的 TCL 像个青涩的孩子，面对陌生的市场、文化的差异、品牌的树立、当地政策的把握、国际供应链的打造、日韩企业的竞争等诸多问题，一时招架不住，越南分公司前两年严重亏损。面对公司内部出现的质疑，TCL 越南团队因地制宜，在产品研发、销售、服务等方面采取一系列措施，终于在 18 个月后实现止亏，并逐步提高销量，两年后跃居市场第二位，成为当地的知名品牌。

国际化第一战有惊无险取得胜利的 TCL，开始迈开了国际化的步伐，相继进入印度、菲律宾、印尼、俄罗斯等市场，逐步培养起自己全球化的品牌和销售网络。

到了 2003 年，TCL 在国际化上火力全开，李东生启动建立跨国企业的“龙虎计划”。在 3—5 年内，多媒体电子终端与手机两大业务进入全球前五名，这是“龙腾寰宇”；与此同时，家电、信息、电工照明三大业务国内领先，这是“虎跃神州”。

2004 年 1 月，TCL 以气吞山河之势，快速并购了法国电子巨头汤姆逊的彩电业务和阿尔卡特的手机业务。

对 TCL 来说，汤姆逊彩电和阿尔卡特手机是两块诱人的蛋糕。

1982 年成立的汤姆逊，堪称是彩电的鼻祖，是法国最大的电子产品制造商，位列世界 500 强，体量比 TCL 大得多。它在 DVD 光盘复制业务生产领域居世界首位，是最大的高频调谐器生产厂商，也是全球第二大电视机显像管厂商。在电视机业务方面汤姆逊公司具备年产 740 万台电视机的能力，并占有 12% 的美国市场和 8% 的欧洲市场，2002 年销售额达 102 亿欧元，此外汤姆逊在彩电、财管和数字技术及影像显示技术等方面有 34000 项专利，在全球专利数量上仅次于 IBM。

同样历史悠久的阿尔卡特，也是法国电子行业的佼佼者，是电信系统和设备以及相关的电缆和部件领域的世界领导者，业务遍及全球 130 多个国家。阿尔卡特手机研发能力出众，手握大量专利，在欧洲、拉美等地有着 700 多万部的出货量。

但两者同样是有“毒”的蛋糕。

2003 年汤姆逊彩电亏损 13 亿多元人民币，阿尔卡特亏损 8 亿多元人民币，而 TCL 当年的总盈利才 6 亿元人民币出头。

这是足以让人望而却步的数字，而 TCL 却甘冒其险接连吞下这两块有毒的蛋糕，精明的李东生自然有着自己的考量。

通过并购，首先可以实现市场互补，打造世界级企业。早前，TCL 就提出创建世界级企业的目标，其在欧美市场的空白正好与汤姆逊和阿尔卡特的市场形成互补。强强联合可能会改变全球产业格局，突破全球市场。在数量、技术和市场上都成为世界顶尖级的企业。其次可以绕开贸易壁垒。中国企业进入欧洲市场都会遭遇各种关税非关税壁垒，大大削弱本国产品在外国市场的竞争力，不能够快速实现国际化经营。为了打破这种局面，大多数企业都选择了跨国并购这一道路。而并购汤姆逊和阿尔卡特可以使 TCL 的产品绕过贸易壁垒，直接进入欧洲和北美市场，实现本土化。再者就是可以规避知识产权的风险。各国的法律法规会对知识产权进行各种保护和要求，购买和转移知识产品需要承担很大的成本和风险。汤姆逊、阿尔卡特专利众多，这对 TCL 来说是不小的诱惑。最后是可以引进先进的管理理念和人才。国外有着先进的管理理念和专业化的人才，并购欧美企业，以快速扩大企业规模，吸收被并购企业的渠道和技术资源，品牌影响力，提高国际市场份额，满足销售收入大幅度增长和增强竞争实力的战略目标，推动 TCL 成为国际企业。

并购汤姆逊彩电和阿尔卡特手机，是中国企业海外并购史上的开创性举措，规模之大，前所未有。此役一成，TCL 将跻身全球彩电行业前三甲，而手机业也有希望进入国际第一梯队。这一年，李东生登上《财富》杂志封面，被授予年度“亚洲最具影响力的商业领袖”称号；还被美国《时代》周刊和 CNN 评为“2004 年全球最具影响力的 25 名商界领袖”。可谓是荣耀等身，风头一时无二。

然而，随着市场环境的变化，两块蛋糕的毒性开始让 TCL 感到不适了，表面风光的两宗跨国并购，却把 TCL 拖入泥潭，TCL 将迎来创业以来的至暗时刻。

市场的风云变幻，远远超出了李东生的想象。2004 年彩电业迎来了一场重大的技术迭代，LCD 技术主导了彩电市场的潮流，而 TCL 和汤姆逊则错误地把宝押在了 DLP 技术上，快速的产品技术和市场变化使得 TCL 整个整合计划被打乱，不但影响到产品技术，还影响到供应链能力和工业能力。手机方面，TCL 也没有预先估计到国内市场的快速变化。在国外品牌和国内山寨厂的夹击下，国内手机经营环境急剧恶化。TCL 手机业绩快速下滑。在公司融合上，由于跨文化的冲突和跨国经营能力的不足，原本期望强强联合的协同效应并没有实现。

多重打击下的 TCL，遭遇了 20 年来首次亏损，在 18 个月内亏掉了惊人的 18 亿元。2007 年 TCL－汤姆逊电子有限公司申请破产清算，TCL 股票戴上了 ST 的帽子，到了退市的悬崖边上。糟糕的业绩直接把李东生送上了《福布斯》“中国 A 股上市公司最差老板”榜单上。

TCL 何去何从，成为一个未知数。

第五节　鹰的重生：TCL 重整旗鼓

面对困境，李东生夜不能寐。他不断地反思着过往的失误，谋划着未来的出路，这是一个煎熬的过程，3 个月内李东生暴瘦了 20 斤。2016 年 6 月 14 日，写下《鹰的重生》等一系列文章，以鹰自喻，带领 TCL 开始痛苦蜕变的过程。

首先，为了自救，李东生壮士断腕，先后出售了 TCL 国际电工和曾被视为集团未来核心的电脑业务，紧接着咬牙掏钱关闭了法国的工厂，并逐个清理那些只能带来规模、不能带来利润的项目，以效益为中心，适度收缩规模，提高经营效率。希望通过甩掉包袱，轻装前行。

其次，李东生意识到，进行国际化并购的最大挑战就是文化差异。作为并购的主导方，必须强化自己的企业文化，才能真正有效地整合，因此 TCL 以文化重建作为自己站起来的第一步。

2006 年李东生亲自带队，组织了 150 位公司最高管理者共同参加了以“恪守核心理念，成就全球领先”为主题“延安行”户外体验活动，荒漠中的艰难同行让 TCL 人紧紧地团结在一起。随后 600 多名高层管理者参加变革创新动员大会暨企业文化变革创新系列培训，并召开了千人誓师大会，高管们共同分享企业文化变革的理念，沟通愿景，凝聚共识。同一年，TCL 领导力开发学院启动了面向骨干中层的“精鹰工程”培训项目，随后又向高层和基层延伸形成了业界称道的 TCL 鹰系人才培养体系，企业团队素质和国际化竞争力得到了大大提升。一系列活动，让 TCL 人凝聚了共识，坚定了 TCL 国际化的决心，TCL 人众志成城，在困境中携手同行。

接下来，李东生果断出手，铁腕治理积弊已久的“诸侯文化”。在 2004 年海外并购之前，依赖于“效率、速度、成本控制”的发展理念，TCL 一路狂飙，但却也滋生了 TCL 内部的“诸侯文化”，使得小山头林立，漠视监管和规矩，这显然不符合国际化需要的标准化和制度化的要求。面对困境，一向温和的李东生不得不狠下心，大刀阔斧地进行人事改革，坚决安排不能胜任岗位或者跟不上企业发展节奏的元老退出，为有能力有抱负的年轻人让出发展的通道，使得 TCL 重新焕发青春与活力。

再次，为了向世界清晰地展示 TCL 的品牌价值，2007 年 TCL 正式重新发布了诠释名字的新的品牌战略：创意感动生活——“The Creative Life”，新的品牌战略明确了 TCL 未来 10 年的发展目标，那就是：通过不断提升企业的国际化经营能力，建立自由知识产权的技术优势，成为受人尊敬、最具创新能力的全球领先企业。

最后，TCL 革新财务，成立财务公司，为内部管理提供平台支撑，集中现金，优化资金配置，把资金用到最优质的项目上，同时维护好与银行的关系，保证银行信贷供应。

雄关漫道真如铁，而今迈步从头越。多管齐下的 TCL 重整旗鼓，卷土重来。

经过三年的卧薪尝胆，2008 年 3 月，TCL 发布了三年来第一份盈利的年报。顺利摘掉 ST 帽子的 TCL，又重新看到了明媚的阳光。

2009 年，TCL 集团发布 2008 年的年报，实现营业收入 384.14 亿元，净利润 5.01 亿元，这样的成绩让 TCL 有了谋划更大未来的底气。

在迅猛成长的全球液晶电视市场上，拥有上游液晶面板技术和产业能力的韩国企业在全球攻城略地，TCL 与其他中国彩电企业则失去了技术先机，不得不跟随在日韩企业之后，着着落后，步步艰辛。2010 年，为了向上打通产业链，TCL 联合深超科技成立华星光电，这个投资高达 245 亿元的项目将填补国内液晶面板生产的空白，也将给复苏中的 TCL 带来滚滚的现金流。

2011 年，三十而立的 TCL 迎来了近 5 年来最好的业绩反弹，巨资打造的华星光电也顺利量产，盈利能力节节攀升，这一切都意味着 TCL 终于摆脱了国际化出师不利的阴霾和阵痛，企业又重新回到正确的发展轨道上来。

在商业大潮里，TCL 的这段曲折历史可能更多地被用来当作弯路的案例，但少有人能看到其中残酷试炼的意义，以及对整个中国企业国际化发展的价值。

首先在战略眼光方面，李东生为其他企业家树立了榜样，他看清了企业国际化发展的趋势，并以大无畏的勇气担当了探路者。其次在战术选择上 TCL 也提供了可以借鉴的教训，作为先行者，TCL 把国际化路上隐藏的一些地雷暴露在后来者面前，让其少交国际化的学费。从这个维度来看，TCL 国际化尝试也是意义非凡的。

2008 年，龙永图在一档与李东生一同参加的节目中，肯定了 TCL 的国际并购：“这证明中国企业是可以走出去的。它对中国企业的自信心建设，意义重大。”

“我们都非常感谢 TCL，感谢李东生所作的努力。”龙永图如是说。

第六节　再出发：冲在丝绸之路前头的班列

2013 年 9 月和 10 月由中国国家主席习近平分别提出了建设“丝绸之路经济带”和“21 世纪海上丝绸之路”的合作倡议。作为改革开放的急先锋、排头兵，广东在参与“一带一路”倡议上自然也不甘落后，率先上报《广东省参与建设“一带一路”的实施方案》、率先完成与国家“一带一路”倡议规划衔接、率先印发广东省参与建设“一带一路”的实施方案。广东是中国大陆跟沿线国家经贸合作最活跃、人文交流最密切的省份，在经贸往来中居龙头地位，有着与沿线国家贸易最大的合作量。同时，广东作为交通枢纽的作用突出，地处中国大陆的最南端，与沿线国家的合作具有不可替代的区位优势。正是凭着深厚的家底，实施方案提出将广东打造成为“一带一路”的战略枢纽、经贸合作中心和重要引擎。

在政府的鼓励下，广东企业纷纷借力“一带一路”政策东风，在“走出去”方面引领全国。而 TCL 这一次又是身先士卒。

2015 年，TCL 重新制定出“三军联动、品牌领先，扎根重点市场”的国际化再出发路线图，在继续巩固和提高欧美市场份额的同时，也选择对印度、巴西等重点新兴市场进行突破。依托于国家的“一带一路”倡议，TCL加强与“一带一路”沿线国家和地区的合作，在带动当地经济发展的同时，也不断提升企业在国际经济舞台的影响力，实现互利双赢。

2016年6月20日，正式启用统一品牌“中欧班列”的列车首达波兰，这辆历时13天行驶的中欧班列，崭新的车厢满载货物，一路上见证着陆上“丝绸之路”沿线的风貌及经贸发展，驶入了行程的终点站。值得一提的是，专列41个货柜中有33个是TCL的。为庆祝列车的抵达，华沙铁路集装箱货运站举行了隆重的“统一品牌中欧班列首达波兰/欧洲仪式”，正在波兰进行国事访问的国家主席习近平与波兰总统杜达共同出席了仪式。TCL集团董事长、CEO李东生作为唯一一家企业代表应邀参加活动。

在品牌的软实力打造和输出方面，TCL响应国家“一带一路”倡议，以全球化视野率先在沿线15国230城进行大国品牌广告投放，以产品硬实力以及品牌软实力刷新着全球消费者对中国制造的认识。提升中国品牌的国际竞争力，向世界输出中国品牌价值观和中国文化，响应“发挥品牌引领作用”的国家战略，带领更多中国品牌走向全球，是TCL作为一家全球化企业新的历史使命，TCL将继续拥抱改革开放的变化，以不断创新的精神自勉，推动中国制造业乃至实体产业的转型升级，在世界舞台展示大国品牌的形象。正如李东生在大国品牌纪录片《时代》里面说道：“有人说路是人走出来的，我说路是先行者走出来的，走出去可能风光无限，也可能头破血流。一个好的企业，是熬出来的，历经磨难凤凰涅槃，敢为天下先的TCL用时间告诉世人，TCL不是先烈而是先驱。最早布局全球化的TCL，得益于这个伟大的时代，‘一带一路’的畅想，中欧班列的开通让TCL创新科技能更好更快地服务全球。路是先行者走出来，TCL永远在路上。”

回顾过去的40年，在改革开放的浪潮中，一大批像TCL这样的企业，经历了从无到有，从小到大，从大到强的转变。它们把握时代的脉搏，顺势而为谋发展，乘势而上再跨越，在世界地图上点亮自己的图标。在改革开放的四十年关口，我们重温过去的辉煌，自信地憧憬着未来。

悠悠四十年，可枯黄，亦可萌绿。只要抱着开放学习的，企业便可以永远保持活力和青春。已过耳顺之年的李东生感慨道："40 年，一眨眼就过去了，庆幸的是我们能跟这个伟大的时代同行。40 年，是一个新的起点。"

鱼得水逝，莫忘乎水，鸟乘风飞，应知有风。在我们为伟大的企业、伟大的企业家鼓掌的同时，别忘了向改革开放、向这个伟大的时代致敬。

展望篇

第十四章

广东省对外开放形势与展望

截至2018年，广东省的改革开放进程已经进行了整整40年。过去40年的经验集中体现在广东非常好地协调了改革、开放和发展的关系，实现了三者之间的良性循环，即以解放思想推动开放，以对外开放倒逼改革，以改革开放促进发展。在这个逻辑链条中，对外开放发挥了枢纽作用。回顾过去四十年的风雨历程，可以说，广东是通过改革开放发展起来的，并且起着国家对外开放示范区的作用。经过四十年的锐意进取，当初“先行的一步”已经形成了全面开放的新格局。

展望未来，世界经济风云变化，确定和不确定因素交织在一起，机遇与挑战并存。广东未来的发展必须紧紧围绕扩大开放这个主题，主动服务国家战略，在更高层次、更广领域扩大开放，努力当好我国新时代改革开放排头兵、创新发展先行者，在形成全面开放格局上走在全国前列。

第一节　广东省对外开放面临的机遇

一　全球经济增长总体延续向好态势，为广东对外开放提供了良好外部环境

2017年全球经济增速达到3.8%，2018年和2019年有望延续这一良好复苏趋势。根据国际货币基金组织（IMF）最新发布的《世界经

济展望》预测，2018 年和 2019 年全球经济增速将维持在 3.9% 水平，高于 1980—2017 年年均 3.4% 的历史增速。其中预计 2018 年发达经济体与新兴市场的经济增速将分别为 2.5% 和 4.9% 。印度经济增速将反弹至 7.4%；巴西、南非等增速将超过 1%。发达国家预计将增长 2.0%，其中美国经济增长 2.3%，而欧元区经济增速略微下降至 1.9%，复苏势头持续放缓，通胀水平显著回升；日本经济增长 0.7%。总体上看，由于世界经济逐步回暖，有利于为广东大开放营造积极的外部环境，带来新的增长点。

二　中国构建开放型经济新体制全面起速，为广东对外开放指明了方向

2018 年 3 月，习近平总书记在参加十三届全国人大一次会议广东代表团审议时，对广东经济社会发展提出了“四个走在全国前列”的新要求，其中之一是要求广东在“形成全面开放新格局”上走在全国前列。这不仅赋予了广东在中国特色社会主义新时代的责任担当，而且为广东在新时代经济社会发展迈上新台阶指明了方向。

2018 年 5 月，国务院印发《进一步深化中国（广东）自由贸易试验区改革开放方案》，明确了广东自贸试验区“两区一枢纽”的战略定位，即打造开放型经济新体制先行区、高水平对外开放门户枢纽和粤港澳大湾区合作示范区。这是广东首次在国务院文件中确立了国际航运枢纽、国际贸易中心的特殊定位。

自贸试验区战略进入新阶段，广东在全国对外开放中的引领效应进一步显现。十九大报告提出，要赋予自贸试验区更大自主改革权，探索建设自由贸易港。未来一段时间，我国自贸试验区将形成以自由贸易港为龙头、各个自贸试验区展开各具特色改革试验的新格局。广东在新一轮自贸试验区建设中起着引领作用，应以自由贸易港为突破口加大率先改革力度，为全国自贸试验区建设探索路径和经验。

三　新一轮科技和产业革命加快孕育，为广东以开放促创新提供重要契机

当前，世界各国普遍把数字经济作为新一轮产业竞争的制高点，全球人工智能、量子科学等新技术不断取得突破。发达国家中，美国实施再工业化、德国实施工业 4.0；而中国将落实“互联网 +”行动计划、《中国制造 2025》政策、工业强基工程战略等，以创新驱动发展，发挥科技创新在全面创新中的引领作用。

这为广东经济转型升级，抢占经济科技发展先机，打造具有全球影响力的科技创新中心提供了新机遇。一是信息产业将带动经济转型，生物医药、材料技术、航空航天以及新型能源等诸多产业的“信息化”发展深化，信息化和工业化进一步融合，有利于广东经济“重型化”转变为“轻型化”；二是“广东智造”品牌铸造机遇，广东省产业发展特色将得以进一步挖掘，传统的加工制造业模式得以转型，有利于“广东制造”转变为“广东智造”；三是广东“智慧城市”建设机遇，科技带动建设新型“智慧城市”进一步凸显，生活环境将更加舒适化、网络交通更加便捷化，有利于广东建设“智慧城市”。

广东应紧紧抓住新一轮科技革命契机，加强前沿领域科技创新国际合作，吸引全球高端创新要素集聚，推动产业转型升级。

四　全系列对外开放平台搭建，为广东开放再次实现跨越发展奠定基础

广东长期以来是我国对外贸易第一大省，对外开放历史悠久，是我国对外开放的窗口。近年来，从自贸区建设到“一带一路”建设，再到粤港澳大湾区建设，广东对外经济迎来多重发展机遇，也承担着更为重要的核心枢纽责任；广东是“一带一路”的重要支点，与“一带一路”相关国家贸易额居于全国领先地位，是我国与沿线国家经贸合作量最大、人文交流最密切，文化联系最广泛的外贸大省；在粤港澳大湾区建设中，广东是深化改革的试验田，而且必须为全国探索开放型经济新体制提供先行先试的有力支撑。

五　人民币国际化进程不断加快，为广东金融业开放提供新驱动力

过去几年中，人民币加入 SDR 货币篮子，“沪港通”“深港通”“债券通”相继施行，“沪伦通”落地进程不断加速，以及与各国双边本币互换协议的续签，体现了人民币国际化进程稳中向好的态势。这说明我国金融业正走在加速开放的进程中。其中，人民币国际化发挥着十分重要的作用。正是人民币国际化的不断推进，促进了中国整个金融业的进一步对外开放。

在这一大背景下，广东前海有望在推动深港现代服务发展、推动国家金融业对外开放试验示范窗口建设、加快粤港金融合作创新等方面取得重大突破。

第二节　广东省对外开放面临的挑战

一　全球贸易投资规则与治理结构深度重构，对广东对外开放提出新要求

当前，WTO 所主导的多边经贸投资规则全面受阻。区域化、多极化趋势更为明显，区域主义贸易制度框架将进一步巩固并升级。美国等发达国家继续积极推进由其主导的 TPP、TTIP、TISA 等，推行更高标准的贸易投资规则。过去中国所适应的多边规则逐步被以 3T 为代表的 WTO 2.0 所替代，而中国目前尚未被任何一个框架所接纳，在客观上形成了“二次入世”的隐忧。

广东作为我国开放度最高和口岸功能最强的省份，尽管有地理位置和制度软环境等诸多优势，在自贸试验区、“一带一路”、“粤港澳大湾区”等开放平台上掌握先机。通过这些平台试水国际高标准经贸投资规则，进行深度制度创新，广东的对外开放进程面临着一定的考验。

二　世界经济持续复苏韧性不足，为广东开放型经济发展带来一定风险

当前主要经济体通胀水平大多低于政策目标，全球劳动力过剩问题依然突出。受人口老龄化、技术创新尚未形成强大增长动力等因素影响，全球经济潜在增长率下降。同时地缘政治风险居高不下，中美贸易摩擦、朝核、中东、伊核问题等可能带来负面影响。广东作为一个开放度较高的地区，外部经济环境的不确定性可能为开放型经济发展带来一定风险。

近年来，贸易和投资保护主义继续抬头，对广东扩大对外贸易和吸引外资带来冲击。中国是一些国家实施贸易保护的首要对象。2017年上半年，我国产品共遭遇来自15个国家和地区发起的37起贸易救济调查案件，涉案金额总计53亿美元，仍处在金融危机以来的较高水平。2017年11月，美国明确表态不承认中国市场经济地位。2018年上半年，中美贸易冲突不断，目前正处在角力的关键点，一旦中美贸易开战，广东的开放进程势必会遭受较大冲击。

三　新一轮国际产业竞争加剧，广东对外开放面临“两头挤压”

2009年以来，美国政府陆续出台一系列政策和措施推动“再工业化”战略的实施，并将其视为夯实美国实体经济，占领未来经济发展制高点的重要战略。由于该战略的根本出发点是为了加速先进制造业和其他战略性新兴产业的发展，而当前我国正处于制造业加速转型升级的关键时期，因此，可以预见两国未来的战略部署必然存在激烈的竞争与对抗，美国“再工业化”战略的实施也将对我国制造业产生诸多重要影响。

新兴经济体纷纷大幅放宽外资准入，一些跨国公司将布局在中国的产能向新兴经济体转移。在珠三角经济区域内部出现制造业企业迁出（或退出）、迁入并存的新现象。这一新现象与经典的“核心—边缘”理论所描述的核心与外围之间的集聚、扩散过程有很大区别，这些因素使得广东面临发达国家和发展中国家的“两头挤压”。

四　对外开放“三期叠加”，使得广东对外开放面临更大的不确定性

在后金融危机时代，广东对外开放面临金融危机以后的全球经济调整修复期、新一轮国际贸易规则构造期、比较优势转换期三期叠加。首先，和十年前的繁荣期相比，外部需求减速，全球产能过剩问题加剧，竞争越来越激烈，局部贸易保护主义抬头，贸易摩擦也在增加。其次，一些新的贸易规则可能率先在区域贸易平台上通过谈判形成。比如TPP，它不仅形成新的区域贸易安排，更在于推动形成一大批新的国际经贸规则。最后，对外贸易从高速增长转变为低速增长，外贸对经济增长的贡献显著降低，对外经济产业结构逐步调整，这对于广东这个外贸依存度高达87.3%（2017年）的地区而言，其面临的复杂局面不言而喻。

五　开放型经济新体制处于建设初期，探索的道路充满艰辛

按照国家的战略部署，广东需要进一步建立和完善开放型的经济新体制。由于这是一项全新的探索，其间必然面临重重挑战。

首先，目前广东自贸试验区与国际接轨的程度仍然不够深，层次也明显不足，难以参与到国际贸易投资新规则的制定中去。广东自贸区的发展不能仅仅局限于利用一些政府优惠政策来吸引外资的层次，而是要快速实现与国际贸易新规则接轨，积极主动地参与到全球贸易新规则和经济治理新秩序的制定中去。

其次，广东自贸试验区建设制度创新的顶层设计尚未完善，这对广东整个金融体系创新流程的负面影响较大。

再次，广东服务业开放的领先优势已不明显。从服务业开放领域和开放模式看，上海、天津、福建自贸试验区及北京市在部分服务业领域已经提出率先开放的方案。

最后，广东在进一步对外开放实施过程中一些探索性的政策制度需要加快落地，从而能够及时解决出现的问题，保证快速高效的运作

机制。

第三节　广东省对外开放的趋势判断

在以上内外部环境下，广东面临着机遇与挑战并存的复杂局面，未来广东的对外开放形势可能呈现“稳中向好，转型发展”格局。

一　对外贸易

在中美贸易摩擦升级的不利局面下，广东2018年一季度进出口同比增长8.2%。但是，在全球经济不确定性增强的大背景下，未来想要继续维持这样的增速不太现实。从国内来看，国务院出台的构建开放型经济新体制、促进进出口稳定增长等政策措施深入落实，有利于广东加快培育新型贸易方式，提高贸易便利化水平，增强外贸发展潜力。

未来广东外贸有较大的可能继续延续过去的转型趋势。从贸易主体来看，外资企业出口继续下滑，广东外贸继续加强从“外资企业+加工贸易”到“民营企业+一般贸易”的贸易模式的转换；从贸易方式来看，加工贸易在继续下滑；在对外贸易的区域分布上，对香港的贸易将快速下滑，对美贸易前景不明朗。对其他主要贸易伙伴均保持良好的增长态势，“一带一路”沿线国家进出口占比将继续增加。

二　招商引资

近两年来国家和广东连续出台多项鼓励外商投资的政策，预计未来政策力度将进一步加大，广东利用外资既面临不少有利因素，也存在不少困难和挑战。从全球投资形势看，跨国投资复苏乏力，发达国家再工业化和南亚、东南亚低成本国家的竞争对广东吸引外资造成了一定的分流。

制度环境的建设与完善为广东招商引资提供了重要保障。广东省政府正式对外公布《广东省进一步扩大对外开放积极利用外资若干政策措施》（《外资十条》），进一步积极利用外资，营造优良的营商环境，促进内外资企业公平竞争。紧接着，广州市印发了《促进先进制造业利用外资三年行动方案（2018—2020）》，提出，制造业利用外资规模保持每年增长20%左右，未来三年制造业实际利用外资累计超过35亿美元。

从主要引资行业看，广东将进一步扩大市场准入领域。逐步推进制造业、服务业、金融领域扩大对外开放。比如，制造业领域放开专用车、新能源汽车制造的外资股比限制，服务业领域取消船舶设计、支线和通用飞机维修等外资股比限制，金融业领域放宽外商投资银行、证券公司等外资股比限制和业务范围限制等；总部项目为主的商务服务业将继续成为广东引进外资最主要的领域；科技研发及技术服务类项目有望保持较快增长，但对整体外资规模增长贡献有限；过去一年降幅较大的房地产业、金融服务业预计跌幅收窄，但难以出现较大反弹；制造业引进外资能否触底回升仍依赖大项目落地情况。

综合分析，预计未来广东利用外资由负转正压力依然较大。

三　走出去

在对外投资方面，随着国内企业的发展壮大和广东自贸试验区推动市场主体走出去桥头堡作用的不断发挥，企业通过对外投资在全球范围内配置要素资源的意愿更加强烈，国外投资并购机会也较多。特别是2017年8月国务院出台进一步引导和规范境外投资方向的政策措施，明确了鼓励、限制、禁止开展对外投资的行业领域，增强了对外投资政策的透明度，有利于稳定对外投资主体的预期。

在“一带一路”战略背景下，沿线国家基建、产业园区、新能源等领域都有众多投资机会，但也面临诸多新的社会和经济因素需要适应。

当前全球经济发展仍面临压力，一些国家经济依然不景气，这为企业“走出去”进行跨国并购提供了良好的机遇。但企业在“走出去”过程中要有清晰的发展目标，同时还要充分了解国外投资环境，并注意防范各类风险。

预计未来广东对外投资有望止跌回稳，逐步进入稳健发展轨道。

四　金融业开放

广东金融业的发展还应该立足当地的制造业实体经济优势，着眼于服务实体经济，走出一条金融业开放的差异化道路。

近年来，广东大力推动金融改革开放，创下多个全国第一：跨境人民币结算业务量连续 7 年全国第一；发布国内首个跨境金融指数；发行自贸区首只交易所市场公募熊猫债，成立国内首家外资控股的合资基金管理公司，率先实现粤港跨境电子直接缴费。借助这些改革创新，广东金融业积极向实体经济“输血造血”，为广东开放型经济发展和转型升级提供了有力支撑。

在此基础上，广东有望在自贸区金融改革创新、建设“一带一路”金融高速路、金融业态多元化上有所突破。

五　服务业开放

社会服务、文化服务、专业服务、航运贸易服务等领域将迎来更大的发展机遇。服务业是当前和今后一段时期对外开放的重点领域，也是稳增长、调结构、促改革、惠民生的主战场之一。扩大服务业开放，尤其对促进珠三角协同发展，完成广东“四个走在全国前列”的使命具有重要而深远的意义。

中国在新一轮高水平开放上与发达国家的差距更多来自服务业开放内容，尤其是未来服务贸易占比将会越来越高，服务业开放与其发展水平将在一定程度上决定经济竞争的新格局。当前，粤港澳大湾区发展提速，广东应携手港澳提升服务业开放水平，在教育、医疗、养老、金融、法律、科技服务等方面，都可率先探索突破。广东应承担先行先试的任务，比如可从医疗养老合资、合作开始突破，个案成功后进一步形成新的开放经验，供国家统筹考虑、复制推广。

六　粤港澳合作

粤港澳三地属同一个较为完整的自然和社会地理单元，具有相近的地缘环境和相似的文化传统。改革开放以来，粤港澳三地逐渐建立起较为完整的现代产业体系。

粤港澳作为一个整体，已经逐渐具备形成金融中心圈层的经济与金融潜力，三地若按单一经济体，其经济总量在亚洲排在日本、韩国、印度之后，列第四位；就世界大都市圈而言，大珠三角仅排在纽约、东京大都市圈之后，列第三位。从全球金融中心的发展趋势和粤港澳的整体实力来看，粤港澳三地需要继续加强相互间的金融合作。

但是，不可否认的是，从粤港澳主要城市的经济金融实力此消彼长的变迁来看，未来一段时期内会在一定程度上存在着金融业的同台竞争。未来一段时间内，粤港澳金融发展将会进入“竞合并存”的时期。粤港澳作为一个整体为巩固和发展金融中心而进行合作，同时，粤港澳内部也会出现金融业的同台竞争。

第四节　广东省提升对外开放水平的思路

一　服务国家战略，加快构建开放型经济新体制

未来广东应把握我国加快构建开放型经济新体制的战略机遇，全方位开拓对内对外开放的广度和深度，进一步提升开放型经济水平。一是加快形成同国际贸易投资规则相适应的体制机制。借助亚投行和金砖银行的建设，积极参与规则制定，主动推动国际合作，打造“广东制造”“广东投资”的国际品牌。二是进一步扩大服务业的对外开放程度，发展服务业贸易平台和外包平台，结合“走出去”的全球资本配置战略，鼓励服务业企业跨国经营，参与全球竞争。三是要完善法治化、国际化、便利化的营商环境，建立统一开放、竞争有序的市场体系和监管规则，在贸易、投资等对外开放领域全面推进管理体制便利化。四是进一步健全有利于合作共赢的体制机制，完善市场准入

和监管方式，健全产权保护、信用体系等方面的制度。

广东应加快打造全方位、多层次、宽领域、高水平对外开放新格局，积极参与“一带一路”建设，瞄准欧美发达国家引资引智引技，深化粤港澳合作，加快构建具有更强竞争力和自主性的开放型经济新体制。

二　以自由贸易港为突破口，探索更高层级的开放模式

广东自由贸易试验区已经有三年的建设经验，要对接国际最高标准的贸易投资规则，当好“扩大开放的破冰船、深化改革的掘进机”，努力形成更多可复制可推广的改革经验，将广东自贸区打造成为开放度最高的自由贸易园区。

在此基础上，可以积极探索自由贸易港建设。首先，建立自由进出、便利安全的货物进出境管理制度，实现区内与境外之间商品、服务等要素进出充分自由。实施以经营自由、守法便利为主导的区域运行管理，海关和检验检疫的区内监管方式从常规监管转为精准监管，从管货物为主转为管企业为主。实施精准严密、协同有序的二线监管制度，创新查验机制，推进综合执法，强化二线安全高效管理。拓展广东国际贸易“单一窗口”功能。

其次，实行高水平的贸易投资自由化便利化措施。完善内外资一致市场准入制度，实现负面清单管理模式的内外资一致。以国际贸易“单一窗口”建设推动贸易便利化，试点实施高标准自由贸易协定有关贸易便利化的新规则。试点金融、电信、互联网、文化、航运服务等领域深度开放。

再次，深化行政体制改革，全面推进“放管服”，大力提升政府治理能力。以市场准入、职业资格等领域为重点，进一步简化和取消审批事项。深化事中事后监管，深化准入与执法适度分离的分类综合执法改革，健全“双告知、双反馈、双跟踪”许可办理机制和“双随机、双评估、双公示”监管协同机制。优化信息互联共享的政府服务体系，实施企业市场准入“全网通办”、政府政务事项“全域共享”。

最后，要追求自贸区的外溢效应，加强自贸区区内改革与全省改革的联动，对自贸试验区各项改革试点，具备条件的在全省直接推广。加强自贸试验区与金融中心的联动，拓宽自由贸易账户功能，提高操作便利化程度。加强自贸试验区与科创中心的联动，深化跨境研发便利化，建设面向国际的知识产权交易平台。

三　贯彻执行《外资十条》，扩大外资利用规模和提升外资质量并举

首先，进一步扩大市场准入领域，下大力气吸引外商投资。逐步推进制造业、服务业、金融领域扩大对外开放，比如制造业领域放开专用车、新能源汽车制造的外资股比限制，服务业领域取消船舶设计、支线和通用飞机维修等的外资股比限制，金融业领域放宽外商投资银行、证券公司等的外资股比限制和业务范围限制等。

其次，完善利用外资的法治和政策环境，保证外商投资政策的透明度、稳定性、可预期性。强化对外商投资企业知识产权的保护，建立知识产权侵权查处快速反应机制。加快建设中国（广东）知识产权保护中心，建立健全专利快速审查、确权和维权机制。依托知识产权协同保护、知识产权运营等体系的建设，将对所有包括外资企业在内的创新主体，实现知识产权的“快”保护、“严”保护、“大”保护和“同”保护。

再次，要提高外资利用的质量，加大高端制造业和服务业开放力度。未来广东将以高端电子信息制造业、先进装备制造业、石油化工产业、先进轻纺制造业、新材料制造业、生物医药及高性能医疗器械产业等六大产业为发展重点，着力构建先进制造业产业体系。在服务业方面，重点发展总部经济、金融服务、现代物流、科技服务、商务服务、新兴信息技术服务、电子商务、文化创意和设计服务、服务外包等生产性服务业。

最后，推动对外投资有序发展。创新对外投资方式，鼓励产业和金融资本联合走出去，完善走出去服务体系，支持境内资产评估、法

律服务等中介机构发展，为企业提供国际化咨询服务。大力推进国际产能合作，支持广东优势产业有序向新兴市场国家投资，带动产品、设备、技术、标准和服务一体化走出去。鼓励并购境外先进技术和创新资源，构筑辐射全球的供应链体系。

四　落实《广东省参与建设“一带一路”的实施方案》，务实推进广东与“一带一路”沿线国家合作

围绕“五通”的要求，以互利共赢为目标，联手港澳台和周边地区，务实推进与“一带一路”沿线国家的合作，将广东建成与沿线国家交流合作的战略枢纽、经贸合作中心和重要引擎。

首先，加快推进贸易投资便利化。进一步扩大贸易投资规模，扩大市场间互相开放，促进贸易畅通。研究推进建立“一带一路”综合性经贸投资促进服务平台。加快建设“一带一路”进口商品保税展示中心。提升对外贸易合作水平方面，赴沿线国家设立建材、酒店用品等广东特色商品展销中心。在沿线国家筹建经贸代表处，设立商会，开展经贸洽谈会。

其次，进一步拓展金融开放合作。鼓励有条件的省内金融法人机构“走出去”到沿线国家投资发展，吸引沿线国家金融机构来粤设立机构，支持双方金融机构建立沟通协调机制，开展业务合作。设立广东丝路基金，支持“一带一路”项目建设。

再次，增强基础设施互联互通功能。打造国际航运枢纽和国际航空门户，面向沿线国家，构筑联通内外、便捷高效的海陆空综合运输大通道。

最后，加强科技创新合作和人文交流。完善“一带一路”技术转移平台，拓展技术转移协作网络。推进联合实验室或联合研究中心建设，推进大科学设施向沿线国家开放。提升人文合作交流水平，在广州、深圳市建设国际邮轮母港，在珠海、汕头、湛江等市启动邮轮旅游开发。

五　提升泛珠三角区域一体化水平，拓展对内对外开放新空间

中共十八大以来，国家提出了“一带一路”、京津冀协同发展、长江经济带等一系列重大开放战略。广东作为“一带一路”与长江经济带的交汇点，应加强要素整合与功能辐射，不断培育开放新支点、打造陆海内外联动、东西双向开放的全面开放新格局，拓展对内对外开放新空间。泛珠三角区域合作是解决广东发展空间与资源有限的必然选择。改革开放以来，广东与香港、澳门等地已形成了完整的产业互动体系，成为地区经济发展的重要一极，泛珠三角区域经济合作，将经济辐射范围成倍扩大，经济腹地大幅拓展，为在更大范围、更广领域、更深层次优化资源，增强经济后劲奠定了基础。

加强泛珠三角区域合作，首先要以建设珠三角国家自主创新示范区和全面创新改革试验试点省为契机，创新合作机制，提升合作水平。把协同创新与珠江—西江经济带、粤桂黔高铁经济带合作试验区、粤桂合作特别试验区、闽粤经济合作区等跨省区重大平台建设结合起来，在区域创新发展方面发挥重要示范带动作用，成为促进全国创新发展的重要引擎。

其次，在内地与香港、澳门关于建立更紧密经贸关系的安排（CEPA）及其补充协议框架下，充分发挥广东与港澳联系密切以及“一国两制”的优势，深化各领域合作，协助港澳拓展发展空间，推动泛珠区域提升开放型经济水平。

最后，要加大协同推进的力度。包括高端研发与人才高地建设的协同推进、科技成果的转化和应用增加供给的协同推进、重大难关技术需求形成倒逼机制的协同推进。

主动建立跨区域的生态建设、生态保护和污染防治联动机制，积极开展跨省区流域水资源保护、水污染防护、大气污染综合治理，强化跨省区生态保护和修复，推动泛珠区域清洁生产，开展生态保护补偿试点，为打造生态文明建设先行先试区提供重要支撑。

六 以“大湾区建设”为契机，深化粤港澳合作

继续推动粤港澳人员往来便利化，畅通与港澳物流大通道，建立粤港澳金融互连互通机制，构建粤港澳安全高效信息网络，提升粤港澳市场一体化水平。具体可以从以下几个方面着手。

首先，破除机制体制障碍，加强三方沟通。粤港澳地区应积极创新经济合作方式，充分发挥市场机制的核心作用；从法律层面构建粤港澳经济约束及保障体系，促进粤港澳经济合作的规范化。同时还应当完善粤澳、粤港双方行政首长会议机制及高层会晤机制，对经济合作的重要议题和重大合作事项做出决策；积极完善粤港澳经济合作的协调制度和督促制度，落实专责小组架构，保障粤港澳经济合作的高效运行。

其次，深化重大项目合作。应针对粤港澳企业发展特性，有重点地发展服务业以及科技企业，增强其产业影响力，积极推动粤港投资的简单化和便利化发展。并简化广东地区投资流程，促进粤港澳重大合作项目的开展。并且，我国应加快广州南沙地区、深圳前海地区的开发，为粤港澳经济合作提供新的经济空间，促进粤港澳经济合作创新。

最后，加强地区统筹，发挥区域互补，实现错位发展。应加快香港地区的高端服务业和航运物流、国际金融等行业的发展，将澳门建成旅游休闲中心，促进澳门地区的多元化发展。粤港澳地区应加快社会民生合作，建设社会生活共同体，深化医疗卫生合作，加强对疾病的合作检测治疗，积极完善疾病信息通报机制。此外，粤港澳更应在科技、教育等方面深化合作，通过交换生、教师参观学习等方式来促进粤港澳三地高校之间的学术合作与交流，为粤港澳经济合作的优化提供充足的科学技术及人才支持。

参考文献

［美］傅高义：《先行一步：改革中的广东》（第 2 版），广东人民出版社 2008 年版。

顾乃华：《中国（广东）自由贸易试验区广州南沙新区片区发展报告》，暨南大学出版社 2017 年版。

广东省对外贸易经济合作厅：《外向带动：建设外经贸强省的实践与探索》，广东省对外贸易经济合作厅，2003 年。

广东省对外贸易经济合作厅：《广东外经贸发展报告》，广东人民出版社 2007 年版。

黄建忠：《中国自由贸易试验区研究蓝皮书》，机械工业出版社 2015 年版。

黄永智：《广东外经贸之路：纪念改革开放三十周年》，广东人民出版社 2008 年版。

蒋斌：《敢为人先：广东改革开放 30 年研究总论》，广东人民出版社 2008 年版。

孔晓青：《招商港口发展“蛇口模式”的形成》，《国家航海》2017 年第 2 期。

李岚清：《突围：国门初开的岁月》，中央文献出版社 2008 年版。

梁金成：《数字见证发展：从海关统计看改革开放 30 年广东对外贸易》，中国海关出版社 2008 年版。

廖惠霞：《广州市改革开放实录》，广东经济出版社 2010 年版。

卢荻：《广东改革开放发展史：1978.12—2000》，中共党史出版社 2001 年版。

孟庆伟：《直击自贸区：从投资贸易便利到共享金融创新红利步步为赢》，中国海关出版社 2016 年版。

《南方都市报》：《见证：中国改革开放三十年口述史》，广东教育出版社 2008 年版。

沈伯明：《入世后广东加快实施"走出去"发展战略》，《国际经贸探索》2003 年。

舒元：《广东发展模式：广东经济发展 30 年》，广东人民出版社 2008 年版。

隋广军：《广东对外经济贸易发展研究报告》，广东经济出版社 2010 年版。

王福宏、陈翔、张南、钱力：《广东省增创入世先发优势的举措与启示》，《安徽决策咨询》2002 年。

王珺：《先行者的探索：广东改革开放 40 年》，广东经济出版社 2018 年版。

徐大章：《改革开放三十年重要档案文献》，中国档案出版社 2008 年版。

杨汉卿、卢荻：《走向新世纪的广东：从党的十四大到十六大》，中共党史出版社 2003 年版。

杨兴锋、梁耀文、王春芙：《冲出风暴眼：金融危机下外经贸大省广东突围实录》，南方日报出版社 2010 年版。

张中华：《图说广东改革开放 30 年》，广东人民出版社 2008 年版。

《中国加入 WTO 后广东省对外经贸政策法规调整情况》，《大经贸》2002 年。

周春山、高军波、唐勇：《粤港新经济合作格局演变及广东对策》，《世界地理研究》2009 年版。

后　　记

从 20 世纪 70 年代末期开始，我国的对外开放已经走过了整整 40 年的历程。在过去 40 年里，对外开放的范围从特区逐步扩大到沿海、沿江、沿边地区到内陆开放型经济试验区，对外开放由点到线、由线到面逐步展开，转变为全方位、多层次、宽领域的开放。在这个波澜壮阔且影响深远的伟大历程中，广东省以先行者的姿态，进行了诸多先行先试的探索，创造出了一个又一个经济奇迹，是当之无愧的“对外开放的排头兵”。在对外开放 40 周年这个特殊的历史节点上，梳理广东的对外开放历程和成就，总结过去的经验教训，展望对外开放的前景具有重要的理论和现实意义。

本书是中山大学岭南（大学）学院组织编写的《广东改革开放 40 周年回顾与展望》系列丛书中的一本，它对广东省在过去40 年的对外开放过程进行了阶段性划分，详尽记述了广东在对外开放领域所进行的伟大实践和光辉历程，再现了诸如“三来一补”、经济特区、招商蛇口等在中国对外开放史中所不能忽略的重大历史细节。对广东在未来中国的对外开放格局中的角色和担当提出了新的希冀。

当前，中国已经开启了新一轮对外开放的伟大征程，携 40 年对外开放辉煌成就的广东又将承载新的历史使命。在“四个坚持、三个支撑、两个走在前列”的定位之下，广东在“一带一路”建设，促进贸易投资便利化，扩大自由贸易试验区的改革自主权，探索外贸转型升级等方面再次走在了全国前列。在对外开放 40 年的这个时间节点上，广东正在积极创造新的发展优势，培育壮大新的发展动能，书写对外开放的新篇章。

本书的写作得到了中山大学岭南（大学）学院各级领导的支持，学院专门成立了出版基金，为书稿的撰写提供各种便利。在此要特别感谢岭南学院的科研秘书李义华老师，她承担了丛书撰写出版背后的大量组织工作，也是作者与出版社沟通的桥梁，成为本书如期付梓的“效率保障”。另外，我的研究生对于本书的写作给予了极大的支持，他们参与了部分章节的原始资料收集、遴选以及初稿的撰写工作。具体的写作分工如下：易敏：第六章；郑碧涛：第四章和第十二章；蔡贝瑶：第二章和第十一章；李海力：第三章和第十三章；段思楠：第七章。在此，作者对于他们的辛勤付出表示由衷的感谢！

最后，由于本书的写作是在繁忙的教学和科研工作之余完成的，书中肯定还存在不少谬误和不足，欢迎读者批评指正。

鲁晓东

2018 年 10 月